AI / データサイエンス ライブラリ "基礎から応用へ" ③

深層学習から マルチモーダル 情報処理へ

中山英樹・二反田篤史・田村晃裕・井上中順・牛久祥孝 共著

AI/DATA SCIENCE

サイエンス社

編 者 の 言 葉

　本ライブラリは AI/データサイエンスの基礎理論とその応用への接続について著した書籍群である．AI/データサイエンスは大量のデータから知識を獲得し，これを有効活用して価値につなげる技術である．今やビッグデータの時代における中核的な情報技術であり，その発展は目覚ましい．この事情に伴い，AI/データサイエンスに関する書物は巷に溢れている．その中には基礎，応用それぞれの書物は沢山有るが，その架け橋的な部分に重きをおいたものは少ない．実は，AI/データサイエンスを着実に身につけるには，基礎理論と応用技術をバランスよく吸収し，その「つなぎ」の感覚を磨いていくことが極めて重要なのである．こうした事情から，本ライブラリは AI/データサイエンスの基礎理論の深みを伝え，さらに応用への「架け橋」の部分を重視し，これまでにないライブラリとなることを目指して編集された．全ての分冊には「（基礎技術）から（応用技術）へ」の形式のタイトルがついている．

　ここで，基礎には様々なレベルがある．純粋数学に近い基礎（例：組合せ理論，トポロジー），応用数学としての基礎（例：情報理論，暗号理論，ネットワーク理論），機械学習理論の基礎（例：深層学習理論，異常検知理論，最適化理論）などである．本ライブラリの各分冊では，そのような様々なレベルの基礎理論を，具体的な応用につながる形で体系的にまとめて紹介している．コンパクトでありながら，理論の背景までを詳しく解説することを心掛けた．その中には，かつては応用されることが想像すらできなかった要素技術も含まれるであろう．一方で，最も基本的な要素技術としての確率，統計，線形代数，計算量理論，プログラミングについては前提知識として扱っている．

　また，応用にも様々なレベルがある．基礎に近い応用（例：機械学習，データマイニング），分野横断的な応用（例：経済学，医学，物理学），ビジネスに直結する応用（例：リスク管理，メディア処理）などである．これら応用については，基礎理論を理解してコーディングしたところで，すぐさま高い効果が得られるというものではない．応用では，分野特有の領域知識に基づいて，その価値を判断することが求められるからである．よって，基礎理論と領域知識

を融合し，真に価値ある知識を生み出すところが最も難しい．この難所を乗り越えるには，応用を念頭に基礎理論を再構成し，真に有効であった過去の先端的事例を豊富に知ることが必要である．本ライブラリの執筆陣は全て，応用に深く関わって基礎理論を構築してきた顔ぶれである．よって，応用を念頭にした，有効な基礎理論の使いどころが生々しく意識的に書かれている．そこが本ライブラリの「架け橋」的であるところの特長である．

　内容は大学学部生から研究者や社会人のプロフェッショナルまでを対象としている．これから AI やデータサイエンスの基礎や応用を学ぼうとしている人はもちろん，新しい応用分野を開拓したいと考えている人にとっても参考になることを願っている．

編者　山西健司

ま　え　が　き

　本書は，「深層学習からマルチモーダル情報処理へ」と題し，数多く存在する機械学習手法の中でも特に深層学習（ディープラーニング）について，5 人の著者陣により基礎理論から応用技術まで幅広く解説するものである．深層学習は近年の AI やデータサイエンスの驚異的な進歩を支えている立役者となっており，この 10 年ほどの間で非常に大きな注目を集めてきた．この間，既に深層学習に関する数多くの書籍が出版されると共に，ソフトウェアフレームワークなどの開発環境も整備され，以前と比較すると深層学習を学び活用していくための足場はかなり整ってきたといえる．一方で，深層学習は非常に多くの領域へ爆発的に広がり細分化が進んでいると同時に，日進月歩で技術が入れ替わっているため，その全容をつかむことは容易ではない．例えば，ある時点で最先端として一世を風靡（ふうび）した技術が，ものの数年後には時代遅れとなり，その意義が薄れてしまうことは何度も繰り返されてきた．また，深層学習はしばしば期待先行で誇大広告され，流行に振り回された不正確な情報が広まることも多い．このため，学問としての深層学習は未だ混沌としており，初めてこの分野に興味を持たれた方は何から手を付けたらよいか戸惑うことも多いのではないだろうか．

　本書は，そのような初学者の方の道しるべとなることを目指し，深層学習の基礎理論から応用技術に至るまでのエッセンスを体系的にまとめることを試みた．まず，2 章で深層学習の数理的な基礎を十分に踏まえ，続く 3, 4, 5 章では深層学習の特に重要な応用分野である画像・言語・音声の各分野にフォーカスし，それぞれの分野で確立された重要技術を解説する．最後の 6 章では，これらを相互に接続することで実現するマルチモーダル情報処理の手法やアプリケーションについて網羅的に解説する．このように，本書は 1 冊の中で，深層学習の数理基盤にはじまり，画像・言語・音声の 3 分野における展開，さらにこれらの横断的領域であるマルチモーダル情報処理に至るまでを解説する，ユニークかつ意欲的な構成となっている．

　一方で，先に述べた通り深層学習はそれぞれの分野で日々進歩が続いてお

り，本来どの 1 つの章をとっても 1 冊の本には収まりきれないほどの広がりがある．著者陣で議論を重ね，本書ではやみくもに流行の技術を追うのではなく，何年経っても変わらないであろう深層学習の本質的な理論や最重要技術を中心にとりあげ，マルチモーダル情報処理へ至る道筋を簡潔かつ明瞭に示すことを狙いとした．深層学習の本質は，優れた特徴表現をデータドリブンに獲得することにある．本書ではこの特徴表現をキーワードとし，ニューラルネットワークという共通の数理モデルがいかにして各分野の特徴表現のエンコードとデコードおよび相互の柔軟な接続を可能とし，マルチモーダル情報処理を実現する優れた基盤をなしているかを述べる．

　深層学習のはじまりがいつかを明確に定義することは難しいが，広く世の中へ普及する契機となったのが，2012 年 10 月に開催された画像認識の国際コンペティションにおける圧勝劇であることは多くの研究者が同意するところであろう．本書が刊行される 2022 年はそれからちょうど 10 年目となるが，この節目の年にこれまでの深層学習の発展を俯瞰する本を世に出せたことは，間近で携わってきた研究者として感慨深く光栄に思う．本書が読者にとって深層学習入門の一助となり，深層学習の次の 10 年や更なる未来へ貢献できるようであれば，著者一同にとってこの上ない喜びである．

　本書の執筆にあたって，多くの方々から様々な協力を頂いた．本「AI/データサイエンスライブラリ"基礎から応用へ"」編者の山西健司氏には，執筆の貴重な機会を頂くとともに，本書の方向付けの議論や草稿確認の際に多数の見識深く有意義なコメントを頂いた．サイエンス社の田島伸彦氏，足立豊氏には，執筆初期段階から発刊に至るまでの長きにわたり，原稿のとりまとめや校正で多大なる支援を頂いた．また，ここには書ききれない多くの学生や研究者の方から，本書の内容に関して貴重なアドバイスを頂いた．この場を借りて著者一同より深く感謝を申し上げたい．

著者一同

目 次

データ科学と深層学習

1.1 は じ め に

　21 世紀に入り，社会におけるデータ活用の重要性が叫ばれるようになってからすでに久しい．その根本となるのは，統計科学的な考え方や道具によってデータから価値創出を行う技術であり，ビッグデータ，データサイエンスなどさまざまなキーワードで注目されてきた．とくに，2010 年代に入ると深層学習と呼ばれる技術の成功を背景に，より知能的な処理を実現する計算機システム，すなわち**人工知能**（AI）への期待が再び高まり，人類史において産業革命・インターネット革命に並ぶ変革をもたらしうる技術として期待を集めるようになっている．この本を手に取った方の多くも，そのような技術の中身や将来展望に興味をおもちのことであろう．本書では，深層学習の基礎的な技術や理論を出発点とし，画像・言語・音声などのさまざまな情報を扱う技術や，これらを相互に接続することで実現するマルチモーダル情報処理にいたるまでを体系的に解説することを目的とする．

　さて，まず最初に，**データサイエンス・機械学習・深層学習・人工知能**などの言葉を整理したい．これらは近年では混同して語られることも多いが，本来まったく違ったスコープをもつ言葉であることに注意すべきである．人工知能は，計算機の黎明期から始まる長い歴史があり，一般には 1956 年のダートマス会議がその発端であるとされる．詳しくは専門書の解説に譲るが，大雑把に述べるとおおよそ 1980 年代までは，どの分野においても基本的にはルールやモデルの作りこみにより人工知能の動作を記述するアプローチが大勢を占めていた．すなわち，設計者の知識に基づき設計を行う演繹的なアプローチが主流であったといえる．これに対し，1990 年代前後からは，計算機や数理工学の発展により，統計に基づきデータから帰納的にルール獲得や知識発見を行うア

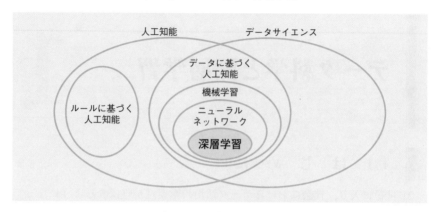

図 1.1　本書に関わる各分野と技術の位置づけ

プローチが大きな成功を収めるようになった．広い意味で，いまでいうデータ
サイエンスに基づくアプローチといってもよいだろう．その中で，とくに未知
データの予測性能，すなわち汎化性能の向上を目的とする分野が機械学習であ
り，顔画像識別や統計的機械翻訳など，実用的にも価値の高いさまざまなタス
クの実現につながった．たとえば，顔画像識別では，顔の画像が与えられたと
きに，その人物が誰かを予測することが目的である．これを行うためには，入
力画像 x を人物名のラベル y へ変換する何らかの関数 $y = f(x)$ が必要とな
る．機械学習に基づくアプローチでは，入出力の多数の事例データからなる訓
練データセット $\{x_i, y_i\}_{i=1}^{n}$（n はデータ数）から，そのような関数 f を統計的
に推定するのである．

　深層学習はこのような機械学習手法の 1 つであり，**ニューラルネットワーク**
と呼ばれる数理モデルを用いた技術の総称である．ニューラルネットワークは
1940 年代から研究されている息の長い技術であり，人工知能の歴史において
ブームと呼べる時期が大きく分けて 3 度あった．深層学習という言葉はその 3
度目のブームに対応しており，2010 年代以降に急速に多層化が進んだ大規模
なニューラルネットワークを用いた技術を指すことが多い．

　以上に述べた各用語が表す技術の位置づけを俯瞰すると図 1.1 のようにな
る．このように，人工知能は機械学習ありきのものではないことや，深層学習
は機械学習技術の 1 つに過ぎないことを前提として正しく理解することが重

要である．この意味において，深層学習は決して突然現れた魔法の技術ではなく，データサイエンスや人工知能において従来から存在する技術の順当な発展の1つに過ぎない．しかしながら一方で，深層学習が従来技術ではなしえなかった多くのブレイクスルーを実現したことも事実である．では，深層学習がとくに優れているのは一体どのような点にあるのだろうか．

　それは，タスクを遂行するために有用なデータの表現そのものがニューラルネットワークの内部構造として得られることにある．これこそが深層学習（すなわち，ニューラルネットワーク）の本質といっても過言ではなく，優れた表現が得られることにより，結果として高性能な予測アルゴリズムや，柔軟なアプリケーションの実現につながるのである．この「表現」という言葉は本書を貫く鍵であり，次節で詳しく述べる．

1.2　データの表現学習

1.2.1　特徴表現とは

　計算機によってデータから意味を引き出すためには，個々のデータの特徴をよく捉えた数値表現を取り出す必要がある．これを本書では**特徴表現**と呼ぶことにする．特徴表現という言葉は深層学習の普及以降よく使われるようになったが，厳密な定義があるわけではなく，基本的には従来から**特徴量**あるいは**素性**と呼んでいるものと同じと考えて差し支えない．典型的には，あるデータの性質を表す何らかのスカラー値を複数並べたベクトルの形をとることが多い．ただし，文脈によっては単なるベクトルではなく，よりハイレベルな構造♠1を含む場合もあるため，適切に判断する必要がある．

　画像認識を例にとって，特徴表現を考えてみよう．すなわち，画像中の物体を認識するために適した画像の数値表現を得たい．しかしそもそも，計算機上で扱うデータとは，私たちの世界で起こった何らかの事象を数値化したものである．画像の場合は，カメラの撮像面で観測される被写体からの光の強さを記録したものであり，デジタル画像は撮像面の各点における輝度値が格子状に格納された行列として表されている（図1.2）．したがって，これをそのままベク

♠1たとえば，部分構造を表す多数のベクトルの集合や，これらがなすグラフ構造をもって表現とする場合もある．

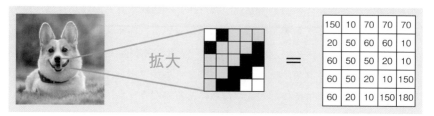

図 1.2 画像データの数値表現

トルへ展開して特徴表現として用いることももちろん可能である．しかし，これは画像認識を行うために適切な表現になっているといえるだろうか．

実際にこの表現を用いた認識アルゴリズムを考えると，多くの問題があることがすぐにわかる．通常，画像認識では対象物が画像中のどこにあっても認識結果は変わらない．たとえば，犬は画像中のどこにいようと「犬」であり，一歩移動しただけでその意味が変わる（他のものに変わる）ことはありえないであろう．しかしながら，もとの画像データにおいては，犬の領域が占めるピクセルが変わるため，輝度値のベクトルはまったく異なる値をとってしまうことになる．このような特徴表現を用いると，対象物の移動という認識にとっては本質的でないデータの変動によって，認識アルゴリズムが大きく惑わされることになる．

もう少し賢い特徴表現を考えてみよう．図 1.3 左に示すような，A と B 2 種類の鳥を見分ける問題を考える．簡単のため，ここでは A，B 各 1 枚ずつの画像が訓練データとして与えられているものとする．これらの画像からどのような特徴表現をとれば，この 2 種類の鳥を良く見分けることができるだろうか．この例では，それぞれの鳥は色が特徴的であるため，色に着目した情報をとるのが良さそうである．ここでは，単純に画像中の黒いピクセル・白いピクセルの総数を用いることにしよう．つまり，特徴表現として 2 次元のベクトルを取り出すことになる．これを 2 次元の平面にプロットすると，図 1.3 のグラフのようになるだろう．認識したいテスト画像に関して同様の特徴表現をとると，このテスト画像は比較的白色が多いことから，B に近い位置にプロットされることになる．このように，タスクに対して良い特徴表現がとれると，その空間上での距離が，データ間の意味的な近さに沿うようになっていくことが期待できる．したがって，この空間上で A，B のうち距離の近い方へテスト画像を識

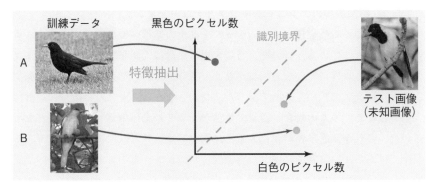

図 1.3　色に基づく画像特徴抽出と識別の例

別することは妥当な方法の 1 つであり，この場合図中の破線のように A，B を結ぶ線分の垂直 2 等分線が識別境界となることがわかる．

さて，この特徴表現の良いところは，物体の平行移動に関する**不変性**をもつことである．すなわち，対象物の面積は全体が収まっている限り画像中のどこに平行移動しても変わらないため，物体の位置が変わっても基本的に同じ特徴表現の値が得られることが保証される．したがって，画像の輝度値を直接特徴表現として用いた場合に発生した問題が回避できる．このように，タスクに対して非本質的なデータの変動を吸収できることも良い特徴表現に求められる要件である．

もちろん，現実的な問題において有用な特徴表現を設計するのは容易ではない．前述した色に基づく特徴表現では，物体の平行移動に関しては不変であっても，カメラとの距離が変われば当然画像に占める面積が変わるため，大きく値が変化してしまうであろう．また，背景や環境光の条件などによっても各色に属するピクセルの数は大きく変化するため，これも最終的な識別に大きな影響を与えることになる．このように，色は図 1.3 の鳥を識別するにあたり重要な情報であることは間違いないが，これを特徴表現として数値化するためにはさらなる工夫が必要であるといえる．

以上述べたように，優れた特徴表現を設計するためには，データの本質的な特徴を記述する能力と，その他の条件変化や外乱に対する頑健さをいかにして両立させるかが重要なポイントとなる．

1.2.2　**特徴表現のエンコーディングとデコーディング**

　このように，特徴表現は，生のデータを高次の処理へつなぐ仲立ちをする重要な役割を担っている．長い間，特徴表現の設計は人間が経験に基づきトップダウンに行う以外に有効な方法論がなく，各分野において良い特徴量を開発することが研究者の腕の見せ所であった．しかしながら，優れた特徴量の設計は容易ではなく，多くの場合特徴量の性能がシステム全体のボトルネックとなっていた．これが深層学習時代に入ると，学習アルゴリズム自体によって（ある程度ではあるが）自動的に優れた特徴表現がニューラルネットワークの内部構造として獲得できることがわかり，大きなパラダイムシフトへとつながった．このように，学習によって特徴表現そのものの獲得を目指すことが深層学習の根本にある哲学であり，**表現学習**という言葉で強調されることも多い．

　画像認識タスクにおいて，ニューラルネットワークが抽出する特徴表現の例を図 3.19 に示した．詳しくは第 3 章で述べるが，画像を扱うニューラルネットワークとしては**畳み込みニューラルネットワーク**が定番であり，入力のピクセル値から最終的な出力へいたるまで，**ニューロン（人工ニューロン）**と呼ばれる素子を階層的に接続したものである．その各層におけるニューロンが，どのような画像パッチ（画像中の局所領域）に対して反応するかを調べると，図 3.19 のように，色やエッジなどの基礎的な視覚的特徴に反応するニューロンや，人の顔などのより高次のパターンに対して特異的に反応するニューロンなど，さまざまな構造が学習によって得られることが示された．つまり，各ニューロンはそれぞれ担当するパターンが入力画像中にどの程度強く表れているかに応じて反応しており，入力画像に対するニューロンの反応が特徴表現そのものになっていると解釈できる．

　このように，入力データを特徴表現へ変換する操作を**エンコーディング**と呼ぶ．従来の特徴量抽出も，人間が設計したルールに基づくエンコーディングの一種であるといえる．上で見た画像の例に限らず，多くのニューラルネットワークは内部では何らかの形でエンコーディングを行っていると解釈できるが，表現抽出器としての役割をとくに意識する場合に，エンコーディングを行うニューラルネットワークのことを特に**エンコーダネットワーク**あるいは単に**エンコーダ**と呼ぶことがある．

　逆に，特徴表現からデータを生成する操作，すなわち特徴表現をもとのデータ

空間において対応する点へ変換する操作を**デコーディング**と呼び，これを行う
ニューラルネットワークを**デコーダネットワーク**あるいは**デコーダ**と呼ぶ．扱う
データの性質にもよるが，多くの場合，ある特徴表現に対応するデータ空間上の
点は複数存在するため，デコーディングは本質的に不良設定な問題になりやすい．
このため，デコーディングはエンコーディングと比較して難易度が高い場合が多
い．しかしながら，深層学習は生成モデルにおいても大きな成功を収め，十分実用

=== **コラム：表現学習 vs. 特徴量エンジニアリング** ===

　本章で述べた通り，深層学習が表現学習において大きなブレイクスルーをも
たらしたことは紛れもない事実である．しかしながら，巷でしばしば喧伝され
るように，深層学習が生データから一切人間の試行錯誤や先験知識なしに表現
を学習しているかというと，それは少なくとも現時点ではかなりの誇大広告で
あろう．まず，第 3 章以降で述べる通り，ニューラルネットワークが真の意味
で生データに直接接続されるケースは少なく，各データやタスクの性質に応じ
て経験的な前処理や補助的操作を加える必要がある場合が多い．また，畳み込
みニューラルネットワークにおける畳み込み層やプーリング層のような先験的
構造は依然として重要であるし，注意機構や正規化などの要素技術も，基本的
には従来の特徴量設計と同じ要領の試行錯誤から成り立っているといえる．こ
のため，深層学習では従来の特徴量エンジニアリングがネットワークエンジニ
アリングに置き換わっただけとする考え方も根強い．

　一方で，深層学習の研究は進展著しく，訓練データの巨大化を背景に，少し
ずつ先験的な作りこみからの解放を感じさせる成果も現れていることは見逃せ
ない．たとえば，先に述べた畳み込み層やプーリング層は，画像に限らずさま
ざまなデータに対して有効性が知られたネットワーク構造であるが，近年では
より単純かつ一般的な構造であるトランスフォーマを基盤とするモデルが性能
で上回る場合が増えてきている．これは，訓練データが十分多数あるならば，
できるだけトップダウンな仮定（帰納バイアス）の少ないモデルを選び，デー
タドリブンに構造の学習を行う方が良いとする機械学習の原則に合致している
現象であるといえよう．今後もさらなるデータ資源や計算機能力の増大のもと
同様の傾向は続くと予想されるが，表現学習は真の意味で人の手を離れ人を超
えていくのか，はたまた人の知恵や職人技はやはり超えられない壁なのか，興
味は尽きない．

的なレベルでさまざまなデータをデコーディングすることが可能になりつつある.

 ## 1.3 マルチモーダル情報処理

　深層学習が普及する以前は，画像・言語・音声などの各分野で，エンコーディング・デコーディングを担う特徴抽出やデータ生成の技術体系がそれぞれのデータに特化する形で構築されていたため，これらを接続することは容易ではなかった．しかしながら，深層学習の発展により，画像ならば畳み込みニューラルネットワーク（CNN），言語ならば再帰型ニューラルネットワーク（RNN）やトランスフォーマのように，それぞれの分野でエンコーダやデコーダとなる定番のニューラルネットワークが確立されるようになった．これらは，それぞれの分野内で顕著な性能を得ているのもさることながら，ニューラルネットワークという同じ数理モデルを基盤とするものであるため，容易に相互の接続が可能である点が重要である．これにより，さまざまなデータを統合的に扱う**マルチモーダル情報処理**が飛躍的に進展するようになった.

1.3.1 マルチモーダルとは

　マルチモーダルとは，「複数の**モダリティ**（感覚）からなる」の意味であり，人間でいうところの五感情報を組み合わせることが原義である．したがって，情報処理におけるモダリティとは画像センサ・音声センサなど，さまざまな物理センサの入力を指すことが一般的ではあるが，この他にもテキスト入力や何らかのメタ情報などを 1 つのモダリティと考えることもある．広義には，別々の空間に配置されるデータのそれぞれであると考えてよい.

　マルチモーダル情報処理では，このような複数のモダリティを統合的に活用する入出力タスクを扱う．また，入力と出力が異なるモダリティとなる場合をとくに**クロスモーダル**と呼ぶことがある.

1.3.2 深層学習の恩恵

　具体的な例として，クロスモーダルなタスクの代表格である**画像キャプション生成**を概観し，深層学習に基づく手法のメリットを考えてみよう．画像キャプション生成とは，入力された画像に対し，その画像の内容を説明する自然言語文を生成するタスクである．これを実現するためには，画像のエンコーディン

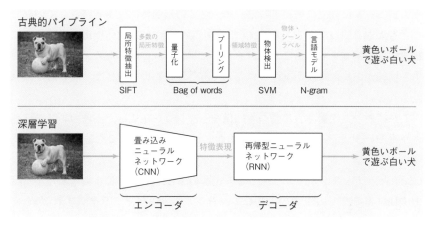

図 1.4 画像キャプション生成アルゴリズムの実装例

グを行う技術，そしてエンコードされた特徴表現をテキストへデコーディング
する技術が必要となる．深層学習が普及する前は，画像処理・自然言語処理の双
方の技術を工夫して段階的に組み合わせていくことが必要であった．これには
さまざまな実装方法が考えられるが，図 1.4 上に典型的なパイプラインの 1 つ
を示す．まず，画像の各局所領域から基礎的な視覚情報を取り出すため，SIFT
特徴などの局所画像特徴を多数抽出する．これを，Bag-of-Visual-Words など
の技術によりヒストグラムとして集約し，大域特徴ベクトルや領域特徴ベクト
ルの形へ変換する．これを入力とし，SVM などの機械学習手法を基盤とする
物体検出手法により，画像中の物体やイベントなどを単語として取り出す．こ
こまでが画像処理側で行うおおよその処理となる．言語処理側では，言語生成
を行うために，まず何らかのテンプレートを準備したり，コーパスをもとに
N-gram 等に基づく言語モデルを学習しておくことが必要となる．ここに，画
像処理から得られた単語を接続することで，ようやく最終的な説明文の生成が
可能となる．

　このように，1 つのアプリケーションを実現するための工程が非常に細かく
分かれており，両分野の多くの要素技術を投入する必要があることがわかる．
これらはそれぞれに固有の技術的ノウハウが存在すると同時に互いの関連性は
薄く，そのすべてに習熟することは容易ではない．また，基本的に各工程を担

うモジュールは独立に構築されるため，全体の最適性は一切考慮されていない
ことも大きな弱点である．たとえば，途中で学習される物体検出器はあくまで
物体検出の精度を高めることだけを目的に学習されているため，検出器が出力
する情報が最終的な説明文生成にとって有効性の高い表現になっているかは保
証されない．

これに対し，深層学習に基づく画像キャプション生成は，画像のエンコーダ
ネットワーク，テキストのデコーダネットワークを単純に接続するだけで実
現できる（図 1.4 下）．具体的には，たとえば画像のエンコーダとして定番の
CNN と，テキストのデコーダとして定番の RNN を接続し，画像入力から出
力文にいたるまでの 1 つの大きなニューラルネットワークを構成すればよい．
この中で，CNN の最終層の反応，すなわち CNN によってエンコードされた特
徴表現が，デコーディングを担う RNN へと引き渡される．End-to-End な学
習によって全体のネットワークが最適化されるため，この特徴表現は入力画像
の性質をよく記述すると同時に，優れた説明文を生成するために適した形で埋
め込みがなされていることが期待できる．ここで重要なのは，設計者は CNN
や RNN の構造の詳細を知らなくとも，ニューラルネットワークの一般的な学
習方法さえ知ってさえいれば，十分に良いシステムを構築できることである．
このメリットは，より多数のモダリティを活用するマルチモーダルなタスクに
おいてさらに顕著になってくる．従来であれば，関わるすべての分野の細かい
技術を実装する必要があったのが，深層学習では必要なエンコーダ・デコーダ
をカタログ♠2から選び，接続するだけで実現することができる．そしてその単
純さにも関わらず，ネットワーク全体の最適化によりタスクにとって有力な特
徴表現を自動的に獲得し，優れた性能を発揮できるのである．

このように，深層学習はマルチモーダルな入出力を扱う情報処理を実現する
ために，工学的に見て非常に汎用性が高く優れた基盤技術になっているといえる．

♠2PyTorch, TensorFlow などの深層学習のオープンソースフレームワークでは，各分野
で競争を勝ち抜いた優れたモデルが数多く実装されているとともに，大規模なデータですで
に訓練を完了したネットワークが提供されている場合が多く，手軽に利用することができる．
これらの代表的なモデルについては，第 3 章以降の各章の中で具体的に紹介する．

1.4　本 書 の 構 成

　ここまで述べた背景に基づき，本書では深層学習の数理に始まり，各分野に
おけるエンコーダ・デコーダネットワークの具体的な技術や，これらをどのよ
うに接続してマルチモーダル情報処理を実現していくかまでを順に解説する．
初学者であっても本書を通読すれば本分野に精通できるように幅広い解説を目
指したが，各自の予備知識や興味関心により，必要な部分のみピックアップす
るのもよいだろう．

　各章の位置付けを図 1.5 に示す．第 1 章では，深層学習からマルチモーダル
情報処理へどのようにいたるのか，その全体像について述べた．第 2 章は深層
学習の数理を解説しており，本書全体の理論的な基盤をなしている．やや数学
的に高度な議論が多いが，機械学習の基礎や深層学習の基本技術から知りたい
人はもちろん，すでに基礎を身に着けている人にとっても得るものの多い章で
あるだろう．第 3 章，第 4 章，第 5 章では，それぞれ画像，言語，音声を対
象とする深層学習技術の解説を行っており，それぞれの分野におけるエンコー
ダ・デコーダの具体的な構成法を詳しく述べている．深層学習の一般的な知識
はすでに身に着けており，特定分野での詳細が知りたいという人は該当する章
から読み始めてもよいかもしれない．最後の第 6 章ではそれまでの章を踏ま
え，本書のゴールであるマルチモーダル情報処理について述べる．マルチモー
ダル情報処理の体系化を行いながら具体的な事例について網羅的に解説し，最
後に将来への展望を述べて本書を締めくくる．

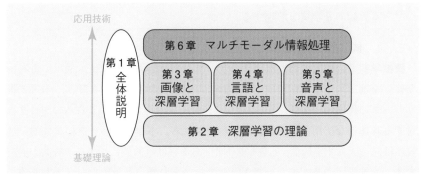

図 1.5　本書の構成

深層学習の基礎 2

　人は犬を見れば犬とわかるし鳥を見れば鳥とわかる．このような認識機能は犬や鳥と呼ばれる生物を観測した経験に基づき形成される．共通の呼び名をもつ生物間に普遍的に存在する視覚パターンを認知することで認識が可能となるのである．この認識機能の獲得過程が学習であり，機械学習は計算機に学習機能を与える数理的枠組みのことである．本章では機械学習の一般論を教師あり学習を中心に展開したのち，深層学習，すなわちニューラルネットワークを用いた機械学習を実現するために必要な基礎知識を解説する．

2.1 機 械 学 習

　2020 年代の現在，深層学習の勢いは衰えを知らず，さらなる成果を挙げるべく，多くの技法が生み出され続けている．そのような状況もあり，深層学習の全容を的確に説明することは容易ではない．しかしながら，深層学習も機械学習の範囲を逸脱しているわけではない．つまり，機械学習で登場する仮説関数，損失関数，正則化法，最適化手法といったものを適切に設定することで深層学習が実現しているのである．そこで本節では機械学習の基本的枠組みの 1 つである教師あり学習を解説する．

2.1.1 機 械 学 習

機械学習では観測された有限個のデータから未観測データにも通用する有用な知見を抽出することが目的であり，この過程のことを学習と呼ぶ．本書で扱うデータの代表例は画像，テキスト，音声データなどであり，これらのデータに対する具体的な応用例は次章以降で解説される．本章ではデータの具体的な性質には立ち入らず実数値，実数ベクトル，あるいは離散値に対する一般論を展開する．機械学習の基本的な枠組みとして教師あり学習と教師なし学習がある．

- **教師あり学習**：有限個の入力データと対応する出力値のペアが観測データ
  として与えられる．教師あり学習の目標は観測データから，入力データと
  出力値の間に存在する関係を獲得することである．たとえば入力画像から
  その被写体を予測する画像認識，音声から文字起こしを行う音声認識，気
  温等の気象データから電力需要を予測するシステムなどは教師あり学習と
  して定式化可能である．
- **教師なし学習**：有限個の入力データのみが観測データとして与えられる．
  そのため教師あり学習とは異なりデータが与えられただけでは学習目的が
  1つに定まらず，データから何かしら有意義な知識発見をすることが教師
  なし学習の目的といえる．たとえば与えられた類似度のもとでのデータの
  クラスタリングや観測データを生成した確率分布の推定などは教師なし学
  習の代表的問題である．その他にも次元削減・表現学習・異常検知・デー
  タ生成なども教師なし学習の範疇である．

2.1.2　**教師あり学習**

入力データは実数ベクトルで表現されているとし，入力データが属するベク
トル空間の部分集合を $\mathcal{X}$ で表す．出力は実数ベクトルあるいは離散値をとる
とし，出力値がとりうる値のベクトル空間の部分集合または離散値の集合を $\mathcal{Y}$
で表す．たとえば，画像認識であれば入力データは RGB 値によりベクトル表
現された画像で出力は被写体を示すラベル，電力需要予測であれば入力データ
は気温等の気象データをまとめたベクトルで出力は電力需要を示す実数値と
して表現できる．観測されうる入出力データのペア $(\boldsymbol{x}, y) \in \mathcal{X} \times \mathcal{Y}$ の間には
意味のある（真の）関係性があることが想定される．上述の例でいえば，犬が
写った画像には犬を示すラベルが付随し，気温が平常より低いあるいは高けれ
ば電力需要が高いというような状況である．しかし出力値は一般に決定的なも
のではなくノイズによる摂動を含むことが通常である．たとえば，人が画像に
ラベルを付与している場合，ヒューマンエラーや別の被写体に注目してしまう
ことでラベルは変化しうる．使用電力も実際には気象情報のみでは決まらずさ
まざまな要因に依存して決まる．このように単純な規則では説明しきれない要
因による変化については無規則なノイズとして取り扱う．また入力データもラ
ンダムに観測される状況を想定する．そこで入出力データは $\mathcal{X} \times \mathcal{Y}$ 上の確率

分布（データ分布）ρ から観測されるとし，この分布に従う入出力データに対応する確率変数を $(\mathbf{x}, \mathbf{y})$ で表す.

　教師あり学習ではデータ分布からランダムに観測した有限の情報から意味のある関係性を見出すことを目的とする. 具体的には，この関係性の仮説を $\mathcal{X}$ から $\mathcal{Y}$ への関数で表現し予測を行うという状況のもと，適当なアルゴリズムによってデータとの誤差が小さい仮説の発見を目指す. **仮説関数** $h : \mathcal{X} \to \mathcal{Y}$ とデータ $(\boldsymbol{x}, y) \in \mathcal{X} \times \mathcal{Y}$ の誤差は**損失関数** $\ell : \mathcal{Y} \times \mathcal{Y} \to [0, \infty)$ によって評価する. すなわち，仮説の良さはそれをデータに適用した際の損失関数値 $\ell(h(\boldsymbol{x}), y)$ で定まる. 損失関数は基本的に $h(\boldsymbol{x})$ が y によく適合しているほど，その値が小さくなるように設計される. このとき，仮説 $h : \mathcal{X} \to \mathcal{Y}$ の誤差を示す**期待損失**をデータ分布と損失関数により次のように定義する.

$$\mathcal{L}(h) = \mathbb{E}_{(\mathbf{x}, \mathbf{y}) \sim \rho}[\ell(h(\mathbf{x}), \mathbf{y})]. \tag{2.1}$$

ここで $\mathbb{E}_{(\mathbf{x}, \mathbf{y}) \sim \rho}$ は $(\mathbf{x}, \mathbf{y}) \sim \rho$ についての期待値を表す. 期待損失は g のデータ分布 ρ による損失関数値の期待値であり，期待損失が小さいほどデータ分布に適合した良い関数といえる. したがって，教師あり学習の目標は有限の観測情報から期待損失を近似的に最小化する関数を求めることと言い換えられる.

　期待損失 $\mathcal{L}(h)$ の可測関数[♠1] h についての下限値を**ベイズ誤差**と呼び $\mathcal{L}^*$ で表す. ベイズ誤差は達成しうる最善の期待損失であり，この下限を達成する可測関数が存在すればその関数を**ベイズ規則**と呼び h_ρ で表す. ここで h_ρ は損失関数 ℓ にも依存するため損失関数は所望の目的に応じて適切に選択される必要があることに注意されたい. したがって，期待損失を最小化することはベイズ規則を求めることに他ならない. 教師あり学習の代表的な応用例として回帰問題と判別問題がある. 図 2.1 に 1 次元の入力データ $x \in \mathbb{R}$ から出力値 $y \in \mathbb{R}$ を非線形関数で回帰している様子（図左）と，2 次元の入力データ $\boldsymbol{x} = (x_1, x_2)^\top \in \mathbb{R}^2$ から非線形な 2 値判別 $y \in \{0, 1\}$ を行っている様子（図右）を図示している.

[♠1]基本的に登場する被積分関数・集合，確率測度はボレル可測，ボレル測度である. 可測性は集合の体積や関数の積分が定義されるために必要な性質である. 可測関数のクラスは非常に広く，たとえば連続関数は可測関数である. 詳細は積分論や測度論的確率論の教科書を参照のこと.

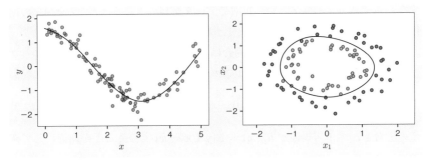

図 2.1　回帰問題（左）と判別問題（右）

2.1.3 回 帰 問 題

出力値が実数や実数ベクトルのような連続値である場合に，与えられた入力データの出力値を予測する問題を**回帰問題**と呼ぶ．たとえば電力需要や売上高の予測は回帰問題として定式化可能である．出力が $\mathcal{Y} = \mathbb{R}$ に値をとる回帰問題で用いられる代表的な損失関数に **2 乗損失**がある．任意の $y, y' \in \mathcal{Y}$ に対し2 乗損失は次のように定義される[♠2]．

$$\ell(y', y) = (y - y')^2. \tag{2.2}$$

2 乗損失の期待損失関数は

$$\begin{aligned}
\mathcal{L}(h) &= \mathbb{E}_{(\mathbf{x}, \mathbf{y}) \sim \rho}[(\mathbf{y} - h(\mathbf{x}))^2] \\
&= \int_{\mathcal{X}} \mathbb{E}[(\mathbf{y} - h(\mathbf{x}))^2 \mid \mathbf{x} = x] \mathrm{d}\rho_{\mathbf{x}}(x) \\
&= \int_{\mathcal{X}} \mathbb{E}[(\mathbf{y} - \mathbb{E}[\mathbf{y} \mid \mathbf{x} = x])^2 \mid \mathbf{x} = x] \mathrm{d}\rho_{\mathbf{x}}(x) \\
&\quad + \int_{\mathcal{X}} (\mathbb{E}[\mathbf{y} \mid \mathbf{x} = x] - h(x))^2 \mathrm{d}\rho_{\mathbf{x}}(x)
\end{aligned}$$

と書ける．ここで $\rho_{\mathbf{x}}$ は $\mathbf{x}$ の周辺分布，$\mathbb{E}[\cdot \mid \mathbf{x} = x]$ は条件付き期待値でありこれは ρ が確率密度関数 $p(x, y)$ をもつ場合，y の条件付き密度関数 $\frac{p(x, y)}{\int p(x, y) \mathrm{d}y}$ による期待値のことである．この式からベイズ規則は条件付き期待値 $h_{\rho}(x) = \mathbb{E}[\mathbf{y} \mid \mathbf{x} = x]$ であることがわかる．これは入出力間に真の関係性 $h_* : \mathcal{X} \to \mathcal{Y}$ があり，x に対し出力値が平均 0 のノイズ ϵ を含むという設定，

[♠2]微分した際に係数が 1 になるよう $\ell(y', y) = 0.5(y - y')^2$ とすることも多い．

すなわち $y = h_*(x) + \epsilon$ という規則でデータが観測されるとき，2 乗損失の期待損失最小化で h_* が得られることを意味している．

出力値が $\mathcal{Y} = \mathbb{R}^K$ に値をとる場合は以下で定義される L_2 ノルム（ユークリッドノルム）$\|\cdot\|_2$ を用いた 2 乗損失が代表的である．任意の $y, y' \in \mathcal{Y}$ に対し

$$\ell(y', y) = \|y - y'\|_2^2. \tag{2.3}$$

この場合も，ベイズ規則が $h_\rho(x) = \mathbb{E}[y \mid x = x]$ となることが同様にして確かめられる．

2.1.4 判 別 問 題

出力値が有限集合の要素である場合に，与えられた入力データの出力値を予測する問題を**判別問題**（**識別問題**）と呼ぶ．すなわち判別問題における出力値の集合 $\mathcal{Y}$ は有限集合である．とくに $\mathcal{Y}$ の要素数が 3 以上である場合は**多値判別**問題といい，要素数が 2 の場合は **2 値判別**問題という．また出力値の各要素をラベルと呼ぶ．たとえばメール文面を入力とするスパム判定や画像を入力とする被写体の予測は判別問題として定式化可能である．判別問題で用いられる損失関数は**判別誤差**であり，任意の $y, y' \in \mathcal{Y}$ に対して，

$$\ell_{\mathrm{err}}(y', y) = \mathbf{1}[y' \neq y] \tag{2.4}$$

で定義される．ここで $\mathbf{1}[y' \neq y]$ は $y' = y$ のとき 0，そうでなければ 1 を返す関数である．そして仮説関数 $h : \mathcal{X} \to \mathcal{Y}$ に対し**期待判別誤差**は

$$\mathcal{L}_{\mathrm{err}}(h) = \mathbb{E}_{(\mathbf{x}, \mathbf{y}) \sim \rho} \left[\mathbf{1}[h(\mathbf{x}) \neq \mathbf{y}] \right] \tag{2.5}$$

である．判別誤差のベイズ誤差は $\mathcal{L}_{\mathrm{err}}^*$ と書く．期待判別誤差は次のように書き換えられる．

$$\mathcal{L}_{\mathrm{err}}(h) = \int_{\mathcal{X}} \mathbb{E}[\mathbf{1}[h(\mathbf{x}) \neq \mathbf{y}] \mid \mathbf{x} = x] \mathrm{d}\rho_{\mathbf{x}}(x) \tag{2.6}$$

$$= \int_{\mathcal{X}} \mathbb{P}[h(\mathbf{x}) \neq \mathbf{y} \mid \mathbf{x} = x] \mathrm{d}\rho_{\mathbf{x}}(x) \tag{2.7}$$

$$= 1 - \int_{\mathcal{X}} \mathbb{P}[h(\mathbf{x}) = \mathbf{y} \mid \mathbf{x} = x] \mathrm{d}\rho_{\mathbf{x}}(x). \tag{2.8}$$

ここで $\mathbb{P}[h(\boldsymbol{x}) = y \mid \mathbf{x} = \boldsymbol{x}]$ は条件付き確率であり，ρ が確率密度関数 $p(\boldsymbol{x}, y)$ をもつ場合，y の条件付き密度関数 $\frac{p(\boldsymbol{x}, y)}{\sum_{y \in \mathcal{Y}} p(\boldsymbol{x}, y)}$ によるラベル y が $h(\boldsymbol{x})$ である確率のことである．上記より，判別誤差に対するベイズ規則は $h_\rho(\boldsymbol{x}) = \arg\max_{y \in \mathcal{Y}} \mathbb{P}[\mathbf{y} = y \mid \mathbf{x} = \boldsymbol{x}]$ となる．すなわち，入力 $\boldsymbol{x}$ に対し最も確率の高いラベルを予測する仮説が期待判別誤差を最小化するということである．

　教師あり学習は，期待損失の最小化問題を最適化アルゴリズムによって近似的に求解することで実行される．最適化アルゴリズムでは，一般的に損失関数の勾配を用いて仮説を更新するが，判別誤差は出力値においていたるところで勾配が 0 になるため最適化が効率的に機能しない．そのため判別問題ではより最適化と相性の良い**代理損失**関数を用いて問題を再定式化し間接的に判別誤差の最小化を行う．

2 値判別問題の代理損失関数

　2 値判別問題は一般の多値判別問題とは異なる定式化をするため，まずは 2 値判別問題固有の代理損失関数を紹介する．ラベルの集合は $\mathcal{Y} = \{-1, 1\}$ である．代理損失を導入するにあたり仮説関数[♠3]は $\mathbb{R}$ に値をとる関数 $h' : \mathcal{X} \to \mathbb{R}$ とし，その出力値の符号 $h(\boldsymbol{x}) = \mathrm{sgn}(h'(\boldsymbol{x}))$ によってラベルを予測することにする．ラベルを予測する h の代わりに h' の誤差を最小化することで間接的に判別誤差の最小化を行う．そのための h' に対する損失が代理損失関数である．そこで代理損失には以下の性質を求める．ここで期待代理損失（代理損失が定める期待損失）を $\mathcal{L}$ と書く．ある定数 $c > 0$ と $s \in (0, 1]$ が存在し，任意の仮説関数 $h' : \mathcal{X} \to \mathbb{R}$ に対し次が成立する．

$$\mathcal{L}_{\mathrm{err}}(\mathrm{sgn} \circ h') - \mathcal{L}_{\mathrm{err}}^* \leq c(\mathcal{L}(h') - \mathcal{L}^*)^s. \tag{2.9}$$

この不等式によって，期待代理損失の近似的な最小化によって期待判別誤差も一定の効率で最小化されることがわかる．たとえば，$\epsilon > 0$ に対し期待判別誤差 $\mathcal{L}_{\mathrm{err}}(\mathrm{sgn} \circ h') \leq \mathcal{L}_{\mathrm{err}}^* + \epsilon$ を達成するためには $\mathcal{L}(h') \leq \mathcal{L}^* + \left(\frac{\epsilon}{c}\right)^{1/s}$ を満たす h' を期待代理損失の近似的な最小化により獲得できればよいということである．以下，代理損失関数の代表例を与える．

[♠3]もともと判別問題を考えていたのでラベルに値をとる関数を仮説と呼ぶのが尤もだが，便宜的にここで導入した h' も仮説と呼ぶ．多値判別の場合でも同様である．

例 2.1（2 値判別問題における代理損失関数[1]）　不等式 (2.9) を満たす代理損失関数を c, s の値とあわせて以下にまとめる.

- 2 乗損失：$\ell(y', y) = (1 - yy')^2$, $c = 1$, $s = 0.5$,
- ヒンジ損失：$\ell(y', y) = \max\{0, 1 - yy'\}$, $c = 1$, $s = 1$,
- 指数損失：$\ell(y', y) = \exp(-yy')$, $c = \sqrt{2}$, $s = 0.5$,
- ロジスティック損失：$\ell(y', y) = \log(1 + \exp(-yy'))$, $c = \sqrt{2}$, $s = 0.5$.

　これらの代理損失関数は 2 値判別問題で実際によく用いられている．たとえば，ヒンジ関数は L_2 正則化を用いたサポートベクタマシンで，指数損失はアダブーストというブースティング手法で，ロジスティック損失は**ロジスティック回帰**と呼ばれる学習手法で使用される．図 2.2 にこれらの関数のグラフを描く．

　ここで挙げた代理損失関数には共通して yy' という項が表れている．判別誤差も $\ell_{\mathrm{err}}(y', y) = \mathbf{1}[yy' < 0]$ というように同様の形式で記述することができる．入力データ $\boldsymbol{x}$ に対して $yh(\boldsymbol{x})$ は仮説の出力 $h(\boldsymbol{x})$ をラベル $-1, 1$ に振り分ける際の閾値 0 からのマージンを表し，有限個の観測データに対しこのマージンを大きくするような仮説は期待判別誤差の最小化に寄与することが学習理論によって保証されている．それを狙ってこれら代理損失関数は yy' が大きいときに小さくなるように設計されているのである♠4.

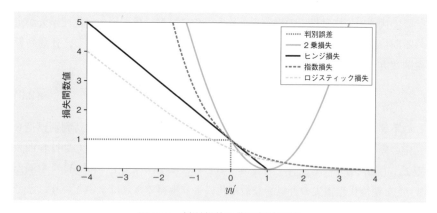

図 2.2　判別誤差の代理損失関数

♠4 2 乗損失はやや特殊で $yh(\boldsymbol{x})$ を大きくし過ぎることは避け $yh(\boldsymbol{x}) \approx 1$ を指向する.

多値判別問題の代理損失関数

多値判別問題の代理損失を用いた定式化を与える．ラベルの集合を $\mathcal{Y} = \{1, \ldots, K\}$ とする．多値判別においては仮説関数は $\mathcal{X}$ から $\mathbb{R}^K$ への写像 $h' = (h'_1, \ldots, h'_K)^\top : \mathcal{X} \to \mathbb{R}^K$ で定める．ここで各 $h'_y : \mathcal{X} \to \mathbb{R}$ $(y \in \mathcal{Y})$ はラベル y に対する予測強度を示す関数であり，したがって入力データ $\boldsymbol{x}$ のラベルは $h(\boldsymbol{x}) = \arg\max_{y \in \mathcal{Y}} h'_y(\boldsymbol{x})$ で予測をする．

――――――――　コラム：**2 値判別と多値判別**　――――――――

これは 2 値判別の場合とは異なる定式化に見えるが次のようにして 2 値判別での定式化を帰結する．ラベルの集合を $\mathcal{Y} = \{1, -1\}$，仮説関数を多値判別の流儀で $h = (h_1, h_{-1})^\top : \mathcal{X} \to \mathbb{R}^2$ とする．入力データ $\boldsymbol{x}$ に対する予測結果は仮説 $h_1(\boldsymbol{x})$ と $h_{-1}(\boldsymbol{x})$ の大小関係で定まるが，これは言い換えれば $h_1(\boldsymbol{x}) - h_{-1}(\boldsymbol{x})$ の符号に応じてラベルを 1 あるいは -1 と予測していることになり，$h_1 - h_{-1} : \mathcal{X} \to \mathbb{R}$ を仮説関数と見なせば p. 17（2 値判別問題の代理損失関数）での 2 値判別の予測の仕方と一致する．

多値判別問題における**代理損失**の代表例である**交差エントロピー損失**を導入する．そのためにまずは交差エントロピー，ソフトマックス関数，ラベルのワンホットベクトル表現という概念を定義する．

交差エントロピーとは一般に 2 つの確率分布の間に定義される量である．ここではラベル集合 $\mathcal{Y}$ 上の離散確率分布を対象とするが，任意の有限集合に対しても各要素に異なるラベルを付与することでまったく同様な議論を進めることができる．集合 $\mathcal{Y}$ 上の離散確率分布は各要素が非負で要素の総和が 1 となるようなベクトルで表現できる．すなわち $p_k \geq 0$ かつ $\sum_{k=1}^K p_k = 1$ であればベクトル $\boldsymbol{p} = (p_1, \ldots, p_K)^\top \in \mathbb{R}^K$ は離散確率分布を与える．そのような 2 つの離散確率分布 $\boldsymbol{p} = (p_1, \ldots, p_K)^\top$，$\boldsymbol{q} = (q_1, \ldots, q_K)^\top \in \mathbb{R}^K$ が与えられたとき，これらの間の交差エントロピー $H(\boldsymbol{p}, \boldsymbol{q})$ は

$$H(\boldsymbol{p}, \boldsymbol{q}) = -\sum_{k=1}^K p_k \log q_k \tag{2.10}$$

で定義される. **ソフトマックス関数**はベクトル $\boldsymbol{v} = (v_1, \ldots, v_K)^\top \in \mathbb{R}^K$ に対して以下で定義される $\mathcal{Y}$ 上の離散確率分布 $\boldsymbol{q_v} \in \mathbb{R}^K$ を対応付ける関数であり, $\boldsymbol{q_v}$ を $\boldsymbol{v}$ が定めるソフトマックスなどと呼ぶ.

$$\boldsymbol{q_v} = (q_{v,1}, \ldots, q_{v,K})^\top = \left(\frac{\exp(v_1)}{\sum_{k=1}^K \exp(v_k)}, \ldots, \frac{\exp(v_K)}{\sum_{k=1}^K \exp(v_k)} \right)^\top . \quad (2.11)$$

この $\boldsymbol{q_v}$ が離散確率分布を与えることは定義よりただちにわかる. ラベルの**ワンホットベクトル**表現とはラベル $y \in \mathcal{Y}$ が定める $\mathcal{Y}$ 上の離散確率分布 $\boldsymbol{p_y} \in \mathbb{R}^K$ であり, $\boldsymbol{p_y}$ は y 番目の要素が 1, それ以外の要素は 0 として定義される. たとえば $y = 3$ に対応するワンホットベクトル表現は $\boldsymbol{p_y} = (0, 0, 1, 0, \ldots, 0)^\top \in \mathbb{R}^K$ である.

以上のもと, 交差エントロピー損失を導入する. 交差エントロピー損失はベクトル $\boldsymbol{y}' = (y_1', \ldots, y_K')^\top \in \mathbb{R}^K$ とラベル $y \in \mathcal{Y}$ に対して定まる誤差であり, $\boldsymbol{y}'$ が定めるソフトマックス $\boldsymbol{q_{y'}}$ と y のワンホットベクトル表現 $\boldsymbol{p_y}$ の間の交差エントロピーとして定義される[♠5]. すなわち交差エントロピー損失 $\ell(\boldsymbol{y}', y)$ は

$$\begin{aligned}
\ell(\boldsymbol{y}', y) &= H(\boldsymbol{p_y}, \boldsymbol{q_{y'}}) \\
&= -\log \frac{\exp(y_y')}{\sum_{k=1}^K \exp(y_k')} \\
&= -y_y' + \log \sum_{k=1}^K \exp(y_k')
\end{aligned} \quad (2.12)$$

となる.

最右辺の第 2 項は $\boldsymbol{y}' = (y_1', \ldots, y_K')^\top \in \mathbb{R}^K$ の全要素 y_k' に対して大きくならないよう等価に罰則をかけ, 第 1 項はその逆にラベル y に対応する y_y' が大きくなるような効果をもつ. この性質により ℓ を用いた損失最小化で y を正しく予測できることが期待される.

仮説関数 $h' = (h_1', \ldots, h_K')^\top : \mathcal{X} \to \mathbb{R}^K$ の期待交差エントロピー損失（交差エントロピー損失が定める期待損失）は

[♠5] 交差エントロピーとソフトマックス関数の合成なので交差エントロピー損失という呼び名はやや正確性に欠けるが便宜上このように呼ぶ.

$$\mathcal{L}(h') = \mathbb{E}_{(\mathbf{x},\mathrm{y})}[\ell(h'(\mathbf{x}),\mathrm{y})]$$

$$= \mathbb{E}_{(\mathbf{x},\mathrm{y})}\left[-h'_{\mathrm{y}}(\mathbf{x}) + \log \sum_{k=1}^{K} \exp(h'_k(\mathbf{x}))\right]$$

$$= -\int_{\mathcal{X}} \mathbb{E}[h'_{\mathrm{y}}(\mathbf{x}) \mid \mathbf{x}=\boldsymbol{x}]\mathrm{d}\rho_{\mathbf{x}}(\boldsymbol{x}) + \mathbb{E}\left[\log \sum_{k=1}^{K} \exp(h'_k(\mathbf{x}))\right]$$

$$= \int_{\mathcal{X}} \left\{-\sum_{k=1}^{K} \mathbb{P}[\mathrm{y}=k \mid \mathbf{x}=\boldsymbol{x}]h'_k(\boldsymbol{x}) + \log \sum_{k=1}^{K} \exp(h'_k(\mathbf{x}))\right\}\mathrm{d}\rho_{\mathbf{x}}(\boldsymbol{x})$$

$$\tag{2.13}$$

となる．被積分関数は出力値 $h'_k(\boldsymbol{x})$ $(k \in \mathcal{Y})$ について凸であるので $\mathcal{L}(h')$ のベイズ規則 $h'_\rho = (h'_{\rho,1},\ldots,h'_{\rho,K})^\top$ は入力値 $\boldsymbol{x}$ ごとに被積分関数を $h'_k(\boldsymbol{x})$ について微分し，それが 0 となる値として定まる．すなわち，各 $y \in \mathcal{Y}$ について

$$\mathbb{P}[\mathrm{y}=y \mid \mathbf{x}=\boldsymbol{x}] = \frac{\exp(h'_{\rho,y}(\boldsymbol{x}))}{\sum_{k=1}^{K} \exp(h'_{\rho,k}(\boldsymbol{x}))} \tag{2.14}$$

を満たすことがわかる．これは期待交差エントロピー損失のベイズ規則のソフトマックス $\boldsymbol{q}_{h'_\rho(\boldsymbol{x})}$ からラベルの条件付き確率 $\mathbb{P}[\mathrm{y}=y \mid \mathbf{x}=\boldsymbol{x}]$ を予測できることを意味している．また確率 $\mathbb{P}[\mathrm{y}=y \mid \mathbf{x}=\boldsymbol{x}]$ の大小関係とベイズ規則の出力値の大小関係 $h'_{\rho,y}(\boldsymbol{x})$ は保たれているため 2.1.4 項の議論から $\arg\max_{y \in \mathcal{Y}} h'_y(\boldsymbol{x})$ が期待判別誤差 (2.5) のベイズ規則となることもわかる．

次に仮説関数 $h' = (h_1,\ldots,h_K)^\top : \mathcal{X} \to \mathbb{R}^K$ のソフトマックス $\boldsymbol{q}_{h'(\boldsymbol{x})}$ を用いた期待交差エントロピー損失 $\mathcal{L}(h')$ の別表現を与える．

$$\mathcal{L}(h') = -\int_{\mathcal{X}} \mathbb{E}[\log q_{h'(\mathbf{x}),\mathrm{y}} \mid \mathbf{x}=\boldsymbol{x}]\mathrm{d}\rho_{\mathbf{x}}(\boldsymbol{x})$$

$$= \int_{\mathcal{X}} \sum_{k=1}^{K} \mathbb{P}[\mathrm{y}=k \mid \mathbf{x}=\boldsymbol{x}] \log \frac{\mathbb{P}[\mathrm{y}=k \mid \mathbf{x}=\boldsymbol{x}]}{q_{h'(\boldsymbol{x}),k}}\mathrm{d}\rho_{\mathbf{x}}(\boldsymbol{x})$$

$$- \int_{\mathcal{X}} \sum_{k=1}^{K} \mathbb{P}[\mathrm{y}=k \mid \mathbf{x}=\boldsymbol{x}] \log \mathbb{P}[\mathrm{y}=k \mid \mathbf{x}=\boldsymbol{x}]\mathrm{d}\rho_{\mathbf{x}}(\boldsymbol{x}). \tag{2.15}$$

最右辺第 2 項は仮説関数に非依存であるため，仮説関数についての最小化問題としては右辺第 1 項が本質的である．この項の非積分関数はラベルの条件

付き確率分布と $\boldsymbol{q}_{h'(\boldsymbol{x})}$ との間の**カルバック–ライブラー情報量（KL 情報量)**
と呼ばれる量に他ならない．KL 情報量とは 2 つの確率分布の間の乖離度を
測るもので，離散確率分布に対しては次のように定義される．離散確率分布
$\boldsymbol{p} = (p_1,\ldots,p_K)^\top,\ \boldsymbol{q} = (q_1,\ldots,q_K)^\top \in \mathbb{R}^K$ に対し

$$D_{\mathrm{KL}}(\boldsymbol{p}\|\boldsymbol{q}) = \sum_{k=1}^{K} p_k \log \frac{p_k}{q_k}. \tag{2.16}$$

KL 情報量は一般に $D_{\mathrm{KL}}(\boldsymbol{p}\|\boldsymbol{q}) \geq 0$ かつ等式が成立するのは $\boldsymbol{p} = \boldsymbol{q}$ の場合に
限るという性質をもつ．以上まとめると，$\mathcal{L}(h')$ の最小化は実質的には

$$\int_{\mathcal{X}} D_{\mathrm{KL}}(\mathbb{P}[\mathrm{y} = \cdot \mid \mathbf{x} = \boldsymbol{x}] \| \boldsymbol{q}_{h'(\boldsymbol{x})}) \mathrm{d}\rho_X(\boldsymbol{x}) \tag{2.17}$$

の h' についての最小化と等価であり，さらに式 (2.17) および KL 情報量の性
質から等式 (2.14) がベイズ規則が満たすべき最適性条件に他ならないことが
再び確かめられる．

　ここまで交差エントロピー損失を扱ったが，次に多値判別問題における代理
損失関数 $\ell(\boldsymbol{y}',y)$ $(\boldsymbol{y}' = (y_1',\ldots,y_K')^\top \in \mathbb{R}^K,\ y \in \mathcal{Y})$ が一般に備えるべき性
質を述べる．これは 2 値判別の代理損失に求められた性質 (2.9) を緩和したも
のの多値判別版である．

　集合 $\Omega \subset \mathbb{R}^K$ に値をとる仮説関数のなす集合を $\mathcal{B}_\Omega$ とする．$\mathcal{L}$ を代理損失 ℓ
が定める期待損失とする．

性質 2.1　任意の $\epsilon_1 > 0$ に対し $\epsilon_2 > 0$ が存在して，$\mathcal{L}(h) \leq \inf_{h \in \mathcal{B}_\Omega} \mathcal{L}(h) + \epsilon_2$
を満たす仮説関数 $h \in \mathcal{B}_\Omega$ に対し $\mathcal{L}_{\mathrm{err}}(h) \leq \mathcal{L}_{\mathrm{err}}^* + \epsilon_1$ が成立する．

　この性質によって所望の期待判別誤差が期待代理損失の近似的な最小化に
よって達成されることを保証される．次の定理は性質 2.1 の十分条件を与える．

定理 2.1 (Zhang (2004) [2])　集合 $\Omega \subset \mathbb{R}^K$ に対し，代理損失関数 ℓ は以
下の 2 つの性質を満たすとする．

(1)　$\ell(\cdot,y) : \Omega \to \mathbb{R}$ $(y \in \mathcal{Y})$ は下に有界かつ連続．

(2)　任意の $\boldsymbol{q} \in \{(q_1,\ldots,q_K)^\top \in \mathbb{R}^K \mid q_k \geq 0\ (k = 1,\ldots,K),$
$\sum_{k=1}^K q_k = 1\}$ と $y \in \mathcal{Y}$ に対し $q_y < \max_{k \in \{1,\ldots,K\}} q_k$ であれば

$$\inf_{\boldsymbol{y}' \in \Omega} \sum_{k=1}^{K} q_k \ell(\boldsymbol{y}', k) < \inf \left\{ \sum_{k=1}^{K} q_k \ell(\boldsymbol{y}', k) \,\middle|\, \boldsymbol{y}' \in \Omega, \; y'_y = \max_{k \in \{1, \dots, K\}} y'_k \right\}.$$

このとき，任意のデータ分布 ρ に対して性質 2.1 は成立する．

　期待代理損失を $\mathcal{L}(h') = \int_{\mathcal{X}} \sum_{k=1}^{K} \mathbb{P}[\mathrm{y}=k \mid \mathbf{x}=\boldsymbol{x}] \ell(h'_k(\boldsymbol{x}), k) \mathrm{d}\rho_{\mathbf{x}}(\boldsymbol{x})$ と表せば，定理 2.1 の (2) に現れる $\sum_{k=1}^{K} q_k \ell(\boldsymbol{y}', k)$ は $\mathcal{L}(h')$ における $\mathbf{x}$ の周辺分布についての被積分関数に対応する値であることがわかる．したがって (2) は $\mathcal{L}(h')$ を最小化するためには仮説関数の出力値 $h'(\boldsymbol{x}) = (h'_1(\boldsymbol{x}), \dots, h'_K(\boldsymbol{x}))^\top$ の成分のうち，確率 $\mathbb{P}[\mathrm{y}=y \mid \mathbf{x}=\boldsymbol{x}]$ が最も高い y に対応する $h'_y(\boldsymbol{x})$ が最大でなければならないという自然な条件を課すものである．

　交差エントロピー損失関数が定理 2.1 の仮定 (2) を満たすことは，ベイズ規則が式 (2.14) を満たすことからわかる．また (1) も明らかに満たすため交差エントロピー損失に対しこの定理が適用可能であり，結果として判別問題の代理損失関数が備えるべき性質 2.1 を満たしていることがわかる．定理 2.1 の条件を満たす他の代理損失関数については Zhang (2004)[2] を参照するとよい．

2.1.5　経験損失最小化法

　教師あり学習の目標は**期待損失最小化**問題であった．しかしながら期待損失を定義するデータ分布 ρ の全貌は未知であるため厳密な最小化は困難である．そこで，ρ から独立に得られる有限個の観測データ $D = \{(\boldsymbol{x}_i, y_i)\}_{i=1}^{n} \subset \mathcal{X} \times \mathcal{Y}$ を用いた近似的な期待損失最小化を試みる．ここで観測データ D のことを**訓練データ**と呼ぶ．訓練データ D から仮説 $h: \mathcal{X} \to \mathcal{Y}$ を獲得するアルゴリズムの代表例として**経験損失最小化法**がある．

　経験損失は訓練データ $D = \{(\boldsymbol{x}_i, y_i)\}_{i=1}^{n}$ 上での損失関数のサンプル平均

$$\mathcal{L}_D(h) = \frac{1}{n} \sum_{i=1}^{n} \ell(h(\boldsymbol{x}_i), y_i) \tag{2.18}$$

である．訓練データ数が十分にあれば経験損失は期待損失をよく近似することが期待される．経験損失最小化法は与えられたモデル上で経験損失を最小化することで期待損失を近似的に最小化するアルゴリズムである．**モデル**とは関数 $h: \mathcal{X} \to \mathcal{Y}$ のなす集合のことであり**仮説集合**とも呼ばれる．モデルは機械学

習を実行する際に適切に定めておく必要がある.

　とくに有限次元空間でパラメタライズされたモデルを**パラメトリックモデル**あるいは単に**有限次元モデル**と呼ぶ. ここではパラメータ空間を実数ベクトル空間 $\mathcal{W} = \mathbb{R}^p$ としてパラメトリックモデルを $\mathcal{H} = \{h_{\boldsymbol{w}} : \mathcal{X} \to \mathcal{Y} \mid \boldsymbol{w} \in \mathcal{W}\}$ で表す. すると, モデル $\mathcal{H}$ を用いた経験損失最小化問題は $\mathcal{L}_D(h_{\boldsymbol{w}})$ を最小化するパラメータ $\boldsymbol{w} \in \mathbb{R}^p$ を見付けることに帰着する. 経験損失最小化を実行する際, **過学習**という問題に気を付ける必要がある. 複雑なモデルを使用した場合に, 訓練データ数が有限であることから, 経験損失は小さくとも期待損失は大きいという現象が起こりうる. これが過学習である. 一方, 有限の訓練データでの学習から期待損失を小さくすることを**汎化**といい, 汎化に関する学習法の性能を汎化性や汎化能力という. 過学習を回避し汎化させるためには, **モデルの表現力**, すなわちモデルが表現できる仮説関数の複雑さを訓練データのサイズや対象のデータの複雑さに応じて選択することが望ましい. 例として図 2.3 に 3 次多項式が生成するデータに対して 3 次多項式と 15 次多項式で回帰した様子を描く. データを生成する真の関数と同じ 3 次多項式モデルではうまく予測できている一方, 過剰なモデルである 15 次多項式では過学習を引き起こしていることが確認でき, モデルの表現力を調整することの重要性がこの例からもわかる.

　そのような調整のために探索されるパラメータ空間の領域を制限する**正則化**技法が経験損失最小化において通常併用される. 代表的な正則化技法として次

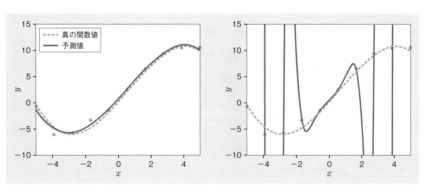

図 2.3　3 次多項式が生成するデータに対する 3 次多項式回帰（左）
と 15 次多項式回帰（右）

で定義される**正則化付き経験損失最小化法**がある．この手法では経験損失に**正則化項**と呼ばれる関数 $\lambda R(\boldsymbol{w})$ を加えた正則化付き経験損失関数

$$\mathcal{L}_D(\boldsymbol{w}) + \lambda R(\boldsymbol{w}) \tag{2.19}$$

を最小化するパラメータ $\boldsymbol{w} \in \mathcal{W}$ を求める．ここで簡単のため $\mathcal{L}_D(h_{\boldsymbol{w}})$ を $\mathcal{L}_D(\boldsymbol{w})$ とおいた．正則化項が大きくなるパラメータには罰則がかかるため複雑な仮説関数が選ばれにくくなり訓練データへの極端な適合が防がれるのである．正則化項の代表例に $\boldsymbol{L_1}$ **正則化項** $R(\boldsymbol{w}) = \|\boldsymbol{w}\|_1 = \sum_{i=1}^{p}|w_i|$, $\boldsymbol{L_2}$ **正則化項** $R(\boldsymbol{w}) = \frac{1}{2}\|\boldsymbol{w}\|_2^2 = \frac{1}{2}\sum_{i=1}^{p} w_i^2$ がある．またこれらを足し合わせた**エラスティックネット正則化項** $R(w) = \alpha\|\boldsymbol{w}\|_1 + (1-\alpha)\|\boldsymbol{w}\|_2^2$ $(\alpha \in (0,1))$ などもある．

目的関数 (2.19) に現れる $\lambda \geq 0$ は**正則化係数**と呼ばれ正則化の強さを調整している．すなわち，$\lambda = 0$ のときは正則化なしの状態と等価であり，λ を増大するにつれて正則化の効果が強くなる．$\lambda = 0$ では上述の通り過学習が起こりうる一方で λ が大き過ぎてもデータに適合することができなくなり期待損失が大きくなってしまう．そのため正則化係数は期待損失を小さくするよう適切に選択する必要があり，そのような手法として検証データを用いたホールドアウト法や交差検証といった手続きがある．

モデルの例として線形関数モデルや後述のニューラルネットワークなどがある．

例 2.2（線形関数モデル） 入力データの集合を $\mathcal{X} \subset \mathbb{R}^d$, ラベルの集合を $\mathcal{Y} \subset \mathbb{R}^o$, パラメータの空間を $\mathcal{W} = \mathbb{R}^{o \times d}$ とする．**線形関数モデル**とは $\boldsymbol{W} \in \mathcal{W}$ が定める線形関数全体のことである：

$$\mathcal{H} = \{h_{\boldsymbol{W}} : \mathcal{X} \ni \boldsymbol{x} \mapsto \boldsymbol{W}\boldsymbol{x} \in \mathbb{R}^o \mid \boldsymbol{W} \in \mathbb{R}^{o \times d}\}.$$

そしてこのモデルを用いた正則化付き経験損失最小化法は

$$\frac{1}{n}\sum_{i=1}^{n} \ell(\boldsymbol{W}\boldsymbol{x}_i, \boldsymbol{y}_i) + \lambda R(\boldsymbol{W}) \tag{2.20}$$

を最小化するパラメータ $\boldsymbol{W} \in \mathcal{W}$ を求めることである．具体例として，回帰問題においては 2 乗損失と L_2 正則化を用いたリッジ回帰や 2 乗損失と L_1 正

則化を用いた Lasso 回帰があり，判別問題においてはヒンジ損失関数と L_2 正則化を用いた線形サポートベクタマシンやロジスティック損失関数を用いたロジスティック回帰がある．上記の例では原点を通る線形関数に限定したが，バイアス項と呼ばれるパラメータ $b \in \mathbb{R}^o$ を追加し $h_{W,b}(x) = Wx + b$ とすることも多い．

2.1.6 訓練，検証，テストデータ

モデルの表現力に影響する要因として使用するモデルの種類や正則化係数などがある．また学習で得られるパラメータの範囲は実際に使用する最適化アルゴリズムにも影響を受けるため最適化アルゴリズムの種類およびそれらアルゴリズムのハイパーパラメータ（後述の学習率や反復回数など）もモデルの表現力に関わる．ここではこれらの要因をまとめて**ハイパーパラメータ**と呼ぶことにする．2.1.5 項で説明したようにモデルの表現力は得られる仮説関数の予測性能に大きく影響する．すなわち，**過学習**を防ぐためにモデルの表現力を適切に制限する必要があり，同時に経験損失および期待損失を十分に小さくすることができる表現力を確保する必要もある．そのためモデルの表現力に関わる上述のハイパーパラメータを適切に調整する必要がある．

ここで留意すべきはハイパーパラメータの良さの評価に訓練データ上の経験損失を用いることはできない点である．つまり，経験損失はモデルを複雑にし表現力を上げる程，小さくできてしまうためハイパーパラメータの評価として妥当ではないということである．**ホールドアウト法**はハイパーパラメータの評価法の 1 つである．アルゴリズム 2.1 にホールドアウト法の手続きを記す．

アルゴリズム 2.1　ホールドアウト法

入力: データセット D，ハイパーパラメータの探索集合 $\mathcal{F}$

データセット D を訓練データ D_1 と検証データ D_2 にランダムに分割

for ハイパーパラメータ $o \in \mathcal{F}$ **do**

　　ハイパーパラメータ o のもと訓練データ D_1 上で経験損失最小化を実行

　　得られた仮説関数の検証データ D_2 上の損失（検証スコア）を計算

end for

検証スコアがもっとも小さいハイパーパラメータ o を返す

　調整対象のハイパーパラメータの組を o で表している．たとえばモデルの種類，正則化係数，最適化アルゴリズムの学習率の組が o である．そしてこれらの組合せの探索候補全体が $\mathcal{F}$ である．ホールドアウト法ではまずデータセットを実際に訓練に用いる訓練データ D_1 とハイパーパラメータの評価のための**検証データ** D_2 に分割する．経験損失最小化は訓練データ D_1 上で行われ検証データ D_2 は使用されないため，得られた仮説関数の D_2 上での損失（**検証スコア**）は期待損失の推定値と見なせる．そして検証スコアが最小となるハイパーパラメータを期待損失最小化に有用なものとして最終的に選択する．したがって，ホールドアウト法によって適切なハイパーパラメータが選ばれることが期待される[♠6]．

　しかしながらホールドアウト法によって選ばれるハイパーパラメータは結局のところ検証データに依存していることに注意する必要がある．すなわち，この依存性によって，選択されたハイパーパラメータの検証スコアは未知データに対する損失を表す期待損失の推定値としてはバイアスがかかってしまっている．そのためハイパーパラメータの候補集合 $\mathcal{F}$ が大き過ぎるとこのバイアスが増大し検証データへの過学習が生じる可能性がある．したがって最終的な評価はホールドアウト法とは無関係に用意した別のデータセットで行う必要がある．そのデータセットを**テストデータ**といい，テストデータ上の損失を**テストスコア**と呼ぶ．テストデータはホールドアウト法が選択するハイパーパラメータおよびそれに付随する仮説関数に影響をもたないため，テストスコアは期待損失の推定値としてバイアスがかからない妥当なものである．言い換えれば，テストデータとテストスコアは実際の運用時の未知データおよびそれに対する損失を表すものである．そのためテストスコアに依存したハイパーパラメータ調整は許されないことも注意しておく．

[♠6]ホールドアウト法より高精度な交差検証法も機械学習ではよく用いられるが，深層学習においては計算コストの観点からホールドアウト法を用いることが多い．

2.2 確率的勾配降下法

確率的勾配降下法は深層学習を含む大規模な機械学習問題において真価を発揮する確率的最適化手法である. その説明の前に, まずは確率的ではない通常の**勾配降下法** (最急降下法) について述べる.

2.2.1 最急降下法

最適化とは集合 $\mathcal{W} \subset \mathbb{R}^p$ とその上で定義された実数値関数 $F : \mathcal{W} \to \mathbb{R}$ が与えられたとき, $F(\boldsymbol{w})$ の $\mathcal{W}$ 上での最小値を達成するパラメータ $\boldsymbol{w}_* \in \mathcal{W}$ を求めることである. ここで最小化[♠7]の対象となる関数 F を**目的関数**と呼び, そしてパラメータ $\boldsymbol{w}_*$ と最小値 $F(\boldsymbol{w}_*)$ をそれぞれ**最適解**, **最適値**と呼ぶ. このような**最適化問題**は以下の様式で記述される:

$$\min_{\boldsymbol{w} \in \mathcal{W}} F(\boldsymbol{w}). \tag{2.21}$$

一般に目的関数 F はその最適解が陽に記述できるほど単純ではない. そこで最適解を近似的に求めるための最適化手法が古くから研究されている. とくに適当な初期点 $\boldsymbol{w}_1$ から逐次的に点列 $\{\boldsymbol{w}_t\}_{t=1}^{\infty}$ を生成しその極限として最適解 $\boldsymbol{w}_*$ あるいは最適値 $F(\boldsymbol{w}_*)$ の近似を行う逐次法が多数開発された. 目的関数の勾配 $\nabla F(\boldsymbol{w})$ を手がかりにパラメータを更新する**勾配法**は逐次法の代表例である. 以降, 簡単のため F は滑らかで $\mathcal{W} = \mathbb{R}^p$ とする.

勾配法の反復は一般に次のように記述される. いま, t 反復目でパラメータ $\boldsymbol{w}_t$ が得られているとする. そして $\boldsymbol{H}_t \in \mathbb{R}^{p \times p}$ を t 反復目においてこれまでの情報をもとに得られた (p, p) 正定値対称行列とする. このとき, 次の反復点 $\boldsymbol{w}_{t+1}$ を以下の部分問題の解として定める.

$$\min_{\boldsymbol{w} \in \mathbb{R}^p} \left\{ F(\boldsymbol{w}_t) + \nabla F(\boldsymbol{w}_t)^{\top}(\boldsymbol{w} - \boldsymbol{w}_t) + \frac{1}{2}(\boldsymbol{w} - \boldsymbol{w}_t)^{\top} \boldsymbol{H}_t (\boldsymbol{w} - \boldsymbol{w}_t) \right\}. \tag{2.22}$$

この部分問題の目的関数は 2 次関数であり, 反復点 $\boldsymbol{w}_{t+1}$ は陽に求められる.

[♠7]文脈によっては最大値を求めることを目的とする. その場合も目的関数 F を $-F$ に読み換えれば以降の議論は成立する.

$$\boldsymbol{w}_{t+1} = \boldsymbol{w}_t - \boldsymbol{H}_t^{-1} \nabla F(\boldsymbol{w}_t). \tag{2.23}$$

たとえば $\boldsymbol{H}_t$ を目的関数のヘッセ行列 $\nabla^2 F(\boldsymbol{w}_t)$ とした場合は**ニュートン法**と呼ばれる手法に帰着する．この場合，部分問題 (2.22) の目的関数は F のテイラー展開を 2 次の項で打ち切ったものになる．すなわちニュートン法は，逐次的に目的関数を 2 次関数で精緻に近似しその最適解を求めることでパラメータを更新する手法である．したがって 2 階微分を考慮しない他手法に比べて優れた収束性をもつが，パラメータの更新においてヘッセ行列の逆行列 $\nabla^2 F(\boldsymbol{w}_t)^{-1}$ と勾配の積というコストの高い計算を必要とするため，機械学習においてはより軽量な最適化手法が使用される．

そこで定数 $\eta_t > 0$ と (p, p) 単位行列 $\boldsymbol{I}_p$ を用いて $\boldsymbol{H}_t = \eta_t^{-1} \boldsymbol{I}_p$ とすることを考える．このときパラメータの更新規則は

$$\boldsymbol{w}_{t+1} = \boldsymbol{w}_t - \eta_t \nabla F(\boldsymbol{w}_t) \tag{2.24}$$

となる．この最適化法は**最急降下法**あるいは単に**勾配降下法**と呼ばれる．また η_t はパラメータの更新幅を調整するハイパーパラメータであり機械学習においては**学習率**と呼ばれる．最急降下法はニュートン法の場合と異なり目的関数の 1 階微分までの情報のみを用いるため部分問題 (2.22) の目的関数は F の粗い近似にはなるが η_t^{-1} をヘッセ行列 $\nabla^2 F(\boldsymbol{w}_t)$ の最大固有値より大きくとってさえいればテイラーの公式から次の不等式が成り立つ．任意の $\boldsymbol{w} \in \mathbb{R}^p$ に対して

$$F(\boldsymbol{w}) \le F(\boldsymbol{w}_t) + \nabla F(\boldsymbol{w}_t)^\top (\boldsymbol{w} - \boldsymbol{w}_t) + \frac{1}{2\eta_t} \|\boldsymbol{w} - \boldsymbol{w}_t\|_2^2. \tag{2.25}$$

すなわち部分問題 (2.22) の目的関数は関数 F の上界になっている．そして部分問題の解 $\boldsymbol{w}_{t+1}$ を次の反復点とすることで目的関数 F を減少させることができる．実際，最急降下法の更新規則 (2.24) を式 (2.25) に代入すれば

$$F(\boldsymbol{w}_{t+1}) \le F(\boldsymbol{w}_t) - \frac{\eta_t}{2} \|\nabla F(\boldsymbol{w}_t)\|_2^2 \tag{2.26}$$

となることがわかる．これはパラメータが停留点，つまり勾配が 0 のパラメータにいたらない限り目的関数が減少することを意味している．

2.2.2　最急降下法の収束性

停留点にあることを意味する等式 $\nabla F(\boldsymbol{w}) = 0$ は最適化では **1 次の最適性条件**と呼ばれ，最適解 $\boldsymbol{w} = \boldsymbol{w}_*$ であることの必要条件になっている．この条件は目的関数が凸である場合は最適解であることの十分条件にもなっている．一方，非凸である場合はそうとは限らない（図 2.4 参照）が，勾配法は式 (2.26) が示す通り基本的に目的関数を減少させるように設計されるため，最終的には F の極小点か鞍点には収束することが期待される．そこで勾配法の目標は 1 次の最適性条件を近似的に満たすパラメータを求めることとする．そして，勾配法の反復数 T について勾配のノルムの 2 乗が減少する速さを**収束率**と呼び，勾配法はこの収束率の良さで評価される．

　具体的に最急降下法 (2.24) の収束率を導出してみよう．そのためにヘッセ行列 $\nabla^2 F(\boldsymbol{w})$ の最大固有値はすべての $\boldsymbol{w}$ において $L > 0$ 以下と仮定する．すると前項の議論から学習率 η_t は $\frac{1}{L}$ 以下でさえあれば式 (2.26) が成立するので，t によらず一定として $\eta_t = \eta$ のようにとる．ここで η は $0 < \eta \leq \frac{1}{L}$ を満たす定数とする．すなわち，最急降下法の更新規則は

$$\boldsymbol{w}_{t+1} = \boldsymbol{w}_t - \eta \nabla F(\boldsymbol{w}_t) \tag{2.27}$$

となる．最急降下法を T 反復させ，式 (2.26) の T 反復分の平均をとり係数を整理すると次の不等式を得る．

$$\frac{1}{T} \sum_{t=1}^{T} \|\nabla F(\boldsymbol{w}_t)\|_2^2 \leq \frac{2}{\eta T}(F(\boldsymbol{w}_1) - \inf_{\boldsymbol{w} \in \mathbb{R}^p} F(\boldsymbol{w})). \tag{2.28}$$

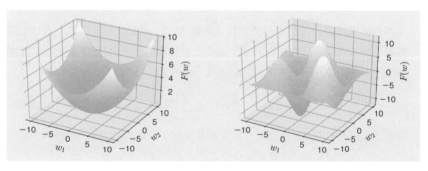

図 2.4　凸関数（左）と非凸関数（右）

全 T 反復の間に得られた勾配のノルムの 2 乗 $\|\nabla F(\boldsymbol{w}_t)\|_2^2$ $(t \in \{1, \ldots, T\})$ の最小値はこの不等式の左辺値以下であるので,最急降下法により $\min_{t \in \{1, \ldots, T\}} \|\nabla F(\boldsymbol{w}_t)\|_2^2 = O\left(\frac{1}{\eta T}\right)$ が成り立つことがわかる.これは T を増やせばいくらでも勾配が小さいパラメータが得られ 1 次の最適性条件が近似的に満たされることを意味する.そしてその収束率は $O\left(\frac{1}{\eta T}\right)$ である.

2.2.3　確率的勾配降下法

確率的勾配降下法は 1951 年に Robbins と Monro[3] により提案された確率的最適化手法であり,ビッグデータが隆盛した 2010 年前後から深層学習全盛の現在にかけて大きく研究が進んだ.その理由に大規模な機械学習問題に対する確率的勾配降下法の高い親和性がある.実際,通常の最急降下法に比べて確率的勾配降下法がより優れた性質を備えていることが多くの実験で確かめられている.この現象は経験損失が期待損失の近似に過ぎないために,その最適解を厳密に求める必要はなく,データ数に応じて決まる精度の近似解でも同等の汎化性が担保されるということに起因する.

まずは最急降下法を経験損失最小化問題に適用することを考える.経験損失は訓練データ数分の関数の和であるので,ここではより一般に次の形の有限和関数の最小化問題を考える.

$$\min_{\boldsymbol{w} \in \mathbb{R}^p} \left\{ F(\boldsymbol{w}) = \frac{1}{n} \sum_{i=1}^{n} f_i(\boldsymbol{w}) \right\}. \tag{2.29}$$

ここで $f_i(\boldsymbol{w}) = \ell(g_{\boldsymbol{w}}(x_i), y_i) + \lambda R(\boldsymbol{w})$ とおけば,この問題は正則化付き経験損失最小化問題となる.問題 (2.29) に対する最急降下法は

$$\boldsymbol{w}_{t+1} = \boldsymbol{w}_t - \frac{\eta_t}{n} \sum_{i=1}^{n} \nabla f_i(\boldsymbol{w}_t)$$

となる.ここで注意すべきは最急降下法では 1 回の反復あたりに n 個分の関数の勾配計算が必要で,$O(n)$ の計算コストがかかる点である.前項では勾配法の性能を収束率で評価すると述べたが,問題 (2.29) に対してはこの点も考慮すべきであろう.そこで指定の誤差 $\epsilon > 0$ に対して $\|\nabla F(\boldsymbol{w})\|_2^2 \leq \epsilon$ を達成するために必要な f_i $(i \in \{1, \ldots, n\})$ へのアクセス回数を**勾配法の総計算量**として定義し,総計算量の大小によって勾配法の評価をすることにする.

　ここで前項同様の設定を考えると，最急降下法の収束率は $O\left(\frac{1}{\eta T}\right)$ であったので，$T = O\left(\frac{1}{\eta\epsilon}\right)$ 回数の反復で $\|\nabla F(\boldsymbol{w})\|_2^2 \leq \epsilon$ を達成できることがわかる．したがって反復あたりの計算コストを考慮に入れた総計算量は $O\left(\frac{n}{\eta\epsilon}\right)$ である．これは経験損失最小化においてデータ数に比例して計算コストが増大することを意味し，最急降下法が大規模データセットに対して非効率であることの理由である．この問題は，最急降下法を確率化した確率的勾配降下法において改善される．次に確率的勾配降下法について説明する．

　確率的勾配降下法では目的関数の勾配によってパラメータを更新するのではなく，反復ごとに乱択された 1 つの関数の勾配を用いた近似的な勾配法を実行する．具体的には t 反復目において関数の添字 i_t を $\{1,\ldots,n\}$ の中から一様にランダムに選択する．すなわち i_t は確率変数である．そして確率的勾配降下法による更新は次で定義される．

$$\boldsymbol{w}_{t+1} = \boldsymbol{w}_t - \eta_t \nabla f_{i_t}(\boldsymbol{w}_t). \tag{2.30}$$

ここで $\nabla f_{i_t}(\boldsymbol{w}_t)$ は**確率的勾配**と呼ばれる確率変数であり，その i_t についての期待値は勾配 $\nabla F(\boldsymbol{w}_t)$ に一致する．式で表現すれば $\boldsymbol{w}_t$ において $\mathbb{E}_{i_t}[\nabla f_{i_t}(\boldsymbol{w}_t)] = \nabla F(\boldsymbol{w}_t)$ である．これは確率的勾配が勾配 $\nabla F(\boldsymbol{w}_t)$ の不偏推定量であることを意味し，この性質から確率的勾配降下法が平均的には最急降下法と同様に目的関数を減少することが示される．最急降下法の場合と異なり，パラメータの更新において 1 つの関数 f_{i_t} にしかアクセスしないため，反復あたり計算コストは $O(1)$ であり，この性質によって確率的勾配降下法の総計算量は n に非依存となる．これが確率的勾配降下法の着目すべき点であり次項において詳述する．

　確率的勾配降下法においては学習率の調整がより重要となる．これは確率的勾配降下法では，確率的勾配のノイズの影響を軽減する必要があるためである．ここで最適解 $\boldsymbol{w}_*$ が得られているとしよう．このとき目的関数の勾配は 0 なので最急降下法であればここで停止する．一方，一般に $\nabla F(\boldsymbol{w}_*) \neq \nabla f_{i_t}(\boldsymbol{w}_*)$ であるので，確率的勾配降下法では最適解に到達していたとしても $\eta_t\|\nabla f_{i_t}(\boldsymbol{w}_*)\|$ の分だけ最適解から離れてしまうことがわかる．そこでたとえば，Robbins と Monro の論文[3] では $\eta_t = O\left(\frac{1}{t}\right)$ という学習率を用いることで確率的勾配降

下法を収束させることを提案している．また最適化の過程から適応的に学習率を定める **AdaGrad**[4] や **Adam**[5] という深層学習において頻繁に活用される確率的最適化手法も提案された．

2.2.4 確率的勾配降下法の収束性

確率的勾配降下法の収束率は問題設定や目的関数の性質に関してさまざまな条件のもと調べられている．ここでは目的関数の平滑性を用いた収束率解析を紹介する．確率的勾配降下法は有限和関数の最小化問題に限らず一般に期待値で表される目的関数に適用できる．実際，機械学習においてもさまざまな問題設定のもと使用されるため本項ではより抽象化された以下の最適化問題を対象に説明する．

$$\min_{\boldsymbol{w} \in \mathbb{R}^p} \{F(\boldsymbol{w}) = \mathbb{E}[f(\boldsymbol{w}, \zeta)]\}. \tag{2.31}$$

ここで f は $\boldsymbol{w}$ について微分可能な実数値関数，ζ は確率変数，$\mathbb{E}$ は ζ の従う確率分布による期待値を表す．この問題が期待損失および経験損失最小化問題を特殊例として含むことは，f を損失関数，ζ をデータを表す確率変数 $(\mathbf{x}, \mathbf{y})$ でその確率分布をデータ分布あるいは訓練データが定める**経験分布**♠8に設定することで確かめられる．またこのとき f には正則化項も含むことができる．

次に問題 (2.31) に対する確率的勾配降下法を記述する．$\{\zeta_t\}_{t=1}^{\infty}$ を確率変数 ζ と同じ分布に従う独立な確率変数の列とする．確率的勾配降下法の更新式は

$$\boldsymbol{w}_{t+1} = \boldsymbol{w}_t - \eta_t \nabla_{\boldsymbol{w}} f(\boldsymbol{w}_t, \zeta_t) \tag{2.32}$$

で定義される．ここで $\nabla_{\boldsymbol{w}}$ は $\boldsymbol{w}$ についての勾配 $\nabla_{\boldsymbol{w}} = \left(\frac{\partial}{\partial w_1}, \ldots, \frac{\partial}{\partial w_p}\right)$ である．$\nabla_{\boldsymbol{w}} f(\boldsymbol{w}_t, \zeta_t)$ は勾配 $\nabla F(\boldsymbol{w}_t)$ の不偏推定量，すなわち $\mathbb{E}[\nabla_{\boldsymbol{w}} f(\boldsymbol{w}_t, \zeta_t)] = \nabla F(\boldsymbol{w}_t)$ を満たし，確率的勾配と呼ばれる．この更新規則 (2.32) は前項で導入した有限和関数の最小化問題に対する確率的勾配降下法 (2.30) の一般化になっている．

収束性の担保のため以下の仮定を課す．

♠8訓練データセット内のデータが一様に等確率に生起する分布である．ただしデータに重複があってもそれらは別データとして扱う．したがって重複するデータはその分確率が増える．

仮定 2.1

- 正数 $\sigma > 0$ が存在し，任意の $\boldsymbol{w} \in \mathbb{R}^p$ において以下が成立する．

$$\mathbb{E}\big[\|\nabla_{\boldsymbol{w}} f(\boldsymbol{w}, \zeta) - \nabla F(\boldsymbol{w})\|_2^2\big] \le \sigma^2. \tag{2.33}$$

- 正数 $L > 0$ が存在し，任意の $\boldsymbol{v}, \boldsymbol{w} \in \mathbb{R}^p$ において以下が成立する．

$$F(\boldsymbol{v}) \le F(\boldsymbol{w}) + \nabla F(\boldsymbol{w})^\top (\boldsymbol{v} - \boldsymbol{w}) + \frac{L}{2} \|\boldsymbol{v} - \boldsymbol{w}\|_2^2. \tag{2.34}$$

1 つ目の仮定 (2.33) は確率的勾配の分散がパラメータ $\boldsymbol{w}$ によらず一様に σ^2 でおさえられることを意味する．2 つ目の仮定 (2.34) は目的関数は各パラメータ $\boldsymbol{w}$ において接する 2 次項の係数が $\frac{L}{2}$ の強凸 2 次関数で上からおさえられることを意味している．この性質 (2.34) は **L リプシッツ平滑性** と呼ばれ，勾配のリプシッツ連続性 $\|\nabla F(\boldsymbol{v}) - \nabla F(\boldsymbol{w})\|_2 \le L\|\boldsymbol{v} - \boldsymbol{w}\|_2$ から導くことができる[6]．また F が 2 階連続微分可能の場合，ヘッセ行列の最大固有値が L 以下であるという 2.2.1 項で用いた性質からも導かれる．

不等式 (2.34) に確率的勾配降下法の更新式 (2.32) を代入し

$$F(\boldsymbol{w}_{t+1}) \le F(\boldsymbol{w}_t) - \eta_t \nabla F(\boldsymbol{w}_t)^\top \nabla_{\boldsymbol{w}} f(\boldsymbol{w}_t, \zeta_t) + \frac{\eta_t^2 L}{2} \|\nabla_{\boldsymbol{w}} f(\boldsymbol{w}_t, \zeta_t)\|_2^2$$

を得る．ここで $\boldsymbol{w}_t$ を条件付けたもとで確率変数 ζ_t についての期待値をとれば

$$\mathbb{E}_{\zeta_t}[F(\boldsymbol{w}_{t+1})] \le F(\boldsymbol{w}_t) - \eta_t \|\nabla F(\boldsymbol{w}_t)\|_2^2 + \frac{\eta_t^2 L}{2} \mathbb{E}_{\zeta_t}[\|\nabla_{\boldsymbol{w}} f(\boldsymbol{w}_t, \zeta_t)\|_2^2]$$

となる♠9．学習率は $\eta_t \le \frac{1}{L}$ を満たすとすると $\mathbb{E}\big[\|\nabla_{\boldsymbol{w}} f(\boldsymbol{w}, \zeta) - \nabla F(\boldsymbol{w})\|_2^2\big] = \mathbb{E}\big[\|\nabla_{\boldsymbol{w}} f(\boldsymbol{w}, \zeta)\|_2^2\big] - \|\nabla F(\boldsymbol{w})\|_2^2$ および確率的勾配の分散の有界性 (2.33) から

$$\mathbb{E}_{\zeta_t}[F(\boldsymbol{w}_{t+1})] \le F(\boldsymbol{w}_t) - \frac{\eta_t}{2} \|\nabla F(\boldsymbol{w}_t)\|_2^2 + \frac{\eta_t^2 L \sigma^2}{2} \tag{2.35}$$

を得る．確率的勾配降下法を初期パラメータ $\boldsymbol{w}_1$ から T 反復することを考え，不等式 (2.35) の期待値を全反復分 $\zeta_1, \dots, \zeta_T$ についてとり，さらにその和をとることで

♠9ここではパラメータ $\boldsymbol{w}_t$ の値は固定され期待値は ζ_t についてのみとる．このことを明示するため記号 $\mathbb{E}_{\zeta_t}$ を用いている．

$$\inf_{\boldsymbol{w} \in \mathbb{R}^p} F(\boldsymbol{w}) \le F(\boldsymbol{w}_1) - \frac{1}{2} \sum_{t=1}^{T} \eta_t \mathbb{E}[\|\nabla F(\boldsymbol{w}_t)\|_2^2] + \frac{L\sigma^2}{2} \sum_{t=1}^{T} \eta_t^2$$

を得る．ゆえに次の評価を得る．

$$\frac{1}{A_T} \sum_{t=1}^{T} \eta_t \mathbb{E}[\|\nabla F(\boldsymbol{w}_t)\|_2^2] \le \frac{2}{A_T}(F(\boldsymbol{w}_1) - \inf_{\boldsymbol{w} \in \mathbb{R}^p} F(\boldsymbol{w})) + \frac{L\sigma^2}{A_T} \sum_{t=1}^{T} \eta_t^2.$$

ここで $A_T = \sum_{t=1}^{T} \eta_t$ とおいた．**学習率** η_t をその総和 A_T が適切な速さで増大するように設定することで，右辺は $T \to \infty$ のもといくらでも小さくすることができる．このことは左辺が勾配ノルムを 2 乗したものの重み付き平均であり $\min_{t \in \{1,\dots,T\}} \mathbb{E}[\|\nabla F(\boldsymbol{w}_t)\|_2^2]$ の上界であるため，確率的勾配降下法による停留点 $\nabla F(\boldsymbol{w}) = 0$ への収束を帰結する．学習率を具体化した場合の結果を次の定理にまとめる．

定理 2.2 目的関数 F は下に有界でありかつ仮定 2.1 が満たされるとする．確率的勾配降下法 (2.32) を T-反復実行したとき，学習率 η_t の取り方に応じ以下の不等式が成立する．

(i) （固定学習率）$\eta_t = \eta > 0$, $\eta \le \frac{1}{L}$ のとき，

$$\frac{1}{A_T} \sum_{t=1}^{T} \eta_t \mathbb{E}[\|\nabla F(\boldsymbol{w}_t)\|_2^2] = O\left(\frac{1}{\eta T} + \eta L\sigma^2\right).$$

(ii) （減衰学習率）$\eta_t = \frac{\eta}{\sqrt{t}}$, $\eta \le \frac{1}{L}$ のとき，

$$\frac{1}{A_T} \sum_{t=1}^{T} \eta_t \mathbb{E}[\|\nabla F(\boldsymbol{w}_t)\|_2^2] = O\left(\frac{1}{\eta\sqrt{T}} + \frac{\eta L\sigma^2 \log T}{\sqrt{T}}\right).$$

この定理より，学習率を固定あるいは減衰させるいずれのケースでもいくらでも勾配のノルム $\|\nabla F(\boldsymbol{w})\|_2$ を小さくすることができることがわかる．ただし，減衰学習率の場合は η_t は反復回数 T に非依存にとれるが，固定学習率の場合は η を T に応じて小さくとる必要がある．これは 2.2.3 項で述べた事情と同様で確率的勾配の分散 σ^2 に起因して，パラメータ $\boldsymbol{w}_t$ が停留点にあったとしても確率的勾配に含まれるノイズによって $\eta\|\nabla_{\boldsymbol{w}} f(\boldsymbol{w}_t, \zeta_t)\|_2$ の分だけパラメータがずれてしまうためである．この影響を軽減するために学習率を減衰

させるかあるいは十分に小さくするのである．結果として，確率的勾配降下法の収束率は $\eta = \frac{1}{L}$ とした最急降下法の収束率[10] $O\left(\frac{L}{T}\right)$ (2.28) と比べて劣化する．たとえば $\eta = O\left(\frac{1}{\sqrt{\sigma^2 LT}}\right)$ のようにとれば勾配ノルムの 2 乗の期待値 $\mathbb{E}[\|\nabla F(\boldsymbol{w}_t)\|_2^2]$ についての確率的勾配降下法の収束率は $O\left(\sqrt{\frac{\sigma^2 L}{T}}\right)$ となり[11]，反復数 T に関して低速化する．しかしながら，確率的勾配降下法は最急降下法と違い厳密な勾配 $\nabla F(\boldsymbol{w})$ の計算を必要としないことに留意されたい．これにより総計算量の観点では逆転が起き，とくに大規模な問題設定においてその差が顕著となる．

　以下，再び有限和関数の最小化問題 (2.29) に立ち戻り，確率的勾配降下法の利点を具体的に見てみる．話を単純化するため収束率では T についての依存性のみ考慮する．定理 2.2 の設定のもと，最急降下法および確率的勾配降下法の T についての収束率は $O\left(\frac{1}{T}\right)$ および $O\left(\frac{1}{\sqrt{T}}\right)$ であった．総計算量に関しては，最急降下法はすでに説明した通り $O\left(\frac{n}{\epsilon}\right)$ であり n に比例することがわかる．一方，確率的勾配降下法は反復において 1 つのデータ（関数）が定める確率的勾配 $\nabla f_{i_t}(\boldsymbol{w}_t)$ のみを必要とするため確率的勾配降下法の総計算量は n に非依存で $O\left(\frac{1}{\epsilon^2}\right)$ となる．ただし，確率的勾配降下法の総計算量は $\mathbb{E}[\|\nabla F(\boldsymbol{w}_t)\|_2^2] \leq \epsilon$ の達成に必要なデータへのアクセス回数としている．以上から，収束率，言い換えればパラメータの反復回数に関しては最急降下法が優位であるものの，関数へのアクセス回数を考慮に入れた総計算量に関しては最急降下法はデータ数 n について線形増加する一方，確率的勾配降下法は n の影響を受けないことがわかった．このために大規模な経験損失最小化問題において確率的勾配降下法が最急降下法より有効となるのである．

2.2.5　ミニバッチ法

　最急降下法を大規模データにスケールさせるための確率化以外の手段として**データの並列計算**がある．最急降下法の総計算量は確かにデータ数 n に線形に依存するが，もし全データをオーバーヘッドが小さい並列計算環境で 1 度に処理することができれば，反復ごとの計算コストは無視されアルゴリズムの実行

---

[10]最急降下法の収束率 $O(\frac{1}{\eta T})$ は定理 2.2 において $\sigma = 0$ とすることでも導かれる．
[11]ただし $\eta \leq \frac{1}{L}$ が満たされるように反復数 T は十分に大きくとっておく必要がある．

時間は必要な反復回数の計算量 $O\left(\frac{1}{\epsilon}\right)$ に近付かせることができる．しかしながら深層学習で扱われるような大規模データセットおよび巨大な機械学習モデルでは，膨大な記憶容量が必要となってしまい効率的ではない．そこで確率的勾配降下法の効率的な反復ごとの計算コストと最急降下法の優れた収束率の両方をある程度兼ね備えたミニバッチ法が登場した．

ミニバッチはいくつかのデータのまとまりを指す言葉であり，本章では便宜的に訓練データの添字のまとまりもミニバッチと呼ぶ．ミニバッチを用いた確率的勾配降下法とはランダムサンプリングされたミニバッチ $I_t = \{i_{t,1}, \dots, i_{t,b}\} \subset \{1, 2, \dots, n\}$ が定める確率的勾配 $\frac{1}{b} \sum_{i \in I_t} \nabla f_i(\boldsymbol{w}_t)$ を用いた確率的勾配降下法に他ならない．具体的な更新規則をアルゴリズム 2.2 にまとめる．ミニバッチのサンプリングの仕方にはいくつかの候補があり，典型的にはデータの並びをランダムシャッフルした後，先頭から順にデータセット 1 周分の学習をするという方法がとられる．ここではミニバッチ $I_t \subset \{1, 2, \dots, n\}$ をその中で重複がないよう一様ランダムにサンプリングすることを考える．この場合もミニバッチが定める損失および勾配はそれぞれ経験損失，および勾配の不偏推定量を与える．したがってアルゴリズム 2.2 に対しても定理 2.2 が適用可能で反復回数についての収束率を導出できる．

アルゴリズム 2.2　ミニバッチ版確率的勾配降下法

入力: 反復数 T, 学習率 $\eta_t > 0$, ミニバッチサイズ b, 初期点 $\boldsymbol{w}_1$

for $t = 1$ **to** T **do**
　　サイズ b のミニバッチ $I_t = \{i_{t,1}, \dots, i_{t,b}\} \subset \{1, 2, \dots, n\}$ をランダムに取得
　　$\boldsymbol{w}_{t+1} \leftarrow \boldsymbol{w}_t - \frac{\eta_t}{b} \sum_{i \in I_t} \nabla f_i(\boldsymbol{w}_t)$
end for
$\boldsymbol{w}_{T+1}$ を返す

---

1 つのデータが定める確率的勾配の分散を σ^2 とすれば，ミニバッチ版確率的勾配の分散は $\frac{(n-b)\sigma^2}{b(n-1)}$ となり，ミニバッチによって分散が縮小することが確かめられる．実際 $b = 1$ では σ^2 に一致し，b が増大するとともに分散は減少し，最終的に $b = n$ で 0 となることがわかる．このとき定理 2.2 から固定学習率を用いた場合の収束率は $O\left(\frac{1}{\eta T} + \frac{\eta L(n-b)\sigma^2}{b(n-1)}\right)$ となる．この収束率からミ

ニバッチ版確率的勾配降下法が確率的勾配降下法と最急降下法の中間的性質を備えていることがわかる．$b=1$ の場合は反復あたり 1 データのみを用いる確率的勾配降下法の収束率に一致し，そこからミニバッチサイズを大きくしていくと上述の通り分散 σ^2 の影響が軽減するため学習率も大きくすることが許され，最終的に $b=n$ においては $\eta=\frac{1}{L}$ を用いた最急降下法の収束率に一致させることができる．同時に反復ごとの計算コストは $O(b)$ である．

この性質は並列計算環境下におけるミニバッチ法の有効性を示唆している．つまり，並列計算能力に応じてミニバッチサイズ b およびそれに連動して学習率 η を大きく設定することで最適化精度を保ちつつアルゴリズムの実行時間を削減できることを意味している．事実，近年の大規模な深層学習においてミニバッチ法は計算の効率化に欠かせない要素技術としての立場を確立し，ここに挙げた確率的勾配降下法にとどまらず次節で紹介する種々の適応的最適化手法とも併用される重要技術になっている．

2.3 適応的最適化法

勾配法の収束率は目的関数が複雑な場合に，とくに勾配の変化が大きい場合に一般に劣化する．図 2.5 のような 2 次元空間上の最適化を考えてみよう．ここで目的関数はその等高線が楕円形となる 2 次関数で $(w_1, w_2) = (8, 0)$ が最適解である．勾配は等高線に直交するので初期点の選び方によっては最急降下法は図 2.5 に示すような挙動を示す．この例では w_2 方向には目的関数値および勾配変化が大きく，w_1 方向にはなだらかな変化をする．そのため学習率がある程度大きいと w_2 方向に振動してしまい収束しない．最急降下法を収束させるためにはこの振動が抑制される程度の学習率に留める必要があるが，そうすると大きく進むべき w_1 方向への移動が低速化してしまうのである．このように勾配法による最適化が停滞するような領域を**プラトー**と呼ぶ．勾配の変化具合は目的関数 $F(w)$ のヘッセ行列 $\nabla^2 F(w)$ で表されていることからも推測できるように勾配法のこのような問題はニュートン法によって解消される．実際，ニュートン法は目的関数のヘッセ行列が単位行列になるように座標変換し，勾配法を実行する手法として見なせる．しかし，2.2.1 項で述べたようにニュートン法を含め 2 階微分を考慮した最適化法は優れた収束性を示す一方，

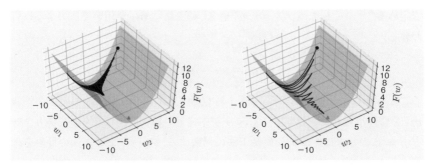

図 2.5 最急降下法（左）とモーメンタム法（右）の 50 反復分の軌
跡. 丸印が初期点, 3 角印が最適解.

計算コストの問題から大規模機械学習ではあまり用いられない. そこで 1 階微
分である勾配を巧みに利用してプラトーを回避する最適化法が多く開発されて
きた.

次項より深層学習における代表的最適化手法をいくつか紹介する. $\mathbb{R}^p$ 上で
定義された有限和関数 $F(\boldsymbol{w}) = \frac{1}{n} \sum_{i=1}^{n} f_i(\boldsymbol{w})$ の最小化問題 (2.29) を対象に,
まずは AdaGrad, RMSProp, Adam 等の適応的最適化法と関連が深いモー
メンタム法とネステロフ加速法を紹介する. 記号の簡略化のためパラメータ
$\boldsymbol{w}_t$ における確率的勾配 $\nabla f_{i_t}(\boldsymbol{w}_t)$ を $\boldsymbol{g}_t$ で表す. また基本的に 1 データによる
確率的勾配を用いた形で手法を導入するが, いずれの手法もミニバッチ版に拡
張可能である.

2.3.1 モーメンタム法

モーメンタム法は現在のパラメータにおける勾配の逆方向ではなく, 過去の
勾配の重み付き和の逆方向にパラメータを更新することで最適化の軌道を滑ら
かにする. この重み付き和は**モーメンタム**（**慣性項**）と呼ばれ, $\boldsymbol{m}_t \in \mathbb{R}^p$ で表
す. 勾配の重みは時間を遡るにつれ指数減衰するようにとる. 具体的には, 重
みの減衰率を表すハイパーパラメータを $\beta \in [0, 1)$ として, 勾配の重み和を次
のルールで定める. $\boldsymbol{m}_1 = \boldsymbol{0}$ とする. 反復 $t = 1, 2, \ldots$ において,

$$\boldsymbol{m}_{t+1} = \beta \boldsymbol{m}_t + \boldsymbol{g}_t$$

で定める[♠12]．そしてパラメータ $\boldsymbol{w}_t \in \mathbb{R}^p$ の更新は $\boldsymbol{m}_t$ を用いて次のように行われる．

$$\boldsymbol{w}_{t+1} = \boldsymbol{w}_t - \eta \boldsymbol{m}_{t+1}.$$

ここで $\eta > 0$ は学習率である．$t+1$ 時点のモーメンタム $\boldsymbol{m}_{t+1}$ は過去の情報 $\boldsymbol{m}_t$ を含み滑らかに変化する．重み β が 1 に近いほど変化は滑らかであり，一方 $\beta = 0$ のときは確率的勾配降下法に帰着する．モーメンタム法の性質を理解するために確率的勾配がノイズを含まない設定，すなわち $\boldsymbol{g}_t = \nabla F(\boldsymbol{w}_t)$ とした場合の挙動を図 2.5 に示す．同じ学習率のもと最急降下法（図左）とモーメンタム法（図右）をともに 50 反復している．モーメンタムの効果により勾配法において勾配の符号が激しく変化する w_2 方向の更新は抑制され勾配変化が少ない w_1 方向への更新は促進されることで最急降下法に比べて高速に収束することがわかるであろう．図からも見てとれるようにモーメンタム法は目的関数が作る曲面の上を転がるボールを想起させるため，ヘヴィーボール法とも呼ばれる．

2.3.2　ネステロフ加速法

ネステロフ加速法[6] は L リプシッツ平滑な凸関数 $F(\boldsymbol{w})$ に対して最適収束率 $F(\boldsymbol{w}_T) - F(\boldsymbol{w}_*) = O\left(\frac{L}{T^2}\right)$（$\boldsymbol{w}_*$：最適解）を達成することで知られる加速法である．本項ではそれを確率化した形で紹介する．この手法では 2 種のパラメータ $\boldsymbol{w}_t, \boldsymbol{z}_t \in \mathbb{R}^p$ が次のルールで更新される．$\boldsymbol{w}_1 = \boldsymbol{z}_1$ とする．反復 $t = 1, 2, \ldots$ において，

$$\boldsymbol{w}_{t+1} = \boldsymbol{z}_t - \eta \nabla f_{i_t}(\boldsymbol{z}_t),$$
$$\boldsymbol{z}_{t+1} = \boldsymbol{w}_{t+1} + \beta_{t+1}(\boldsymbol{w}_{t+1} - \boldsymbol{w}_t).$$

ここで $\eta > 0$ と $1 > \beta_t > 0$ がハイパーパラメータである．次にネステロフ加速法の別表現を与える．ここでベクトル $\boldsymbol{m}_{t+1} \in \mathbb{R}^p$ を $\eta \boldsymbol{m}_{t+1} = \boldsymbol{w}_t - \boldsymbol{w}_{t+1}$ を満たすようにとると $\boldsymbol{z}_{t+1} = \boldsymbol{w}_{t+1} - \eta \beta_{t+1} \boldsymbol{m}_{t+1}$ であるので $\eta \boldsymbol{m}_{t+1} = \boldsymbol{w}_t - \boldsymbol{z}_t + \eta \nabla f_{i_t}(\boldsymbol{z}_t) = \eta \beta_t \boldsymbol{m}_t + \eta \nabla f_{i_t}(\boldsymbol{z}_t)$ となる．し

[♠12]ハイパーパラメータ $\gamma \in [0, 1)$ を追加し $\boldsymbol{m}_{t+1} = \beta \boldsymbol{m}_t + (1 - \gamma)\boldsymbol{g}_{t+1}$ とする場合もある．

たがって，m_t と w_t は次の更新式に従うことがわかる．$m_1 = 0$ として，

$$m_{t+1} = \beta_t m_t + \nabla f_{i_t}(w_t - \eta\beta_t m_t),$$

$$w_{t+1} = w_t - \eta m_{t+1}.$$

この表現によればネステロフ加速法は w_t ではなく先読みしたパラメータ $w_t - \eta\beta_t m_t$ において勾配評価をしたモーメンタム法とも見なせる．深層学習においてはハイパーパラメータ β_t は固定値として $\beta_t = 0.9$ とすることが多い．

2.3.3 AdaGrad

モーメンタム法の項でも説明したように目的関数の勾配変化が座標によって大きく異なるような場合，勾配法の収束性は劣化する．このようなプラトーの問題は座標ごとに異なる学習率を適用することである程度解消される．座標ごとの学習率は一般に最適化の様子に応じて適応的に調整される．**AdaGrad**[4] はそのような適応的最適化法の代表例であり，そのパラメータ更新則は座標 $j \in \{1, 2, \ldots, p\}$ ごとに以下で定義される．t 反復時のパラメータおよび確率的勾配を $w_t = (w_{t,1}, \ldots, w_{t,p})^\top$, $g_t = (g_{t,1}, \ldots, g_{t,p})^\top \in \mathbb{R}^p$ で表せば，反復 $t = 1, 2, \ldots$ において，

$$w_{t+1,j} = w_{t,j} - \frac{\eta}{\sqrt{\sum_{s=1}^{t} g_{s,j}^2 + \epsilon}} g_{t,j}.$$

ここで $\eta > 0$ は学習率を調整するハイパーパラメータ，$\epsilon > 0$ は零除算を回避するための値であり十分小さな値が設定される．この更新則から最適化の過程において勾配が大きい座標に関しては学習率の減少が速く，一方，勾配が小さい座標に関しては遅くなることがわかる．この適応的な学習率の調整により座標間の最適化具合の偏りが解消され最適化が効率化される．実際，勾配法が低速化する図 2.5 のような問題において AdaGrad は有効である．ここで (p, p) 行列 G_t を対角成分のみに値 $G_{t,j,j} = \sqrt{\sum_{s=1}^{t} g_{s,j}^2 + \epsilon}$ をもつものとすると，AdaGrad の更新則は

$$w_{t+1} = w_t - \eta G_t^{-1} g_t$$

と表すことができ，更新則 (2.23) において $\boldsymbol{H}_t = \boldsymbol{G}_t$ とし，勾配を確率的勾配に置き換えた手法とも見なせる．

2.3.4 **RMSProp**

AdaGrad は凸最適化問題での優れた収束性が示されているが学習率が単調に減少するためニューラルネットワークの学習のような非凸最適化問題では学習終盤に低速化してしまうことがある．そこで勾配の 2 乗和をとるのではなく，適当な重みで移動平均をとることで学習率を調整する **RMSProp**[7] が提案された．座標 $j \in \{1, 2, \ldots, p\}$ ごとの RMSProp の更新則はベクトル $\boldsymbol{v}_t = (v_{t,1}, \ldots, v_{t,p})^\top \in \mathbb{R}^p$ を用いて以下のように定義される．$\boldsymbol{v}_1 = \boldsymbol{0}$ とする．反復 $t = 1, 2, \ldots$ において，

$$v_{t+1,j} = \beta v_{t,j} + (1 - \beta)g_{t,j}^2,$$
$$w_{t+1,j} = w_{t,j} - \frac{\eta}{\sqrt{v_{t+1,j} + \epsilon}} g_{t,j}.$$

ここで $v_{t+1,j}$ は座標ごとの学習率を調整する役割を担い，直前の $v_{t,j}$ と $g_{t,j}^2$ の減衰率 $\beta \in (0, 1)$ を用いた凸結合で定義される．そのため AdaGrad における単調性は解消されている．またこれは確率的勾配の 2 乗の移動平均であるので近似的に確率的勾配の 2 次モーメントの推定と考えることができる．勾配が小さい領域では 2 次モーメントは確率的勾配の分散の近似値になるため，最適化の終盤においては確率的勾配に大きなばらつきがある座標の最適化を鈍足化する手法とも見られる．ここで $v_{t,j}$ を時刻 t について展開すると

$$v_{t+1,j} = (1 - \beta)(g_{t,j}^2 + \beta g_{t-1,j}^2 + \cdots + \beta^{t-1} g_{1,j}^2)$$

であるので，$v_{t+1,j}$ は $g_{t,j}^2, \ldots, g_{1,j}^2$ の重み付き和である．そしてその重みの総和は $(1 - \beta)(1 + \beta + \cdots + \beta^{t-1}) = 1 - \beta^t$ であり 1 より小さい．とくに t が小さいうちは確率的勾配の 2 次モーメントの推定値が小さくなるようにバイアスがかかっていることがわかる．

2.3.5 Adam

Adam[5] はモーメンタム法と RMSProp を組み合わせた手法である．すなわちパラメータ更新の際の移動方向には 1 次モーメント $m_t \in \mathbb{R}^p$ を用い，座標ごとの学習率は RMSProp のように 2 次モーメント $v_t \in \mathbb{R}^p$ で決定する．したがって最適化によるパラメータの軌道が滑らかになると同時に学習率も次元ごとに適応的に調整される．具体的には，Adam では $m_1 = v_1 = \mathbf{0}$ として，反復 $t = 1, 2, \ldots$ において，

$$m_{t+1,j} = \beta_1 m_{t,j} + (1 - \beta_1) g_{t,j},$$
$$v_{t+1,j} = \beta_2 v_{t,j} + (1 - \beta_2) g_{t,j}^2$$

を計算する．ここで $\beta_1, \beta_2 \in (0, 1)$ はそれぞれ m_{t+1}, v_{t+1} の移動平均をとるための減衰率である．RMSProp の場合と同様に $m_{t+1,j}$ と $v_{t+1,j}$ を時刻について展開すると，それぞれ $g_{t,j}, \ldots, g_{1,j}$ と $g_{t,j}^2, \ldots, g_{1,j}^2$ の重み和であり，その重みの総和は $1 - \beta_1^t$ および $1 - \beta_2^t$ であることがわかる．そこで Adam では

$$\widehat{m}_{t+1,j} = \frac{m_{t+1,j}}{1 - \beta_1^t},$$
$$\widehat{v}_{t+1,j} = \frac{v_{t+1,j}}{1 - \beta_2^t}$$

を求め，これらの量を用いてバイアスを補正したパラメータ更新

$$w_{t+1,j} = w_{t,j} - \frac{\eta}{\sqrt{\widehat{v}_{t+1,j}} + \epsilon} \widehat{m}_{t+1,j}$$

を行う．ハイパーパラメータは $\beta_1 = 0.9$，$\beta_2 = 0.999$，$\epsilon = 10^{-8}$ と設定される場合が多い．

ここまでいくつかの適応的最適化法を紹介した．どの手法が優れているかは問題やデータセット依存ではあるが，Adam は深層学習において安定して良い性能を発揮するためよく用いられる．その詳細をあらためてアルゴリズム 2.3 にまとめておく．

入力: 反復数 T, 学習率 $\eta > 0$, 減衰率 $\beta_1,\ \beta_2 \in (0,1)$, 初期点 $\boldsymbol{w}_1$

$\boldsymbol{m}_1 \leftarrow \boldsymbol{0},\ \boldsymbol{v}_1 \leftarrow 0$

for $t = 1$ **to** T **do**

　$i_t \in \{1, 2, \ldots, n\}$ をランダムに取得

　$g_t \leftarrow \nabla f_{i_t}(\boldsymbol{w}_t)$

　for $j = 1$ **to** p **do**

　　$m_{t+1,j} \leftarrow \beta_1 m_{t,j} + (1 - \beta_1) g_{t,j}$

　　$v_{t+1,j} \leftarrow \beta_2 v_{t,j} + (1 - \beta_2) g_{t,j}^2$

　　$\widehat{m}_{t+1,j} \leftarrow \frac{m_{t+1,j}}{1 - \beta_1^t}$

　　$\widehat{v}_{t+1,j} \leftarrow \frac{v_{t+1,j}}{1 - \beta_2^t}$

　　$w_{t+1,j} \leftarrow w_{t,j} - \frac{\eta}{\sqrt{\widehat{v}_{t+1,j}} + \epsilon} \widehat{m}_{t+1,j}$

　end for

end for

$\boldsymbol{w}_{T+1}$ を返す

2.4　ニューラルネットワークの基礎

　機械学習を根幹技術とする人工知能技術は深層学習によって飛躍的な進化を遂げた. 深層学習とはすなわち**多層ニューラルネットワーク**を用いた機械学習のことである. 多層ニューラルネットワークとは脳を模した機械学習モデルであり, **ニューロン**と呼ばれるノードが重み付きの枝を通して多層構造的に接続し合いネットワークを構成する (図 2.6). 枝には重みパラメータがあり, この重みに従ってニューラルネットワークの入出力関係, すなわち関数系が定まる. またネットワークの構成要素として活性化関数と呼ばれる非線形関数が組み込まれ, そのため多層ニューラルネットワークはニューロン数や層数を増やすことで関数系としての複雑さが向上し, あらゆる関数を近似できるようになる. 実際, 2 層のニューラルネットワークでも, 中間のニューロン数を増やせば区間上の連続関数を任意精度で近似できることが 1989 年に Cybenko により示されている[8]. またニューロン同士の接続関係に関して自由度が非常に高く柔軟なモデリングが可能であり, 近似対象の関数を効率的にモデリングする

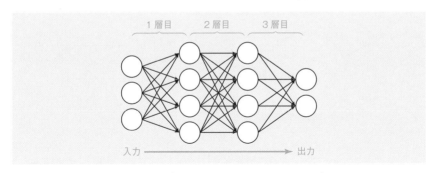

図 2.6 多層ニューラルネットワーク

ことができる．そして適切な学習アルゴリズムの適用によりさまざまな機械学習問題が高精度で解けるのである．

しかしながらその性能を発揮するためにはいくつかの困難を乗り越える必要があった．ニューラルネットワークのパラメータはここまで説明してきたように基本的に経験損失最小化法に対する確率的最適化手法で調整される．その際，確率的勾配の計算が必要となるがニューラルネットワークは複雑な関数系であるため，勾配の計算方法に関する研究も必要であった．そして開発されたアルゴリズムが**誤差逆伝播法**である．さらに深層学習全盛の 2010 年代以降，Adam などの最適化手法の他，さまざまなモデリングや正則化・学習技法が提案された．本節ではそのいくつかの手法について紹介する．

2.4.1 多層ニューラルネットワーク

ここでは基本的な多層ニューラルネットワークを紹介する．上述の通り，ニューロンが重み付きの枝を通じて互いに接続し合うことでネットワークを構成する．各ニューロンは接続関係にあるニューロン群から枝の重みに従い実数値信号を受け取ったのち，**活性化関数**と呼ばれる適当な非線形変換をかけ信号を出力する（図 2.7）．このような信号の変換を多数のニューロンを用いて層状に積み重ね，入力データの複雑な非線形変換を実現したモデルが多層ニューラルネットワーク（図 2.6）である．

以降，具体的な多層ニューラルネットワークの定式化を与える．入出力データの空間を $\mathcal{X} = \mathbb{R}^d$, $\mathcal{Y} = \mathbb{R}^o$ とする．ニューラルネットワークではまず入力

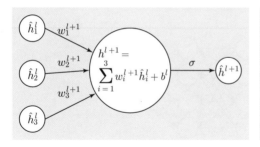

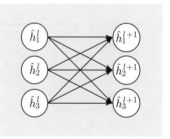

図 2.7 ニューロンにおける情報変換 　　図 2.8 層単位の情報変換

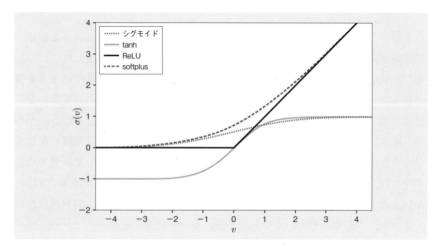

図 2.9 活性化関数

データを m_1 次元実数値ベクトル空間 $\mathbb{R}^{m_1}$ に写すアフィン変換を施す．ここで次元 m_1 は学習対象のニューラルネットワークをモデリングする際に定めておくものである．アフィン変換 $\mathcal{X} \to \mathbb{R}^{m_1}$ は線形変換を行う行列 $\boldsymbol{W}^1 \in \mathbb{R}^{m_1 \times d}$ と平行移動を行うベクトル $\boldsymbol{b}^1 \in \mathbb{R}^{m_1}$ で表現できる．すなわち入力データ $\boldsymbol{x} \in \mathcal{X}$ を $\boldsymbol{h}^1 = \boldsymbol{W}^1 \boldsymbol{x} + \boldsymbol{b}^1 \in \mathbb{R}^{m_1}$ に変換する．次に活性化関数と呼ばれる非線形関数 $\sigma : \mathbb{R} \to \mathbb{R}$ を適用し $\hat{\boldsymbol{h}}^1 = \sigma(\boldsymbol{h}^1)$ を得る．ここで σ は $\boldsymbol{h}^1$ の各要素に適用される．活性化関数の代表例として**シグモイド関数** $\sigma(v) = \frac{1}{1+\exp(-v)}$ や**tanh 関数** $\sigma(v) = \frac{\exp(v)-\exp(-v)}{\exp(v)+\exp(-v)}$, **ReLU 関数** $\sigma(v) = \max\{0, v\}$, **softplus 関数** $\sigma(v) = \log(1 + \exp(v))$ などがある（図 2.9）．以上によって入力データ

の非線形な情報変換 $\mathcal{X} \ni \boldsymbol{x} \mapsto \widehat{\boldsymbol{h}}^1 \in \mathbb{R}^{m_1}$ を得た．この情報変換のひとまとまりが層であり図 2.8 のように表現される．入力データ $\boldsymbol{x}$ および出力ベクトル $\widehat{\boldsymbol{h}}^1$ の各々の座標が 1 つのニューロンとして図示されている．

　正整数 $L > 0$ に対し L 層ニューラルネットワークとはこのような処理を L 回繰り返すことで，言い換えれば層を L 個積み上げることで得られた関数を指す．具体的に，いま入力データ $\boldsymbol{x}$ に l 層分の情報変換を施しベクトル $\widehat{\boldsymbol{h}}^l \in \mathbb{R}^{m_l}$ が得られているとする．このとき，$l+1$ 層目においては行列 $\boldsymbol{W}^{l+1} \in \mathbb{R}^{m_{l+1} \times m_l}$ とベクトル $\boldsymbol{b}^{l+1} \in \mathbb{R}^{m_{l+1}}$ が定めるアフィン変換 $\mathbb{R}^{m_l} \ni \widehat{\boldsymbol{h}}^l \mapsto \boldsymbol{h}^{l+1} = \boldsymbol{W}^{l+1}\widehat{\boldsymbol{h}}^l + \boldsymbol{b}^{l+1} \in \mathbb{R}^{m_{l+1}}$ を計算した後，活性化関数により $\widehat{\boldsymbol{h}}^{l+1} = \sigma(\boldsymbol{h}^{l+1})$ という非線形変換を行う．これが $l+1$ 層目の情報変換である．以上，全 L 層分まとめると次のような変換を行っていることになる．

$$\boldsymbol{x} \mapsto \widehat{\boldsymbol{h}}^1 = \sigma(\boldsymbol{W}^1\boldsymbol{x} + \boldsymbol{b}^1) \mapsto \cdots \mapsto \boldsymbol{h}^L = \boldsymbol{W}^L\widehat{\boldsymbol{h}}^{L-1} + \boldsymbol{b}^L. \quad (2.36)$$

この一連の情報変換が定める関数が多層ニューラルネットワーク（ここでは L 層ネットワーク）に他ならない．ここで一般的に出力 $\boldsymbol{h}^L$ には活性化関数を適用しないことを注意しておく．また各層で平行移動の役割を担うベクトル $\boldsymbol{b}^l$ はバイアス項と呼ばれる．

　以上を踏まえ，L 層ニューラルネットワークがなす仮説関数のモデルを定式化する．各層におけるノード数を $m_0, m_1, \ldots, m_L$ とする．ただし m_0 と m_L は入出力空間の次元を表すため $m_0 = d$, $m_L = o$ であり，中間のニューロン数 $m_1, \ldots, m_{L-1}$ はモデリングの際に定めておくハイパーパラメータである．すると各層のパラメータは $\boldsymbol{W}^l \in \mathbb{R}^{m_l \times m_{l-1}}$, $\boldsymbol{b}^l \in \mathbb{R}^{m_l}$ $(l \in \{1, \ldots, L\})$ であるので L 層ニューラルネットワークのモデルは次のように定義される．

$$\mathcal{H} = \left\{ \mathcal{X} \ni \boldsymbol{x} \mapsto \boldsymbol{h}^L \in \mathbb{R}^o \;\middle|\; \{(\boldsymbol{W}^l, \boldsymbol{b}^l)\}_{l=1}^L \in \prod_{l=1}^L \mathbb{R}^{m_l \times m_{l-1}} \times \mathbb{R}^{m_l} \right\}.$$

端的には深層学習とはモデル $\mathcal{H}$ を用いた機械学習といえる．しかしながら単純にこの機械学習を実行すれば必ずしも良い結果が得られるということはなく，深層学習の真価を発揮するためには，問題やデータセットに依存した適切なモデリングや学習法が必要となる．

━━━━━━ コラム：万能近似性 ━━━━━━

　機械学習モデルの関数近似能力の指標として**万能近似性**がある．万能近似性とは連続関数などを任意精度で近似できる能力のことである．したがって，万能近似性を備えたモデルは関数近似能力の意味では十分であり，機械学習においても真の関数を高精度で近似しうる潜在能力をもっている．逆に万能近似性を有しないモデルでは関数近似能力の限界から，十分に学習できない関数も存在する．これらを踏まえると万能近似性を備えたモデルは常に良いようにも見える．しかし注意しなければならないのは訓練データは有限個しかなく，予測を成功させたいデータ分布すべての情報を含んでいないということである．そのため，万能近似性は有するがデータ分布を考慮していない冗長なモデルで学習を行うと過学習が生じる可能性が高まってしまう．たとえば 2 層ニューラルネットワークも万能近似性をもつことが示されているが，それが冗長な表現になることも多いだろう．こういった冗長性を抑制し汎化性能を向上させるためには適切なモデリングが重要となる．またそのようなモデリングができたとしても，一般に深層学習で用いられるモデルは巨大であり訓練データ数に比べて非常に多くのパラメータを備えている．これは深層学習モデルが複雑な関数系をなしていることを示している．実際，訓練データにはほぼ完全に適合するものの汎化性が非常に低い仮説も深層学習モデルによって表現されうることは経験的によく知られている．そのため高い予測性能を発揮するには最適化を促進させつつ仮説の複雑さを適切に抑制する正則化技法や学習法が必要となる．

2.4.2　誤差逆伝播法

　ニューラルネットワークの学習も確率的勾配降下法等の最適化手法によって行われる．その際，ニューラルネットワークのパラメータについてニューラルネットワークが被る損失の微分を計算する必要があり，そのための計算手順が**誤差逆伝播法**である．誤差逆伝播法は微分の連鎖律に基づき導出される．たとえば 2 つの関数 $f : \mathbb{R}^{m_1} \to \mathbb{R}^{m_2}$ と $g : \mathbb{R}^{m_2} \to \mathbb{R}^{m_3}$ が与えられたとする．空間 $\mathbb{R}^{m_1}$ および $\mathbb{R}^{m_2}$ の座標系をそれぞれ $\boldsymbol{w} = (w_1, \ldots, w_{m_1})$ および $\boldsymbol{f} = (f_1, \ldots, f_{m_2})$ で表すことにする．ここで記号 f が関数と座標で重複するが，このような記法を導入することで関数の入出力が明示され連鎖律の関係がわかりやすくなる．このとき f と g の合成関数 $g \circ f = g(f(\cdot))$ が定義でき，その w_i についての偏微分は

$$\frac{\partial g \circ f}{\partial w_i}(\boldsymbol{w}) = \sum_{j=1}^{n} \frac{\partial g}{\partial f_j}(f(\boldsymbol{w})) \frac{\partial f_j}{\partial w_i}(\boldsymbol{w}) \tag{2.37}$$

となる．座標を省略し簡略化すれば $\frac{\partial g \circ f}{\partial w_i} = \sum_{j=1}^{n} \frac{\partial g}{\partial f_j} \frac{\partial f_j}{\partial w_i}$ と書ける．この合成関数の微分規則が連鎖律である．

ニューラルネットワークも合成関数で構成されるためパラメータについての微分は連鎖律で計算できる．ここで 2.4.1 項の多層ニューラルネットワークを例に誤差逆伝播法を導出する．すなわち各層におけるノード数を $m_0, m_1, \ldots, m_L$（m_0 と m_L は入出力空間の次元），パラメータおよびバイアスパラメータを $\boldsymbol{W}^l = (W_{i,j}^l) \in \mathbb{R}^{m_l \times m_{l-1}}$, $\boldsymbol{b}^l = (b_i^l) \in \mathbb{R}^{m_l}$ $(l \in \{1, \ldots, L\})$ とする L 層ニューラルネットワーク (2.36) を考える．入力 $\boldsymbol{x}$ に対応する l 層目の出力とそれに活性化関数を施したベクトルはそれぞれ $\boldsymbol{h}^l = (h_j^l)$, $\widehat{\boldsymbol{h}}^l = (\widehat{h}_j^l) \in \mathbb{R}^{m_l}$ であり $\boldsymbol{h}^l = \boldsymbol{W}^l \widehat{\boldsymbol{h}}^{l-1} + \boldsymbol{b}^l$ という関係性があった．ただし，$\widehat{\boldsymbol{h}}^0 = \boldsymbol{x}$ とする．また便宜上 $\boldsymbol{h}^l$ が値をとる空間 $\mathbb{R}^{m_l}$ の座標系も $\boldsymbol{h}^l$ で表すことにする．この設定のもと，損失 $\ell(\boldsymbol{h}^L, \boldsymbol{y})$ のパラメータ $W_{i,j}^l$ についての偏微分は次のように計算できる．$W_{i,j}^l$ 以外のパラメータを固定したとき損失 $\ell(\boldsymbol{h}^L, \boldsymbol{y})$ を

$$W_{i,j}^l \mapsto \boldsymbol{h}^l \mapsto \boldsymbol{h}^{l+1} \mapsto \cdots \mapsto \boldsymbol{h}^L \mapsto \ell(\boldsymbol{h}^L, \boldsymbol{y})$$

という構造の合成関数と見なす．すると連鎖律を繰り返し適用すれば

$$
\begin{aligned}
\frac{\partial \ell(\boldsymbol{h}^L, \boldsymbol{y})}{\partial W_{i,j}^l} &= \sum_{j_L=1}^{m_L} \frac{\partial \ell(\boldsymbol{h}^L, \boldsymbol{y})}{\partial h_{j_L}^L} \frac{\partial h_{j_L}^L}{\partial W_{i,j}^l} \\
&= \sum_{j_L=1}^{m_L} \frac{\partial \ell(\boldsymbol{h}^L, \boldsymbol{y})}{\partial h_{j_L}^L} \sum_{j_{L-1}=1}^{m_{L-1}} \frac{\partial h_{j_L}^L}{\partial h_{j_{L-1}}^{L-1}} \frac{\partial h_{j_{L-1}}^{L-1}}{\partial W_{i,j}^l} \\
&\ \ \vdots \\
&= \sum_{j_L=1}^{m_L} \frac{\partial \ell(\boldsymbol{h}^L, \boldsymbol{y})}{\partial h_{j_L}^L} \sum_{j_{L-1}=1}^{m_{L-1}} \frac{\partial h_{j_L}^L}{\partial h_{j_{L-1}}^{L-1}} \cdots \sum_{j_l=1}^{m_l} \frac{\partial h_{j_{l+1}}^{l+1}}{\partial h_{j_l}^l} \frac{\partial h_{j_l}^l}{\partial W_{i,j}^l}
\end{aligned} \tag{2.38}
$$

となる．ここで上式で登場するそれぞれの項は単純に計算できる．まず損失 ℓ の項について，たとえば 2 乗損失 $\ell(\boldsymbol{h}^L, \boldsymbol{y}) = 0.5\|\boldsymbol{h}^L - \boldsymbol{y}\|_2^2$ の場合であれば $\frac{\partial \ell(\boldsymbol{h}^L, \boldsymbol{y})}{\partial h_{j_L}^L} = h_{j_L}^L - y_{j_L}$ で計算できる．ロジスティック損失関数など他の代

表的な損失関数の場合も同様に容易に計算可能である．残りの項については，$k > l \geq 1$ として，$h_{j_k}^k = \sum_{j_{k-1}} W_{j_k, j_{k-1}}^k \widehat{h}_{j_{k-1}}^{k-1} + b_{j_k}^k$ であることから

$$\frac{\partial h_{j_k}^k}{\partial h_{j_{k-1}}^{k-1}} = W_{j_k, j_{k-1}}^k \sigma'(h_{j_{k-1}}^{k-1}), \tag{2.39}$$

$$\frac{\partial h_{j_l}^l}{\partial W_{i,j}^l} = \delta_{i,j_l} \widehat{h}_j^{l-1} \tag{2.40}$$

となる．ここで δ_{i,j_l} は $i = j_l$ のとき 1，$i \neq j_l$ のとき 0 を表すクロネッカーのデルタと呼ばれる記号である．σ' は活性化関数 σ の微分であり，たとえばシグモイド関数 $\sigma(v) = \frac{1}{1+\exp(-v)}$ に対しては $\sigma'(v) = \sigma(v)(1 - \sigma(v))$ となる．ReLU 関数 $\sigma(v) = \max\{0, v\}$ は原点において微分不可能だが劣勾配で代用し $\sigma'(v) = 1 \ (v > 0)$，$\sigma'(v) = 0 \ (v \leq 0)$ とする．以上で，$W_{i,j}^l$ についての偏微分が単純な計算に帰着することがわかった．またここでは省略するがバイアス項 b_i^l についての偏微分も同様に導出することができる．

　次に式 (2.38) の計算手順を考える．この偏微分の計算式は任意の層のパラメータについて成立する．そしてそれらの計算式においては出力層側のニューロンで共通項をもつことがわかる．したがって偏微分 (2.38) の計算は層ごとに独立して行うのではなく，共通項は 1 回のみ処理することで効率化される．具体的には式 (2.38) を左の級数から順に計算することで以下の手続きを得る．まず入力 $\boldsymbol{x}$ に対応する $\boldsymbol{h}^1, \ldots, \boldsymbol{h}^L$ はあらかじめ計算されているとして，

$$d_{j_L}^L = \frac{\partial \ell(\boldsymbol{h}^L, \boldsymbol{y})}{\partial h_{j_L}^L}, \quad d_{j_{L-1}}^{L-1} = \sum_{j_L = 1}^{m_L} d_{j_L}^L \frac{\partial h_{j_L}^L}{\partial h_{j_{L-1}}^{L-1}}, \quad \ldots, \quad d_{j_1}^1 = \sum_{j_2 = 1}^{m_2} d_{j_2}^2 \frac{\partial h_{j_2}^2}{\partial h_{j_1}^1}$$

を左から順に計算する．この計算を 1 度実行しておけば各層のパラメータの偏微分は $\frac{\partial \ell(\boldsymbol{h}^L, \boldsymbol{y})}{\partial W_{i,j}^l} = d_i^l \frac{\partial h_i^l}{\partial W_{i,j}^l}$ で求まるのである．上記の手順は出力層で誤差を求めた後，入力側の層へ遡りつつ実行されるため誤差逆伝播法と呼ばれる．一方 $\boldsymbol{h}^1, \ldots, \boldsymbol{h}^L$ を求める手続きは入力側の層から出力側の層に向けて順方向に実行されるため**順伝播**と呼ばれる．

　以上，多層ニューラルネットワークの誤差逆伝播法について説明した．その他のニューラルネットワークの場合も基本的に同様の手続きでパラメータについての微分を求めることができる．それにより，あらゆる構造のニューラルネットワークに対し確率的勾配降下法やその亜種の適応的最適化法が実行可能

になるのである.

コラム：ニューラルネットワークの最適化の収束性

　ニューラルネットワークは非線形活性化関数の存在のため本質的に非線形モデルであり，その学習は目的関数が非凸な最適化問題に帰着する．この場合，目的関数がリプシッツ平滑性を満たすとしても，2.2 節で示したように一般には停留点への収束が担保されるのみである．しかしながらニューラルネットワークのニューロンを訓練データへの適合に必要な数以上に過剰にとることで，汎化性のある最適解へおおよそ収束することが実験的に知られている．この収束性は最適化理論からも非常に興味深く，この現象を説明するためにニューラルタンジェントカーネル（NTK）[9] の理論やニューラルネットワークの平均場理論が創始された．これらの理論に共通の鍵は，目的関数の仮説関数についての凸性に着目する点である．実際，ニューラルネットワークを $h_{\boldsymbol{w}}$ で表すとして，損失 $\ell(h_{\boldsymbol{w}}(\boldsymbol{x}), y)$ はパラメータ $\boldsymbol{w}$ については非凸であるが，多くの代表的損失に対して関数 $h_{\boldsymbol{w}}$ 自体を変数と見れば凸である．そのためパラメータ $\boldsymbol{w}$ の最適化に付随する $h_{\boldsymbol{w}}$ の挙動をうまく記述し捉えることができれば目的関数の凸性を活かせるだろうと期待できる．実際，上記 2 理論はそのような記述をする方法を与え，最適解への収束性をそれぞれ異なる条件下で示した．たとえば，Du ら[10] はニューラルネットワークの最適化が NTK が定める再生核ヒルベルト空間上の最適化で近似されることを本質的に用い収束性を示した．その汎化性は Arora ら[11] によって示され，さらにベイズ規則がこの NTK で効率的に表せるという条件のもと最適な汎化性が Nitanda と Suzuki[12] によって示された．しかしながら NTK 理論はニューラルネットワークならではの特性を説明するにはいくらか不十分である．その点，平均場理論が対象とする 2 層ニューラルネットワークはデータの有意な特徴を捉えることができるモデルでもあり，最適化の挙動は確率測度がなす空間で記述されることが示されている[13]．同時に最適化が難しいモデルでもあり，その最適解への収束性は Mei ら[14] や Chizat と Bach[15] により示されたものの，収束率や必要なニューロン数についての解析は困難であった．その後，Nitanda ら[16], [17] や Oko ら[18] は KL 情報量による正則化を課すことで最適化が効率化されることを示した．これら NTK 理論や平均場理論は現在も研究途上であり深層学習の性質を明らかにすべく理論の拡張や精緻化が取り組まれている．

2.4.3　ドロップアウト

ドロップアウト[19] は深層学習モデルに汎化性能向上をもたらす正則化技法であり，深層学習の隆盛に一役買った．

ドロップアウトでは最適化実行時の各反復において指定の層の出力側ニューロンを一定確率で消去し，同時に対象ニューロンに接続する枝も消去する．入力データに適用することもでき，その場合は入力データの各座標がニューロンに相当する．これにより得られた部分ネットワークに最適化の 1 反復を実行するというアルゴリズムである．

削除対象のノードは最適化の反復のたびに定められた確率に応じて乱択されるため，各反復で異なる構造のネットワークが最適化されていることになる．つまり，ドロップアウトが適用されうるノードの総数を m とすれば削除の仕方に応じて 2^m 種の部分ネットワークがあり，最適化の反復ごとにいずれかの部分ネットワークが乱択され最適化される（図 2.10）．予測時はドロップアウトはせず，もともとのネットワーク構造を使用するため，やや不正確な表現ではあるものの 2^m 個のネットワークが協調して予測していると考えることもできる．この見方は多数のモデルを学習し，予測はそれらを統合して行うアンサンブル学習に通ずる．代表例として勾配ブースティング法やランダムフォレストなどがあり，これらは非常に優れた性能を有する．そして，ニューラルネットワークに対するドロップアウトも同様の原理が機能していると考えられているのである．

またドロップアウトによってデータの重要な情報が特定の少数ニューロンに集約されることを防いでいるとも見られる．情報が集約されたニューロンがあるとするとドロップアウトでそのニューロンが削除された際，データの予測に失敗することになる．言い換えればドロップアウトを適用しつつも予測が成功

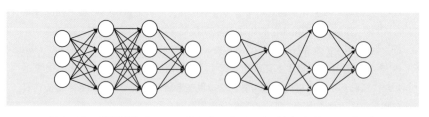

図 2.10　学習対象のニューラルネットワーク（左）とドロップアウトで得られた部分ネットワーク（右）

するには必要な情報が複数ニューロンで分担されなければならないだろう．この効果でモデルのロバスト性が向上し汎化性能に寄与しているとも考えられている．

ドロップアウトも層として定義されることが多い．多層ニューラルネットワークの l 番目の出力ベクトル $\boldsymbol{h}^l \in \mathbb{R}^{m_l}$ の直後にドロップアウト層を積むとする．ドロップアウト層の出力次元は入力と同じ m_l であり，ドロップアウト層を通じて入力ベクトルの各座標の値を保持するか 0 にするかがランダムに決まる．実数 $p \in [0,1]$ をノードを保持する確率，r_j $(j \in \{1, \ldots, m_l\})$ を確率 p で 1，確率 $1 - p$ で 0 をとる独立な確率変数としよう．このとき，ドロップアウト層の出力 $\boldsymbol{h}^{\mathrm{drop}} = (h_j^{\mathrm{drop}})_{j=1}^{m_l}$ は $h_j^{\mathrm{drop}} = r_j h_j^l$ $(j \in \{1, \ldots, m_l\})$ である．そして r_j の実現値は最適化の反復のたびに独立にサンプリングされ確定する．これによりニューロンの削除と同等の処理が実現されるのである．予測時は処理が異なりドロップアウト層でニューロンの削除はせず，代わりに $\boldsymbol{h}^{\mathrm{drop}} = p\boldsymbol{h}^l$ という情報変換が行われる．予測では全ニューロンが使われることになるが，学習時は部分ネットワークでうまくいくようにパラメータが最適化されているため何もせず $\boldsymbol{h}^l$ を次の層に伝えると影響が大きくなり過ぎてしまう．その辻褄を合わすために入力を p 倍したものを伝えるのである．

2.4.4 バッチ正規化

バッチ正規化[20] は層への入力を適切にスケーリングすることで，学習を安定化させる技法である．その効果の高さはさまざまな実験で検証され，多くの場合で最適化が高速になるだけでなく汎化性能も向上することが報告されている．現在の深層学習において欠かせない技法の 1 つである．

座標間での勾配の大きさの差異は最適化法の低速化を招きうることはすでに説明した通りである．とくに層間において勾配の大きさの差異が生じる 1 つの要因として深層学習モデルにおける**内部共変量シフト**の存在がある．入力データ $\boldsymbol{x}$ は訓練データあるいは真のデータ分布に応じてさまざまな値をとるため，$\boldsymbol{x}$ に対応する各層の出力ベクトル $\boldsymbol{h}^l$ もデータの変化に応じてある分布に従っている．層ごとの $\boldsymbol{h}^1, \ldots, \boldsymbol{h}^L$ の分布は最適化が進むにつれて変化し，お互いの差が増大するという現象が起きる．この現象が内部共変量シフトである．

内部共変量シフトが勾配に与える影響を人工的な設定で説明する．入出力空

間の次元が 1, 中間ニューロン数 m でバイアス項をもたない 2 層ニューラル
ネットワーク $g_{\boldsymbol{w}^1, \boldsymbol{w}^2}(x) = \boldsymbol{w}^{2\top} \sigma(\boldsymbol{w}^1 x)$ $(\boldsymbol{w}^1, \boldsymbol{w}^2 \in \mathbb{R}^m, x \in \mathbb{R})$ を考える.
このとき $\boldsymbol{w}^1, \boldsymbol{w}^2$ についての $g_{\boldsymbol{w}^1, \boldsymbol{w}^2}(x)$ の微分は

$$\frac{\partial g_{\boldsymbol{w}^1, \boldsymbol{w}^2}(x)}{\partial \boldsymbol{w}^1} = \boldsymbol{w}^2 \odot \sigma'(\boldsymbol{w}^1 x) x,$$

$$\frac{\partial g_{\boldsymbol{w}^1, \boldsymbol{w}^2}(x)}{\partial \boldsymbol{w}^2} = \sigma(\boldsymbol{w}^1 x)$$

である. ここで記号 $\odot$ は要素ごとに積をとる演算であり, 活性化関数は ReLU
関数 $\sigma(v) = \max\{0, v\}$ とする. 簡単のため $\boldsymbol{w}^1$ は $\boldsymbol{w}^1 x$ の全要素が正になる範
囲のみ動くとすると, それぞれ $\frac{\partial g_{\boldsymbol{w}^1, \boldsymbol{w}^2}(x)}{\partial \boldsymbol{w}^1} = \boldsymbol{w}^2 x$, $\frac{\partial g_{\boldsymbol{w}^1, \boldsymbol{w}^2}(x)}{\partial \boldsymbol{w}^2} = \boldsymbol{w}^1 x$ となる.
この状態で $\boldsymbol{w}^1, \boldsymbol{w}^2$ の値をそれぞれ変化させることを考えると, $\frac{\partial g_{\boldsymbol{w}^1, \boldsymbol{w}^2}(x)}{\partial \boldsymbol{w}^1}$ は
$\boldsymbol{w}^2$ の値のみに, $\frac{\partial g_{\boldsymbol{w}^1, \boldsymbol{w}^2}(x)}{\partial \boldsymbol{w}^2}$ は $\boldsymbol{w}^1$ の値のみに線形に依存するため, $\boldsymbol{w}^1$ と $\boldsymbol{w}^2$
のスケールのバランスがそのまま層ごとの勾配の大きさの差異に影響する. こ
の差異は $\boldsymbol{h}^1$ と $\boldsymbol{h}^2$ の関係性にも現れることを考慮すると, 内部共変量シフト
の解消が間接的に最適化の一助になることが期待される.

　以上を踏まえ, 最適化を安定化させるためにバッチ正規化では各層の出力ベ
クトル $\boldsymbol{h}^l$ の各要素の分布を正規化, 具体的には平均を 0 に分散を 1 にするこ
とを試みる. しかし実際に平均と分散を計算することは計算量の都合で望まし
くないため, ミニバッチを用いた確率的最適化法 (Adam などの適応的最適化
法も含む) の各反復においてミニバッチ上で定まる平均と分散を近似値として
代用し, これらに基づいた正規化を適用しつつ最適化を実行する.

　以下, l 層目の次にバッチ正規化層を接続した場合を例に説明する. 最適
化実行中のある反復でサンプリングした b 個のデータがなすミニバッチを簡
単のため $\{\boldsymbol{x}_1, \ldots, \boldsymbol{x}_b\}$ とし, そしてそれに対応する l 層目の出力ベクトルを
$\mathcal{B} = \{\boldsymbol{h}_1^l, \ldots, \boldsymbol{h}_b^l\}$ で表す. バッチ正規化層はパラメータ $\boldsymbol{\gamma}, \boldsymbol{\beta} \in \mathbb{R}^{m_l}$ をもち,
入力と同じ次元 m_l のベクトルを次のように出力する.

$$\boldsymbol{\mu}_{\mathcal{B}} = \frac{1}{b} \sum_{i=1}^b \boldsymbol{h}_i^l, \tag{2.41}$$

$$\boldsymbol{\sigma}_{\mathcal{B}}^2 = \frac{1}{b} \sum_{i=1}^b (\boldsymbol{h}_i^l - \boldsymbol{\mu}_{\mathcal{B}})^2, \tag{2.42}$$

$$\overline{h}_i^{\mathrm{bn}} = \frac{h_i^l - \mu_{\mathcal{B}}}{\sqrt{\sigma_{\mathcal{B}}^2 + \epsilon}}, \tag{2.43}$$

$$h_i^{\mathrm{bn}} = \gamma \odot \overline{h}_i^{\mathrm{bn}} + \beta. \tag{2.44}$$

ここで h_i^l, $\mu_{\mathcal{B}}$, $\sigma_{\mathcal{B}}$, γ, β はベクトルであるが，乗算・除算・平方根等は要素ごとに適用される．このような記法は深層学習において標準的である．式 (2.41)，(2.42) では l 層目の出力ベクトルがなすミニバッチ $\mathcal{B}$ の平均と分散を求め，式 (2.43) で $\mathcal{B}$ の各要素を平均 0，分散 1 になるように正規化している．そして，γ, $\beta \in \mathbb{R}^{m_l}$ を用いた線形変換を次の層への出力信号とする．ここで γ と β は最適化対象のパラメータであり，これらの要素はそれぞれ 1 および 0 で初期化しておく．正規化に用いる平均 $\mu_{\mathcal{B}}$ と分散 $\sigma_{\mathcal{B}}^2$ はミニバッチに依存しているため，最適化中はさまざまな値をとるが，予測時は固定の平均と分散を用いる．この予測時の値は最適化中に得られた一連の $\mu_{\mathcal{B}}$ と $\sigma_{\mathcal{B}}^2$ の移動平均とすることが多い．

　ここまで，ドロップアウトとバッチ正規化を紹介した．これら 2 つの技法はそれぞれ非常に優れたものであるが，これらを安易に組み合わせるとむしろ精度劣化を招く場合があることに注意されたい．とくにドロップアウト層の次にバッチ正規化層を接続することは好ましくないとされている．そのためドロップアウトよりも効果が高いバッチ正規化のみ適用することも多い．しかしながらうまく併用できればさらなる精度向上の可能性もあるため，いくつかの層の積み方に関して検証を行い決定するとよいだろう．

2.5 生 成 モ デ ル

　データ生成は深層学習モデルが大きな成功を収めているタスクの 1 つである．具体的なデータ生成手法の説明の前に，まずは密接な関係にある**密度推定**について概説する．密度推定とは訓練データからデータを生成する確率分布の確率密度関数を推定することをいい，観測データの尤もらしさの確認やデータの潜在的な構造の把握に役立てることができる．具体的な手法としてガウス分布・混合ガウス分布を用いた最尤推定やカーネル密度推定のようなノンパラメトリック手法が有名である．密度推定の応用範囲は広く異常検知や確率的潜在変数モデルを用いたクラスタリング，本章で説明するデータ生成などにも使わ

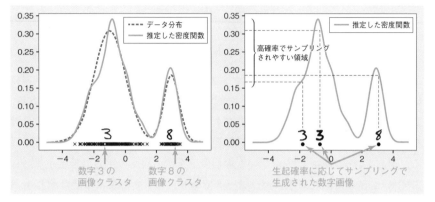

図 2.11　密度推定（左）と推定した確率密度関数に応じて生起しや
すいデータがサンプリングされる様子（右）．× 印と ● 印
がそれぞれ訓練データと生成されたデータを示す．

れる．図 2.11 に密度推定の様子と推定した確率密度関数からのサンプリング
によってデータが生成される様子を示す．たとえば手書き数字画像データセッ
トに対して密度推定を行うことで，本物らしい手書き数字を生成できるので
ある．

　各観測データは $\mathcal{X}$ 上のある確率分布（データ分布）に従い得られるとしよ
う．学習に用いる n 個の訓練データの集合を $D = \{\boldsymbol{x}_i\}_{i=1}^n$ で表す．次に，
データ分布の仮説としてパラメータ $\boldsymbol{w} \in \mathcal{W}$ をもつ $\mathcal{X}$ 上の確率密度関数 $p_{\boldsymbol{w}}(\cdot)$
を考える．この確率密度関数が定める族 $\{p_{\boldsymbol{w}}(\cdot) \mid \boldsymbol{w} \in \mathcal{W}\}$ は一般に確率モデ
ルや統計モデルと呼ばれる．確率モデルの例としては本章で解説するニューラ
ルネットワークベースのモデルの他，ガウス分布・混合ガウス分布や深層学習
の黎明期にも注目されたボルツマン機械などがある．密度推定で行うことは，
データ分布がこの確率モデルに含まれるとして，すなわち $\boldsymbol{x}_i$ $(i \in \{1, \ldots, n\})$
があるパラメータ $\boldsymbol{w}_* \in \mathcal{W}$ が定める確率分布から得られたとして，観測デー
タ D から $\boldsymbol{w}_*$ を推定することである．

　最尤推定法は密度推定の代表的手法ある．最尤推定法では $\boldsymbol{x}_i$ $(i = 1, 2, \ldots, n)$ は独立として $p_{\boldsymbol{w}}(D) = \prod_{i=1}^n p_{\boldsymbol{w}}(\boldsymbol{x}_i)$ を最大化するパラメー
タ $\boldsymbol{w}$ をもって $\boldsymbol{w}_*$ を推定する．この手続きは確率密度関数値の対数をとれば

以下の最適化問題に言い換えられる．

$$\max_{\boldsymbol{w} \in \mathcal{W}} \sum_{i=1}^{n} \log p_{\boldsymbol{w}}(\boldsymbol{x}_i). \tag{2.45}$$

したがって，教師あり学習と同様に有限和関数の最適化に帰着する．そしてこの問題は解析的に解ける場合を除き一般的には確率的勾配降下法や EM アルゴリズムといった汎用的な最適化法で求解される．

すでに述べたように密度推定はデータ生成と密接な関係にある．実際，推定された確率分布から精度良くサンプリングすることができればリアルなデータ生成が可能となる．そこでギブスサンプリング法やランジュバンモンテカルロ法といったサンプリング手法が多く提案されてきた．深層学習の時代においては変分オートエンコーダ[21] や敵対的生成ネットワーク[22] といった学習後のデータ生成，すなわちサンプリングがより容易な密度推定法が提案され，高品質な画像生成に成功した．これらの手法はいずれもサンプリングが容易な**潜在変数** $\boldsymbol{z}$ の分布 $p(\boldsymbol{z})$ を用いた $p(\boldsymbol{x}, \boldsymbol{z}) = p(\boldsymbol{x}|\boldsymbol{z})p(\boldsymbol{z})$ という潜在変数モデルを考える．$p(\boldsymbol{x}|\boldsymbol{z})$ はニューラルネットワークを用いてモデリングされるため，新たなデータは $\boldsymbol{z}$ のサンプリングとニューラルネットワークの順伝播計算によって容易に得られるのである．たとえば VAE では $p(\boldsymbol{x}|\boldsymbol{z})$ は $\boldsymbol{z}$ に依存したガウス分布でモデリングされ，その平均と分散共分散行列は $\boldsymbol{z}$ を入力とするニューラルネットワークで計算される．GAN はより直接的に $\boldsymbol{z}$ を入力としデータを出力する変換をニューラルネットワークで表現する．言い換えれば潜在変数の確率分布 $p(\boldsymbol{z})$ と $\boldsymbol{z}$ をデータに変換するニューラルネットワークが誘導する $\mathcal{X}$ 上の確率分布によってデータ分布をモデリングしているということである．

2.5.1 変分オートエンコーダ

潜在変数モデルではデータ $\boldsymbol{x}$ を表すより本質的かつ効率的な潜在変数（潜在表現）$\boldsymbol{z}$ の存在を仮定する．たとえば MNIST データセット（図 2.12）のような手書き数字画像は，単純なピクセル表現ではなく数字の種類・傾き・位置・太さ・大きさなどを軸にもつ座標系で表現する方が自然に思える．MNIST の画像 $\boldsymbol{x}$ は $28 \times 28 = 784$ 次元データであることを考えると，このような潜在表現でより効率的にデータを表せそうである．また画像のピクセル表現では，画像同士の和・差によって画像としての意味を一般に失うが，潜在表現ではこ

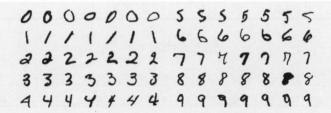

図 2.12　MNIST データセット

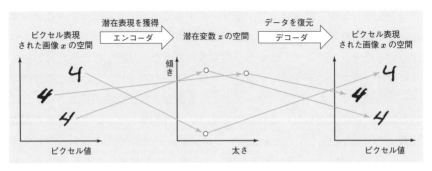

図 2.13　MNIST データセットに対するオートエンコーダの様子.

れらの演算が意味をもつことが期待される．数字の 3 を表す 2 つの手書き画像の平均をとればその中間的な大きさ・傾きの数字 3 の画像が得られるであろうということである．**エンコーダ**はデータをこのような意味をもつ潜在変数に対応付ける変換器を意味し，逆に**デコーダ**は潜在変数をデータに対応付ける変換器を意味する．**オートエンコーダ**はこのようなエンコーダとデコーダの結合で構成され，入力データ x をエンコーダで潜在変数 z に変換したのち，デコーダで z をデータの空間に戻すと x が復元されるように学習される．このようにして意味のある潜在表現を獲得するモデルである（図 2.13）．

　変分オートエンコーダ（Variational AutoEncoder; **VAE**）[21] はエンコーダとデコーダを確率モデルで実現する潜在変数モデルである．すなわち，VAE ではデータの潜在変数はエンコーダに付随する確率分布からのサンプリングで得られ，潜在変数に対応するデータはデコーダに付随する確率分布からのサンプリングで得られる．VAE はデコーダによるデータ生成の質が高く，またデータと潜在変数の対応についても非常に興味深い関係性が得られることで知

られてる．本項ではデータ $\boldsymbol{x}$ と潜在変数 $\boldsymbol{z}$ の空間はそれぞれユークリッド空間 $\mathbb{R}^d$，$\mathbb{R}^h$ とする．

VAE は最尤推定問題 (2.45) の近似的な求解によって学習される．VAE の潜在変数モデルを $p_{\boldsymbol{\theta}}(\boldsymbol{x}, \boldsymbol{z}) = p_{\boldsymbol{\theta}}(\boldsymbol{x}|\boldsymbol{z})p(\boldsymbol{z})$ で表す♠13．ここで $\boldsymbol{\theta}$ は確率密度関数のパラメータである．後述するように $p_{\boldsymbol{\theta}}(\boldsymbol{x}|\boldsymbol{z})$ はニューラルネットワークで表現され，$\boldsymbol{\theta}$ はそのネットワークのパラメータに他ならない．VAE では周辺分布 $p_{\boldsymbol{\theta}}(\boldsymbol{x}) = \int p_{\boldsymbol{\theta}}(\boldsymbol{x}|\boldsymbol{z})p(\boldsymbol{z})\mathrm{d}\boldsymbol{z}$ による最尤推定を考える．しかしながら，一般に周辺化されたモデルの最尤推定は困難であるため，代わりに対数尤度関数 $\log p_{\boldsymbol{\theta}}(\boldsymbol{x})$ の変分下界の最大化を通じて近似的に最尤推定を実行する．そのためパラメータ $\boldsymbol{\varphi}$ をもつ確率密度関数 $q_{\boldsymbol{\varphi}}(\boldsymbol{z}|\boldsymbol{x})$ を導入する．$q_{\boldsymbol{\varphi}}(\boldsymbol{z}|\boldsymbol{x})$ は事後分布 $p_{\boldsymbol{\theta}}(\boldsymbol{z}|\boldsymbol{x}) = \frac{p_{\boldsymbol{\theta}}(\boldsymbol{x}, \boldsymbol{z})}{p_{\boldsymbol{\theta}}(\boldsymbol{x})}$ を近似する役割を担い，$p_{\boldsymbol{\theta}}(\boldsymbol{x}|\boldsymbol{z})$ と同様にしてニューラルネットワークによってモデリングされる．**変分下界**は次で定義される．

$$\mathcal{L}(\boldsymbol{\theta}, \boldsymbol{\varphi}, \boldsymbol{x}) = \log p_{\boldsymbol{\theta}}(\boldsymbol{x}) - D_{\mathrm{KL}}(q_{\boldsymbol{\varphi}}(\boldsymbol{z}|\boldsymbol{x}) \| p_{\boldsymbol{\theta}}(\boldsymbol{z}|\boldsymbol{x})). \tag{2.46}$$

ここで D_{KL} は実数値ベクトル空間上の確率密度関数に対する**カルバック–ライブラー情報量（KL 情報量）**であり，与えられた 2 つの確率密度関数 $p_1(\boldsymbol{z})$ と $p_2(\boldsymbol{z})$ に対し

$$D_{\mathrm{KL}}(p_1 \| p_2) = \int p_1(\boldsymbol{z}) \log \frac{p_1(\boldsymbol{z})}{p_2(\boldsymbol{z})} \mathrm{d}\boldsymbol{z}$$

で定義される．p. 19（多値判別問題の代理損失関数）における離散分布の場合と同様に，この KL 情報量は p_1 と p_2 の乖離を測る量である．実際，一般に $D_{\mathrm{KL}}(p_1 \| p_2) \geq 0$ であり等号が成立するのは $p_1 = p_2$ の場合に限るという性質をもつ．したがって任意の $\boldsymbol{x}$ に対し $\log p_{\boldsymbol{\theta}}(\boldsymbol{x}) \geq \mathcal{L}(\boldsymbol{\theta}, \boldsymbol{\varphi}, \boldsymbol{x})$ であり等号が成り立つのは $q_{\boldsymbol{\varphi}}(\cdot|\boldsymbol{x}) = p_{\boldsymbol{\theta}}(\cdot|\boldsymbol{x})$ の場合である．あらゆる $\boldsymbol{\theta}$ に対して $q_{\boldsymbol{\varphi}}(\cdot|\boldsymbol{x})$ が $p_{\boldsymbol{\theta}}(\cdot|\boldsymbol{x})$ を十分良く近似するようなパラメータ $\boldsymbol{\varphi}$ が存在するとしよう．すると変分下界の $\boldsymbol{\varphi}$ についての最大化により $D_{\mathrm{KL}}(q_{\boldsymbol{\varphi}}(\boldsymbol{z}|\boldsymbol{x}) \| p_{\boldsymbol{\theta}}(\boldsymbol{z}|\boldsymbol{x}))$ が最小化され，おおよそ無視できる程度となり $\mathcal{L}(\boldsymbol{\theta}, \boldsymbol{\varphi}, \boldsymbol{x}) \approx \log p_{\boldsymbol{\theta}}(x)$ となる．ゆえに変分下界を $\boldsymbol{\theta}$ と $\boldsymbol{\varphi}$ の両者で最大化すれば近似的に対数尤度が最大化されること

♠13 $\boldsymbol{z}$ の確率分布にもパラメータをもたせ $p_{\boldsymbol{\theta}}(\boldsymbol{z})$ としてもよいが，実用上はパラメータをもたない $p(\boldsymbol{z})$ とする場合が多い．とくに $p(\boldsymbol{z})$ としてガウス分布がよく用いられる．

がわかる.

変分下界の最大化法を説明するにあたり, 計算上都合の良い式 (2.46) の別表現を与える.

$$\mathcal{L}(\boldsymbol{\theta}, \boldsymbol{\varphi}, \boldsymbol{x}) = \log p_{\boldsymbol{\theta}}(\boldsymbol{x}) - \int q_{\boldsymbol{\varphi}}(\boldsymbol{z}|\boldsymbol{x}) \log \frac{q_{\boldsymbol{\varphi}}(\boldsymbol{z}|\boldsymbol{x})}{p_{\boldsymbol{\theta}}(\boldsymbol{z}|\boldsymbol{x})} \mathrm{d}\boldsymbol{z}$$

$$= \log p_{\boldsymbol{\theta}}(\boldsymbol{x}) - \int q_{\boldsymbol{\varphi}}(\boldsymbol{z}|\boldsymbol{x}) \left(\log \frac{q_{\boldsymbol{\varphi}}(\boldsymbol{z}|\boldsymbol{x})}{p(\boldsymbol{z})} + \log \frac{p(\boldsymbol{z})}{p_{\boldsymbol{\theta}}(\boldsymbol{z}|\boldsymbol{x})} \right) \mathrm{d}\boldsymbol{z}$$

$$= \log p_{\boldsymbol{\theta}}(\boldsymbol{x}) - D_{\mathrm{KL}}(q_{\boldsymbol{\varphi}}(\boldsymbol{z}|\boldsymbol{x}) \| p(\boldsymbol{z})) - \int q_{\boldsymbol{\varphi}}(\boldsymbol{z}|\boldsymbol{x}) \log \frac{p(\boldsymbol{z})}{p_{\boldsymbol{\theta}}(\boldsymbol{z}|\boldsymbol{x})} \mathrm{d}\boldsymbol{z}$$

$$= \mathbb{E}_{\mathbf{z} \sim q_{\boldsymbol{\varphi}}(\boldsymbol{z}|\boldsymbol{x})} \left[\log \frac{p_{\boldsymbol{\theta}}(\boldsymbol{x}, \mathbf{z})}{p(\mathbf{z})} \right] - D_{\mathrm{KL}}(q_{\boldsymbol{\varphi}}(\boldsymbol{z}|\boldsymbol{x}) \| p(\boldsymbol{z})). \qquad (2.47)$$

ここで最後の等式は $\log p_{\boldsymbol{\theta}}(\boldsymbol{x}) = \int q_{\boldsymbol{\varphi}}(\boldsymbol{z}|\boldsymbol{x}) \log p_{\boldsymbol{\theta}}(\boldsymbol{x}) \mathrm{d}\boldsymbol{z}$ を用いて $q_{\boldsymbol{\varphi}}(\boldsymbol{z}|\boldsymbol{x}) \mathrm{d}\boldsymbol{z}$ による被積分関数を整理して得られる. この表現の利点は周辺分布 $p_{\boldsymbol{\theta}}(\boldsymbol{x})$ が登場しないことにあり, 実行可能なアルゴリズムの導出のために有用な見方を与える. 以上を踏まえ変分下界で代用した最尤推定の近似問題は

$$\max_{\boldsymbol{\theta}, \boldsymbol{\varphi}} \sum_{i=1}^{n} \left\{ \mathbb{E}_{\mathbf{z}_i \sim q_{\boldsymbol{\varphi}}(\boldsymbol{z}_i|\boldsymbol{x}_i)} \left[\log p_{\boldsymbol{\theta}}(\boldsymbol{x}_i|\boldsymbol{z}_i) \right] - D_{\mathrm{KL}}(q_{\boldsymbol{\varphi}}(\boldsymbol{z}_i|\boldsymbol{x}_i) \| p(\boldsymbol{z}_i)) \right\} \qquad (2.48)$$

となる. 上述の通り, 適当なモデルでこの変分下界を最大化することができれば最尤推定が近似的に行われる. そのため効率的な変分下界最大化を実現するための種々の工夫や手法が研究されてきた. 変分オートエンコーダもそのような手法の 1 つである.

変分下界の最大化問題 (2.48) を確率的勾配降下法で求解するための手順を説明する. KL 情報量 $D_{\mathrm{KL}}(q_{\boldsymbol{\varphi}}(\boldsymbol{z}_i|\boldsymbol{x}_i) \| p(\boldsymbol{z}_i))$ は解析的に計算可能とし, さらに目的関数の第 1 項である $q_{\boldsymbol{\varphi}}(\boldsymbol{z}_i|\boldsymbol{x}_i)$ による期待値計算は容易にできる状況を考える. 具体的には確率変数 $\boldsymbol{z}$ の確率分布 $q_{\boldsymbol{\varphi}}(\boldsymbol{z}|\boldsymbol{x})\mathrm{d}\boldsymbol{z}$ は $\boldsymbol{\varphi}$ について滑らかな関数 $g_{\boldsymbol{\varphi}}(\cdot, \boldsymbol{x})$ によるサンプリング可能な確率分布 $r(\boldsymbol{\epsilon})\mathrm{d}\boldsymbol{\epsilon}$ の押し出し (変数変換) になっているとする. すなわち, $\tilde{\boldsymbol{z}} = g_{\boldsymbol{\varphi}}(\boldsymbol{\epsilon}, \boldsymbol{x})$ $(\boldsymbol{\epsilon} \sim r(\boldsymbol{\epsilon})\mathrm{d}\boldsymbol{\epsilon})$ の確率分布が $q_{\boldsymbol{\varphi}}(\boldsymbol{z}|\boldsymbol{x})\mathrm{d}\boldsymbol{z}$ であるとする. 以上のもと, 確率変数 $\boldsymbol{\epsilon}_i$ は $\boldsymbol{\epsilon}$ と独立同一分布 $r(\boldsymbol{\epsilon}_i)\mathrm{d}\boldsymbol{\epsilon}_i$ に従うとして目的関数の第 1 項は

$$\mathbb{E}_{\mathbf{z}_i \sim q_{\boldsymbol{\varphi}}(\boldsymbol{z}_i|\boldsymbol{x}_i)} \left[\log p_{\boldsymbol{\theta}}(\boldsymbol{x}_i|\mathbf{z}_i) \right] = \mathbb{E}_{\boldsymbol{\epsilon}_i \sim r(\boldsymbol{\epsilon}_i)} \left[\log p_{\boldsymbol{\theta}}(\boldsymbol{x}_i|g_{\boldsymbol{\varphi}}(\boldsymbol{\epsilon}_i, \boldsymbol{x}_i)) \right]$$

となる. この項の勾配は $\mathbb{E}_{\boldsymbol{\epsilon}_i \sim r(\boldsymbol{\epsilon}_i)} \left[\nabla_{\boldsymbol{\theta}, \boldsymbol{\varphi}} \log p_{\boldsymbol{\theta}}(\boldsymbol{x}_i|g_{\boldsymbol{\varphi}}(\boldsymbol{\epsilon}_i, \boldsymbol{x}_i)) \right]$ であるので, そ

の確率的勾配は

$$\nabla_{\boldsymbol{\theta}, \boldsymbol{\varphi}} \log p_{\boldsymbol{\theta}}(\boldsymbol{x}_i | g_{\boldsymbol{\varphi}}(\boldsymbol{\epsilon}_i, \boldsymbol{x}_i))$$

である. ここで $\nabla_{\boldsymbol{\theta}, \boldsymbol{\varphi}}$ は $\boldsymbol{\theta}, \boldsymbol{\varphi}$ についての勾配であることを明示した記号である. 確率変数 $\boldsymbol{\epsilon}_i$ の分布は単純でサンプリング可能なものとすれば, 実際にこの確率的勾配は計算可能である. このようにして変分オートエンコーダでは関数 $g_{\boldsymbol{\varphi}}$ を用いた確率分布の押し出しで $q_{\boldsymbol{\varphi}}(\boldsymbol{z} | \boldsymbol{x})$ をモデリングすることで変分下界の勾配計算を容易化し, 確率的勾配降下法の実行を可能にしている. 変分下界に対するミニバッチ版の確率的勾配降下法（**オートエンコーディング変分ベイズ法**）をアルゴリズム 2.4 にまとめる.

アルゴリズム 2.4　オートエンコーディング変分ベイズ法

入力: 反復数 T, 学習率 $\eta_t > 0$, ミニバッチサイズ b, 初期点 $\boldsymbol{\theta}_1, \boldsymbol{\varphi}_1$

for $t = 1$ **to** T **do**

    サイズ b のミニバッチ $I_t = \{i_{t,1}, \ldots, i_{t,b}\} \subset \{1, 2, \ldots, n\}$ をランダムに取得

    互いに独立に $\boldsymbol{\epsilon}_{t,i} \sim r(\boldsymbol{\epsilon}_{t,i})$ $(i \in I_t)$ をランダムに取得

    $g_t^{(\boldsymbol{\theta})} \leftarrow \frac{n}{b} \sum_{i \in I_t} \nabla_{\boldsymbol{\theta}} \log p_{\boldsymbol{\theta}_t}(\boldsymbol{x}_i | g_{\boldsymbol{\varphi}_t}(\boldsymbol{\epsilon}_{t,i}, \boldsymbol{x}_i))$

    $g_t^{(\boldsymbol{\varphi})} \leftarrow \frac{n}{b} \sum_{i \in I_t} (\nabla_{\boldsymbol{\varphi}} \log p_{\boldsymbol{\theta}_t}(\boldsymbol{x}_i | g_{\boldsymbol{\varphi}_t}(\boldsymbol{\epsilon}_{t,i}, \boldsymbol{x}_i)) - \nabla_{\boldsymbol{\varphi}} D_{\mathrm{KL}}(q_{\boldsymbol{\varphi}_t}(\boldsymbol{z}_i | \boldsymbol{x}_i) \| p(\boldsymbol{z}_i)))$

    $\boldsymbol{\theta}_{t+1} \leftarrow \boldsymbol{\theta}_t + \eta_t g_t^{(\boldsymbol{\theta})}$

    $\boldsymbol{\varphi}_{t+1} \leftarrow \boldsymbol{\varphi}_t + \eta_t g_t^{(\boldsymbol{\varphi})}$

end for

$\boldsymbol{\theta}_{T+1}, \boldsymbol{\varphi}_{T+1}$ を返す

最大化問題であるので勾配の順方向にパラメータを更新していることに留意されたい. またここでは確率的勾配降下法を採用したが, AdaGrad や Adam などの他手法にも自明に拡張できる.

変分オートエンコーダとは $p_{\boldsymbol{\theta}}(\boldsymbol{x} | \boldsymbol{z})$ および $q_{\boldsymbol{\varphi}}(\boldsymbol{z} | \boldsymbol{x})$（すなわち $g_{\boldsymbol{\varphi}}(\boldsymbol{\epsilon}, \boldsymbol{x})$）をニューラルネットワークでモデリングしオートエンコーディング変分ベイズ法で学習される生成モデルを指す. 変分オートエンコーダで典型的に用いられる設定を紹介する. ここで, $\boldsymbol{\sigma} = (\sigma_j)_{j=1}^p \in \mathbb{R}^p$ に対し $\boldsymbol{\sigma}^2 \boldsymbol{I}_p$ で対角成分を σ_j^2 とする対角行列を表し $\mathcal{N}(\boldsymbol{\mu}, \boldsymbol{\sigma}^2 \boldsymbol{I}_p)$ で $\mathbb{R}^p$ 上の平均 $\boldsymbol{\mu}$, 分散共分散行列 $\boldsymbol{\sigma}^2 \boldsymbol{I}_p$ のガウス分布を表すことにする. すなわち $\mathbf{x} \sim \mathcal{N}(\boldsymbol{\mu}, \boldsymbol{\sigma}^2 \boldsymbol{I}_p)$ の確率密度関数を次

で定める.

$$\frac{1}{\sqrt{(2\pi)^p \prod_{j=1}^p \sigma_j^2}} \exp\left(-\frac{1}{2}\sum_{j=1}^p \frac{(x_j - \mu_j)^2}{\sigma_j^2}\right).$$

例 **2.3（ガウス分布を用いた変分オートエンコーダ）**　データと潜在変数の空間をそれぞれ $\mathbb{R}^d$ および $\mathbb{R}^h$ とする. $p(\boldsymbol{z})$ をガウス分布 $\mathcal{N}(\boldsymbol{0}, \boldsymbol{I}_h)$ とする. $\mu_{\boldsymbol{\theta}}, \sigma_{\boldsymbol{\theta}} : \mathbb{R}^h \to \mathbb{R}^d$ をパラメータ $\boldsymbol{\theta}$ を備え潜在変数からデータ空間 $\mathcal{X}$ 上のガウス分布の平均と分散共分散の対角成分を出力するニューラルネットワークとし $p_{\boldsymbol{\theta}}(\boldsymbol{x}|\boldsymbol{z})$ を $\mathcal{N}(\mu_{\boldsymbol{\theta}}(\boldsymbol{z}), \sigma_{\boldsymbol{\theta}}^2(\boldsymbol{z})\boldsymbol{I}_d)$ の確率密度関数で定める. 同じように $\mu_{\boldsymbol{\varphi}}, \sigma_{\boldsymbol{\varphi}} : \mathbb{R}^d \to \mathbb{R}^h$ をパラメータ $\boldsymbol{\varphi}$ を備えデータから潜在空間上のガウス分布の平均と分散共分散の対角成分を出力するニューラルネットワークとし $q_{\boldsymbol{\varphi}}(\boldsymbol{z}|\boldsymbol{x})$ を $\mathcal{N}(\mu_{\boldsymbol{\varphi}}(\boldsymbol{x}), \sigma_{\boldsymbol{\varphi}}^2(\boldsymbol{x})\boldsymbol{I}_h)$ の確率密度関数で定める. ここで $q_{\boldsymbol{\varphi}}(\boldsymbol{z}|\boldsymbol{x})$ が定める確率分布は $\tilde{\boldsymbol{z}} = \mu_{\boldsymbol{\varphi}}(\boldsymbol{x}) + \sigma_{\boldsymbol{\varphi}}(\boldsymbol{x}) \odot \boldsymbol{\epsilon}$ $(\boldsymbol{\epsilon} \sim \mathcal{N}(\boldsymbol{0}, \boldsymbol{I}_h))$ が従う確率分布に他ならない. ここで記号 $\odot$ は要素ごとに積をとる演算である. したがって $g_{\boldsymbol{\varphi}}(\boldsymbol{\epsilon}, \boldsymbol{x}) = \mu_{\boldsymbol{\varphi}}(\boldsymbol{x}) + \sigma_{\boldsymbol{\varphi}}(\boldsymbol{x}) \odot \boldsymbol{\epsilon}$ とおけばオートエンコーディング変分ベイズ法が適用できる. ガウス分布の定義に従い計算すれば

$$\log p_{\boldsymbol{\theta}}(\boldsymbol{x}|\boldsymbol{z}) = -\frac{d}{2}\log 2\pi - \frac{1}{2}\sum_{j=1}^d \left(\frac{(x_j - \mu_{\boldsymbol{\theta},j}(\boldsymbol{z}))^2}{\sigma_{\boldsymbol{\theta},j}^2(\boldsymbol{z})} + \log \sigma_{\boldsymbol{\theta},j}^2(\boldsymbol{z})\right),$$

$$D_{\mathrm{KL}}(q_{\boldsymbol{\varphi}}(\boldsymbol{z}|\boldsymbol{x})\|p(\boldsymbol{z})) = -\frac{1}{2}\sum_{j=1}^h \left(1 + \log \sigma_{\boldsymbol{\varphi},j}^2(\boldsymbol{x}) - \sigma_{\boldsymbol{\varphi},j}^2(\boldsymbol{x}) - \mu_{\boldsymbol{\varphi},j}^2(\boldsymbol{x})\right)$$

であり, 確率的勾配はこれらを微分することで具体的に計算できる. またこの式から変分下界には $\boldsymbol{x}_i \approx \mu_{\boldsymbol{\theta}}(g_{\boldsymbol{\varphi}}(\boldsymbol{\epsilon}_i, \boldsymbol{x}_i))$ とする要素が含まれることがわかる. すなわちデータ $\boldsymbol{x}_i$ に対しエンコーダ $g_{\boldsymbol{\varphi}}$ で潜在変数 $\boldsymbol{z}_i = g_{\boldsymbol{\varphi}}(\boldsymbol{\epsilon}_i, \boldsymbol{x}_i)$ を抽出し, さらにデコーダ $\mu_{\boldsymbol{\theta}}$ でデータ空間に戻して得られた $\mu_{\boldsymbol{\theta}}(\boldsymbol{z}_i)$ が $\boldsymbol{x}_i$ を近似することを意味する. したがって変分オートエンコーダは確かにエンコーダ・デコーダモデルの一種であることがわかる.

　VAE や後述の GAN は高精度なデータ生成（とくに画像生成）が可能であるということで注目を集めている. 例 2.3 の変分オートエンコーダはデータ分布を $p_{\boldsymbol{\theta}}(\boldsymbol{x}|\boldsymbol{z})p(\boldsymbol{z}) = \frac{\mathrm{d}\mathcal{N}(\mu_{\boldsymbol{\theta}}(\boldsymbol{z}), \sigma_{\boldsymbol{\theta}}^2(\boldsymbol{z})\boldsymbol{I}_d)}{\mathrm{d}\boldsymbol{x}}(\boldsymbol{x})\frac{\mathrm{d}\mathcal{N}(\boldsymbol{0}, \boldsymbol{I}_h)}{\mathrm{d}\boldsymbol{z}}(\boldsymbol{z})$ でモデリング[14]して

---

[14] $\frac{\mathrm{d}\mathcal{N}(\boldsymbol{\mu}, \sigma^2\boldsymbol{I}_d)}{\mathrm{d}\boldsymbol{x}}$ でガウス分布 $\mathcal{N}(\boldsymbol{\mu}, \sigma^2\boldsymbol{I}_d)$ の確率密度関数を表す.

いることから z を $\mathcal{N}(0, I_h)$ からサンプリングし,ニューラルネットワークで $\mu_{\boldsymbol{\theta}}(z), \sigma_{\boldsymbol{\theta}}^2(z)$ を計算したのち再度ガウス分布 $\mathcal{N}(\mu_{\boldsymbol{\theta}}(z), \sigma_{\boldsymbol{\theta}}^2(z)\boldsymbol{I}_d)$ から x をサンプリングすることでデータ生成が行われる.また学習がうまくいけば2つの潜在変数 $\mathbf{z}_0, \mathbf{z}_1 \sim \mathcal{N}(\mathbf{0}, \boldsymbol{I}_h)$ に対し中点 $\mathbf{z}_t = t\mathbf{z}_0 + (1-t)\mathbf{z}_1$ $(t \in [0, 1])$ で生成されるデータも意味のあるものになっていて,t について滑らかに変化することが期待される.さらにはいくつかの単純なデータセットにおいて VAE がディスエンタングルされた潜在表現を獲得することが実験的に示されている.すなわち潜在空間の各座標から被写体の大きさや角度といった互いに異なる因子を表す表現が得られ,座標の値を変化させると連動して対応する因子の強度が変化した画像が生成されることが確認されている.この性質は $p(z)$ として分散共分散行列が単位行列のガウス分布という各要素が独立な確率分布を用いているためと予想されるが,一般の複雑なデータセットに対するディスエンタングルされた潜在表現の学習は容易ではなくさまざまな手法が提案されているところである.たとえば変分下界 (2.48) の KL 情報量をハイパーパラメータ $\beta > 0$ をかけた $\beta D_{\mathrm{KL}}(q_{\boldsymbol{\varphi}}(\boldsymbol{z}_i|\boldsymbol{x}_i)\|p(\boldsymbol{z}_i))$ に置き換えた β-VAE[23] という手法がある.これにより顔画像データセットにおいて,潜在変数を適切な方向に動かすことで表情などを変化させられることが β-VAE の元論文で示されている.

2.5.2　敵対的生成ネットワーク

敵対的生成ネットワーク(Generative Adversarial Network; **GAN**)[22] はニューラルネットワークでモデリングされたデータの**生成器**とデータの真贋を見分ける**判別器**を敵対的に学習させお互いの精度を高めあうことで優れた生成器を獲得する学習法である.すなわち,判別器は生成器が生成したデータかあるいは本物のデータかを見分けるように学習され,生成器は判別器を誤判別させるように学習される.そして最終的に得られた生成器からは本物さながらのデータを出力できるようになる.GAN はその性能のポテンシャルの高さから非常に注目度の高い研究領域であり多数の関連研究がある.たとえば高解像度画像の生成(ProgressiveGAN[24]),画像スタイルの変換(Pix2Pix[25], CycleGAN[26]),画像スタイルのミキシング(StyleGAN[27]),超解像(SinGAN[28])などが高精度で実現されてきている.これらさまざまな改良モデルや応用例の根本にあるアイデアを理解するために本章ではオリジ

ナルの GAN [22] とその一般化である f-GAN [29]，そしてワッサースタイン距離最小化に基づき導出されるワッサースタイン GAN（WGAN）[30] を紹介する．

オリジナルの GAN

GAN は確率分布の収束性に基づき導出されるため，データの分布を用いて説明する．単純化のため本項と f-GAN の項においては，データを生成する真のデータ分布を想定し，さらに実数値をとる確率密度関数 p_data があるとする．なおアルゴリズムを実行する際には p_data からのサンプリングは訓練データからのサンプリングに読み換えればよい．

GAN の生成器とは潜在変数 $z \in \mathbb{R}^h$ の空間から $\mathcal{X} \subset \mathbb{R}^d$ への写像 G であり $G(z)$ $(z \sim p(z))$ が従う確率分布がデータ分布 $p_\mathrm{data}(x)$ に一致するように学習される．ここで $p(z)$ は VAE 同様に事前に定めておく潜在変数の確率分布であり，典型的にはガウス分布とすることが多い．判別器は $\mathcal{X}$ 上で定義された区間 $(0, 1)$ に値をとる関数 D であり，入力 x が G により生成されたものではなく本物のデータである確率を $D(x)$ が表すように学習される．生成器 G と判別器 D はそれぞれパラメータ θ および φ を備えたニューラルネットワークとする．GAN の学習は次の min-max 最適化問題に帰着する．

$$\min_{\theta} \max_{\varphi} \left\{ \mathbb{E}_{\mathbf{x} \sim p_\mathrm{data}(x)}[\log D_\varphi(\mathbf{x})] + \mathbb{E}_{\mathbf{z} \sim p(z)}[\log(1 - D_\varphi(G_\theta(\mathbf{z})))] \right\}. \tag{2.49}$$

この定式化において，判別器は本物のデータ x に対しては $D_\varphi(x)$ は 1 に近い値をとり，G の生成データ $G(z)$ に対しては 0 に近い値をとるように最適化され，生成器は D が本物と誤判別するように $D(G(z))$ が 1 に近付くように最適化されることがわかる．

ここで $G(z)$ $(z \sim p(z))$ が従う $\mathcal{X}$ 上の確率分布の確率密度関数を p_G で表す．すると問題 (2.49) の目的関数の第 2 項は変数変換の規則から $\mathbb{E}_{\mathbf{x} \sim p_G(x)}[\log(1 - D_\varphi(\mathbf{x}))]$ となる．問題の性質を説明するため添字 θ, φ は省き，判別器 D は入力 x ごとに任意の値 $D(x)$ をとることができ，生成器 G は任意の確率分布 p_G を実現できるものとする．目的関数が

$$\int \{p_{\text{data}}(\boldsymbol{x}) \log D(\boldsymbol{x}) + p_G(\boldsymbol{x}) \log(1 - D(\boldsymbol{x}))\} \, d\boldsymbol{x}$$

と書けること，および $p_{\text{data}}(\boldsymbol{x}) \log D(\boldsymbol{x}) + p_G(\boldsymbol{x}) \log(1 - D(\boldsymbol{x}))$ は $D(\boldsymbol{x})$ については $D(\boldsymbol{x}) = \frac{p_{\text{data}}(\boldsymbol{x})}{p_{\text{data}}(\boldsymbol{x}) + p_G(\boldsymbol{x})}$ で最大値をとることから，問題 (2.49) は

$$\min_G \int \left\{ p_{\text{data}}(\boldsymbol{x}) \log \frac{p_{\text{data}}(\boldsymbol{x})}{p_{\text{data}}(\boldsymbol{x}) + p_G(\boldsymbol{x})} + p_G(\boldsymbol{x}) \log \frac{p_G(\boldsymbol{x})}{p_{\text{data}}(\boldsymbol{x}) + p_G(\boldsymbol{x})} \right\} d\boldsymbol{x}$$

に変形される．すなわち，この問題の目的関数は

$$D_{\text{KL}} \left(p_{\text{data}} \,\middle\|\, \frac{p_{\text{data}} + p_G}{2} \right) + D_{\text{KL}} \left(p_G \,\middle\|\, \frac{p_{\text{data}} + p_G}{2} \right) - \log 4 \quad (2.50)$$

に他ならない．すると KL 情報量の性質から $p_G = p_{\text{data}}$ において最小値 $-\log 4$ を達成することがわかる．したがって十分な表現力をもつニューラルネットワークのもと GAN の学習をすることでデータ分布を近似する生成器 $G_{\boldsymbol{\theta}}$ が得られるということである．また式 (2.50) の最初の 2 項はイェンゼン－シャノン情報量と呼ばれるもので，KL 情報量同様に 2 つの確率密度関数の乖離度を測る．

　GAN の最適化法をアルゴリズム 2.5 にまとめる．アルゴリズムは 2 重ループ構造をもち，内部ループでは生成器 $G_{\boldsymbol{\theta}}$ は固定のもと判別器 $D_{\boldsymbol{\varphi}}$ についての最大化のための確率的最適化手法を T_D 反復実行する．次にこの内部ループで得られた判別器 $D_{\boldsymbol{\varphi}}$ は固定のもと外部ループにおいて生成器についての最小化のための確率的最適化手法を 1 反復実行する．ここで用いられる確率的最適化手法としてたとえば確率的勾配降下法，RMSProp，Adam などがある．内部反復数 T_D は大きいほど，外部ループでの $\boldsymbol{\theta}$ についての確率的勾配の近似精度が改善することが期待されるが，実際には $T_D = 1$ として実行することも多い．またアルゴリズムは p_{data} からのサンプリングを必要とするが，実際には有限個の訓練データからのサンプリングに読み換えて実行する．このアルゴリズムにより問題 (2.49) は求解され，上記議論から高精度な生成器 $G_{\boldsymbol{\theta}}$ が得られる．

入力: 反復数 T, 内部反復数 T_D, ミニバッチサイズ b

for $t = 1$ **to** T **do**

  for $s = 1$ **to** T_D **do**

    b 個のノイズ $z_1, \ldots, z_b$ を $p(z)$ に従いランダムに取得

    b 個のデータ $x_1, \ldots, x_b$ をデータ分布 $p_{\text{data}}(x)$ に従いランダムに取得

    φ について最大化:次の確率的勾配を用いた確率的最適化手法の 1 反復を実行

$$\nabla_{\varphi} \frac{1}{b} \sum_{i=1}^{b} \{\log D_{\varphi}(x_i) + \log(1 - D_{\varphi}(G_{\theta}(z_i)))\}$$

  end for

  b 個のノイズ $z_1, \ldots, z_b$ を $p(z)$ に従いランダムに取得

  θ について最小化:次の確率的勾配を用いた確率的最適化手法の 1 反復を実行

$$\nabla_{\theta} \frac{1}{b} \sum_{i=1}^{b} \log(1 - D_{\varphi}(G_{\theta}(z_i)))$$

end for

生成器 G_{θ} を返す

f-GAN

前述の通り,GAN の学習は生成器が定める確率分布 p_G とデータ分布 p_{data} の乖離度の最小化を実行する手法と見なせる.そこで GAN の拡張として,乖離の指標を f 情報量というクラスにまで広げた **f-GAN**[29] という手法がある.関数 $f : \mathbb{R} \to (-\infty, \infty]$ を下半連続な真凸関数とする[15].ここで $f(u)$ が実数にならない点においては $f(u) = \infty$ として $(-\infty, \infty]$ に値をとるように拡張されているとする.$\mathbb{R}^d$ 上の確率密度関数 p_1, p_2 に対し **f 情報量**は次で定義される.

$$D_f(p_1 \| p_2) = \int_{\mathbb{R}^d} p_2(x) f\left(\frac{p_1(x)}{p_2(x)}\right) dx. \tag{2.51}$$

たとえば $f(u) = u \log u$ とすれば f 情報量は KL 情報量であり,$f(u) =$

---

[15] $f : \mathbb{R} \to (-\infty, \infty]$ が任意の $x \in \mathbb{R}$ および x に収束する任意の点列 $\{x_k\} \subset \mathbb{R}$ に対し $f(x) \leq \liminf_{k \to \infty} f(x_k)$ となるとき f は下半連続であるという.また f が凸関数で $\text{dom}(f) = \{x \mid f(x) < \infty\} \neq \phi$ を満たすとき f は真凸であるという.

$u \log u - (u+1) \log(u+1)$ とすれば f 情報量は GAN の目的関数と一致する
ことが単純計算で確かめられる．本来 f 情報量の非負性を担保するためには
$f(1) = 0$ であることを必要とするが，GAN の目的関数も含めるために便宜的
に $f(1) \neq 0$ である場合も含めた定義に拡張している．したがって，$D_f(p_1 \| p_2)$
は負値をとりうる．

ここで f の凸共役関数 $f^* : \mathbb{R} \to [-\infty, \infty]$ を

$$f^*(t) = \sup_{u \in \mathbb{R}} \{ ut - f(u) \}$$

で定める．凸解析の理論によれば f が真凸であれば f^* は下半連続な真凸関数
であるので再度，共役関数 f^{**} をとることができ，とくに f が下半連続な真凸
関数のとき $f^{**} = f$ となる．

f-GAN の学習法を導出するためにこの性質を用いて f 情報量の下界を導出
する．オリジナルの GAN と同様に潜在空間の確率分布を $p(z)$，潜在空間上
のパラメータ θ をもつ生成器を G_θ，そしてこれらが誘導する $\mathcal{X}$ 上の確率分
布を p_{G_θ} で表す．そして V_φ をパラメータ φ をもち実数値をとるニューラル
ネットワーク，g_f を $\mathrm{dom}(f^*) = \{ t \in \mathbb{R} \mid f^*(t) < \infty \}$ に値をとる $\mathbb{R}$ 上の活性
化関数とする．このとき，

$$
\begin{aligned}
D_f(p_{\mathrm{data}} \| p_{G_\theta}) &= \int_{\mathbb{R}^d} p_{G_\theta}(\boldsymbol{x}) \sup_{t \in \mathbb{R}} \left\{ t \frac{p_{\mathrm{data}}(\boldsymbol{x})}{p_{G_\theta}(\boldsymbol{x})} - f^*(t) \right\} \mathrm{d}\boldsymbol{x} \\
&\geq \sup_{\varphi} \int_{\mathbb{R}^d} p_{G_\theta}(\boldsymbol{x}) \left\{ g_f(V_\varphi(\boldsymbol{x})) \frac{p_{\mathrm{data}}(\boldsymbol{x})}{p_{G_\theta}(\boldsymbol{x})} - f^*(g_f(V_\varphi(\boldsymbol{x}))) \right\} \mathrm{d}\boldsymbol{x} \\
&= \sup_{\varphi} \left\{ \mathbb{E}_{\mathbf{x} \sim p_{\mathrm{data}}(\boldsymbol{x})}[g_f(V_\varphi(\mathbf{x}))] - \mathbb{E}_{\mathbf{x} \sim p_{G_\theta}(\boldsymbol{x})}[f^*(g_f(V_\varphi(\mathbf{x})))] \right\}
\end{aligned}
$$

となる．f-GAN は f 情報量を最小化することで生成器の学習を行うので，上
記より f-GAN の最適化問題は以下の問題

$$\min_{\theta} \sup_{\varphi} \left\{ \mathbb{E}_{\mathbf{x} \sim p_{\mathrm{data}}(\boldsymbol{x})}[g_f(V_\varphi(\mathbf{x}))] - \mathbb{E}_{\mathbf{z} \sim p(\boldsymbol{z})}[f^*(g_f(V_\varphi(G_\theta(\mathbf{z}))))] \right\} \quad (2.52)$$

で近似され，GAN 同様に min-max 最適化問題に帰着することがわかる．と
くに $f(u) = u \log u - (u+1) \log(u+1)$ とすれば $f^*(t) = -\log(1 - \exp(t))$
であるので，$g_f(t) = -\log(1 + \exp(-t))$ とおくことができる．このとき目的
関数は

$$\mathbb{E}_{\mathbf{x} \sim p_{\text{data}}(\boldsymbol{x})} \left[\log \frac{1}{1 + \exp(-V_{\boldsymbol{\varphi}}(\mathbf{x}))} \right]$$

$$+ \mathbb{E}_{\mathbf{z} \sim p(\boldsymbol{z})} \left[\log \left(1 - \frac{1}{1 + \exp(-V_{\boldsymbol{\varphi}}(G_{\boldsymbol{\theta}}(\mathbf{z})))} \right) \right]$$

であり，判別器を $D_{\boldsymbol{\varphi}}(\boldsymbol{x}) = \frac{1}{1 + \exp(-V_{\boldsymbol{\varphi}}(\boldsymbol{x}))}$ とするオリジナルの GAN が得られる．すなわち f-GAN はオリジナルの GAN を特殊例として含んでいることがわかる．その他いくつかの例を表 2.1 にまとめる．

表 2.1 f-GAN の具体例

f-ダイバージェンス	$f(u)$	$f^*(t)$	$g_f(t)$
KL	$u \log u$	$\exp(t - 1)$	t
Reverse KL	$-\log u$	$-1 - \log(-t)$	$-\exp(-t)$
Pearson χ^2	$(u - 1)^2$	$\frac{t^2}{4} + t$	t
Squared Hellinger	$(\sqrt{u} - 1)^2$	$\frac{t}{1-t}$	$1 - \exp(-t)$
GAN	$u \log u - (u + 1) \log(u + 1)$	$-\log(1 - \exp(t))$	$-\log(1 + \exp(-t))$

f-GAN の最適化もオリジナルの GAN と基本的に同様であるが具体的な手続きをアルゴリズム 2.6 にまとめる．ここでは内部反復数を 1，そしてパラメータ $\boldsymbol{\theta}$ と $\boldsymbol{\varphi}$ の更新を確率的勾配法で行っている．

アルゴリズム 2.6 f-GAN の最適化法

入力: 反復数 T，ミニバッチサイズ b，学習率 $\eta_t > 0$，初期点 $\boldsymbol{\theta}_1, \boldsymbol{\varphi}_1$

for $t = 1$ **to** T **do**

    b 個のノイズ $\boldsymbol{z}_1, \ldots, \boldsymbol{z}_b$ を $p(\boldsymbol{z})$ に従いランダムに取得

    b 個のデータ $\boldsymbol{x}_1, \ldots, \boldsymbol{x}_b$ をデータ分布 $p(\boldsymbol{x})$ に従いランダムに取得

$$\boldsymbol{\varphi}_{t+1} \leftarrow \boldsymbol{\varphi}_t + \eta_t \nabla_{\boldsymbol{\varphi}} \frac{1}{b} \sum_{i=1}^{b} \left\{ g_f(V_{\boldsymbol{\varphi}_t}(\boldsymbol{x}_i)) - f^*(g_f(V_{\boldsymbol{\varphi}_t}(G_{\boldsymbol{\theta}_t}(\boldsymbol{z}_i)))) \right\}$$

$$\boldsymbol{\theta}_{t+1} \leftarrow \boldsymbol{\theta}_t + \eta_t \nabla_{\boldsymbol{\theta}} \frac{1}{b} \sum_{i=1}^{b} f^*(g_f(V_{\boldsymbol{\varphi}_t}(G_{\boldsymbol{\theta}_t}(\boldsymbol{z}_i))))$$

end for

生成器 $G_{\boldsymbol{\theta}_{T+1}}$ を返す

GAN の安定化

GAN は適切なハイパーパラメータおよびモデルのもとで学習を行うことができれば非常に高い性能を発揮するが,その挙動はこれらの設定変化に敏感なため調整は容易ではない.たとえば確率分布 p_{data} と p_{G_θ} が生成しうるデータの領域が完全に分断され,さらに領域間にはある程度のマージンがある状況で GAN の学習を行うことを想定しよう.このとき,生成器のパラメータ θ が多少変化したところで,D が最適解 $D(\boldsymbol{x}) = \frac{p_{\text{data}}(\boldsymbol{x})}{p_{\text{data}}(\boldsymbol{x}) + p_G(\boldsymbol{x})}$ を達成してしまえば両分布は D によって完全に判別され問題 (2.49) の目的関数は定数 0 となってしまう[♠16].これは学習がまったくされていない状況にも関わらず θ についての勾配が消失し最適化が停滞することを意味しているのである.

このような停滞は D のモデルの関数近似能力が高過ぎる場合に生じることがわかる.そのため D の複雑さを適切に調整することが重要であり,とくに D をリプシッツ連続にすることで GAN の学習が安定化することがいくつかの研究で報告されている.実際,現在広く用いられている SN-GAN[31] はリプシッツ連続性を効率的に担保する手法であり,高精度なデータ生成に成功している.このような D のリプシッツ連続性の重要性については次に紹介するワッサースタイン GAN からも示唆される.

ワッサースタイン GAN

勾配消失を回避するためのアイデアとして,確率分布間の差異をより適切に捉えられる距離を採用することが考えられる.そして提案された手法が**ワッサースタイン GAN** (WGAN)[30] である.GAN や f-GAN がデータ分布 p_{data} からの情報量最小化として定式化されたように,WGAN はワッサースタイン距離の最小化に基づき導出される.以降の説明は確率密度関数 p_{data} はデータを生成する真のデータ分布に対応するものに限らず,訓練データが定める経験分布の密度関数としても成立する.この読み換えに応じて WGAN が生成する分布の収束先は真のデータ分布あるいは経験分布に切り換わる.ここで訓練データを $D = \{\boldsymbol{x}_i\}_{i=1}^n$ とすると,経験分布はディラックのデルタ関数 $\delta_{\boldsymbol{x}_i}$ を用いて定義される.ディラックのデルタ関数とは,これについて関数 $f(\boldsymbol{x})$

[♠16]GAN の目的関数の最適値は $-\log 4$ であったことに留意されたい.

の期待値をとると $\int f(\boldsymbol{x})\delta_{\boldsymbol{x}_i}(\boldsymbol{x})\mathrm{d}\boldsymbol{x} = f(\boldsymbol{x}_i)$ となる確率密度関数のように振る舞う作用のことである．このとき，経験分布は $p_{\mathrm{data}} = \frac{1}{n}\sum_{i=1}^n \delta_{\boldsymbol{x}_i}$ と書ける．

入力データの集合 $\mathcal{X} \subset \mathbb{R}^d$ はコンパクト，すなわち有界な閉集合とする．典型的には $\mathcal{X} = [0,1]^d$ のような集合であり，画像の RGB を用いたピクセル表現もスケーリングによってこのように表せる．関数 $D : \mathcal{X} \to \mathbb{R}$ が任意の $\boldsymbol{x}_1, \boldsymbol{x}_2 \in \mathcal{X}$ に対し $|D(\boldsymbol{x}_1) - D(\boldsymbol{x}_2)| \le \|\boldsymbol{x}_1 - \boldsymbol{x}_2\|_2$ を満たすとき D を 1 リプシッツ連続といい，$\mathcal{X}$ 上の 1 リプシッツ連続な関数全体を $\mathcal{F}_{\mathrm{Lip}}$ で表すことにする．このとき $\mathcal{X}$ 上の確率密度関数 p_1, p_2 間のワッサースタイン距離 $W(p_1, p_2)$ は

$$W(p_1, p_2) = \sup_{D \in \mathcal{F}_{\mathrm{Lip}}} \left\{ \mathbb{E}_{\mathbf{x} \sim p_1(\boldsymbol{x})}[D(\mathbf{x})] - \mathbb{E}_{\mathbf{x} \sim p_2(\boldsymbol{x})}[D(\mathbf{x})] \right\} \quad (2.53)$$

で定義される♠17．WGAN は 1 リプシッツ連続関数をニューラルネットワークで代用することで $W(p_{\mathrm{data}}, p_{G_\theta})$ の最小化の近似法として導出される．生成器 G_θ とそれが誘導する確率分布 p_{G_θ} については通常の GAN と同様にニューラルネットワークと潜在変数の確率分布 $p(\boldsymbol{z})$ を用いて定義される．

D_φ をパラメータ φ をもつニューラルネットワークとしよう．ここでパラメータ空間 $\mathcal{W} \subset \mathbb{R}^p$ は D_φ が 1 リプシッツ連続となるように $\mathcal{W} = [-c, c]^p$ $(c > 0)$ に制限されているとする．もし D_φ であらゆる 1 リプシッツ連続関数を表現することができれば，ワッサースタイン距離の定義 (2.53) において D を D_φ $(\varphi \in \mathcal{W})$ に取り換えることができる．一般には必ずしもそうはならず誤差は発生するものの，上記議論に基づけば以下のようなワッサースタイン距離 $W(p_{\mathrm{data}}, p_{G_\theta})$ の近似的最小化問題が導かれる．

$$\min_{\boldsymbol{\theta}} \sup_{\varphi \in \mathcal{W}} \left\{ \mathbb{E}_{\mathbf{x} \sim p_{\mathrm{data}}(\boldsymbol{x})}[D_\varphi(\mathbf{x})] - \mathbb{E}_{\mathbf{z} \sim p(\boldsymbol{z})}[D_\varphi(G_\theta(\mathbf{z}))] \right\}. \quad (2.54)$$

このようにして WGAN も min-max 問題として定式化できたわけである．そこでオリジナルの GAN や f-GAN 同様に最適化することができる．ただし $\varphi \in \mathcal{W}$ という制約を満たすためにパラメータを確率的最適化法で更新するたびに集合 $\mathcal{W}$ への射影 $\mathrm{Proj}_{\mathcal{W}}(\varphi)$ を行う必要がある．これは座標ごとに $\varphi_j > c$

♠17次数 1 のワッサースタイン距離と呼ぶ方がより正確であり，一般には次数 p のワッサースタイン距離というものが定義される．

$(\varphi_j < -c)$ であれば $\varphi_j = c$ $(\varphi_j = -c)$ とする操作のことである．WGAN を実行するための具体的な手続きはアルゴリズム 2.7 にまとめる．

アルゴリズム 2.7　ワッサースタイン GAN の最適化法

入力: 反復数 T, 内部反復数 T_D, ミニバッチサイズ b, 閾値 c

for $t = 1$ **to** T **do**

　for $s = 1$ **to** T_D **do**

　　b 個のノイズ $z_1, \ldots, z_b$ を $p(z)$ に従いランダムに取得

　　b 個のデータ $x_1, \ldots, x_b$ をデータ分布 $p_{\mathrm{data}}(x)$ に従いランダムに取得

　　φ について最大化：次の確率的勾配を用いた確率的最適化手法の 1 反復を実行

$$\nabla_{\varphi} \frac{1}{b} \sum_{i=1}^{b} \{D_{\varphi}(x_i) - D_{\varphi}(G_{\theta}(z_i))\}$$

　　$\mathcal{W}$ へ射影：　$\varphi \leftarrow \mathrm{Proj}_{\mathcal{W}}(\varphi)$

　end for

　b 個のノイズ $z_1, \ldots, z_b$ を $p(z)$ に従いランダムに取得

　θ について最小化：次の確率的勾配を用いた確率的最適化手法の 1 反復を実行

$$-\nabla_{\theta} \frac{1}{b} \sum_{i=1}^{b} D_{\varphi}(G_{\theta}(z_i))$$

end for

生成器 G_{θ} を返す

集合 $\mathcal{W} = [-c, c]^p$ は D_{φ} を 1 リプシッツ連続とする目的で導入したが，実際にそのような定数 c を見付けることは現実的ではない．しかしながら一般に K リプシッツ連続（$K > 0$）になってさえいればよいことがわかる．K リプシッツ連続とは任意の $x_1, x_2 \in \mathcal{X}$ に対して $|D(x_1) - D(x_2)| \leq K\|x_1 - x_2\|_2$ となる性質のことであり，1 リプシッツ連続な関数と K リプシッツ連続な関数は K 倍という操作によって 1 対 1 に対応している．これはワッサースタイン距離 (2.53) において $\mathcal{F}_{\mathrm{Lip}}$ を K リプシッツ連続な関数の集合に置き換えたものは $KW(p_1, p_2)$ に一致するということを意味している．したがって WGAN の導出においてこのような置き換えを行ったとしても，ワッサースタイン距離 $W(p_{\mathrm{data}}, p_{G_{\theta}})$ の近似最小化が行われることに変わりはないわけである．とは

いえ実際には c のとり方は WGAN の挙動に大きな影響をもつため，できるだ
けその性能を引き出せるように値を調整する必要がある．

　またそもそもパラメータを $\mathcal{W}$ に制約することはリプシッツ連続関数を表現
する上で必ずしも適切ではないという指摘もあり，いくつかの改良が提案され
ている．簡単のため $\mathcal{X} = [0, 1]^d$ とする．関数 $D : \mathcal{X} \to \mathbb{R}$ が連続微分可能[♠18]
であるとき，1 リプシッツ連続であることと任意の $x \in \mathcal{X}$ で $\|\nabla D(x)\|_2 \leq 1$
であることは等価である．実際，1 次のテイラー展開から $x, x' \in \mathcal{X}$ に対し
$t \in (0, 1)$ があり

$$D(x') = D(x) + \nabla D((1 - t)x + tx')^\top (x' - x)$$

であるから $\|\nabla D((1 - t)x + tx')\|_2 \leq 1$ であれば D は 1 リプシッツ連続とな
る．逆に D が 1 リプシッツ連続であれば任意の $x \in \mathcal{X}$ に対し

$$\begin{aligned}
\|\nabla D(x)\|_2^2 &= \frac{\mathrm{d}}{\mathrm{d}t} D(x + t\nabla D(x))|_{t=0} \\
&= \lim_{t \to 0} \frac{D(x + t\nabla D(x)) - D(x)}{t} \\
&\leq \|\nabla D(x)\|_2
\end{aligned}$$

であるから $\|\nabla D(x)\|_2 \leq 1$ となり等価性を確認できる．この事実は D を 1 リ
プシッツ連続にするために $\mathcal{X}$ 上で $\|\nabla D(x)\|_2 \approx 1$ となるような正則化をかけ
ることを示唆している．実際そのようなことを行う改良手法 WGAN-GP[32]
が提案され WGAN の学習が安定化することが確認されている．

♠18 D が $\mathcal{X}$ を含む開集合に拡張可能で，そこで連続微分可能という意味である．

画像の認識と生成

3

　本章では，静止画像の認識や生成を行うための深層学習技術について述べる．画像認識は深層学習が最初に成功した応用分野の1つであったことから，深層学習の基盤技術の多くがこれをテストベッドとして開発されてきた．たとえば，本章で紹介する畳み込みニューラルネットワークなどのモデルや，スキップ接続などの要素技術は，画像に限らず多くの分野で活躍している．このため，本章の内容は以降の章を理解するためにも有益な基礎知識を多く含んでおり，ぜひ一読してもらいたい．

　まず，画像処理における標準的なニューラルネットワークモデルである畳み込みニューラルネットワークについて歴史的な経緯を含めて解説し，これを基盤とする画像のエンコーダ・デコーダ構成法について述べる．最後に，これらを利用する発展的な画像認識・生成タスクについて紹介する．

3.1　ニューラルネットワークと画像認識

3.1.1　第1次視覚野と画像認識

　ニューラルネットワークは神経細胞（ニューロン）の生理学的な知見に触発されて発展した技術であるが，その中でも視覚を扱うネットワークはとくに顕著な成功を収めた例であるといえる．まず，人間や生物の視覚情報処理の仕組みがどのように分析され，工学的に実装されてきたかを概観してみよう．

　一般に，脳の仕組みはまだ未解明な部分が多いものの，部位（領野）によってそれぞれ異なる機能を担っていることがわかっている．眼球に入った外光が与える視覚刺激は網膜上で電気信号に変換され，多くの領野や経路を経て段階的に処理される．その中でもとくに，大脳皮質において最初に情報処理を行う**第1次視覚野**（V1）と呼ばれる領野に関する知見が，現在の画像認識技術において重要な基礎をなしている．

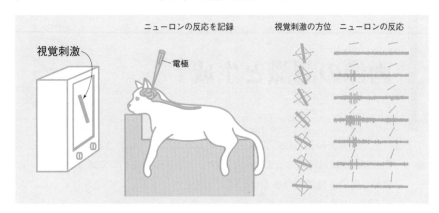

図 3.1　Hubel と Wiesel の行った猫の第 1 次視覚野の測定実験.

V1 研究の歴史においては，1981 年にノーベル生理学・医学賞を受賞した Hubel と Wiesel の研究がとくに重要なマイルストーンであるといえる[33]. 彼らは，さまざまな視覚刺激に対する猫の V1 神経細胞の反応を詳細に調べることで，その役割や構造を分析した. 具体的には，図 3.1 に示すように，スクリーン上に線分をさまざまな位置・角度で投影し，これを見た猫の V1 の各ニューロンの活性を電極を通して測定した.

　この結果，V1 に関するいくつかの非常に重要な知見が得られた. まず，V1 のニューロンの多くが**方位選択性**をもつ受容野を有することが示された. **受容野**とは，ある 1 つのニューロンが反応する入力空間の領域であり，視覚の場合は網膜上の特定の座標を中心とする局所的な空間が相当する. 図 3.1 の実験において，V1 のニューロンは受容野に入った刺激に対して何でも反応するわけではなく，ニューロンごとに異なる特定の傾きをもった線分に対してのみ大きく反応することがわかった. すなわち，各ニューロンはそれぞれ特定の方向をもつ線分パターンを捉える性質を有しており，これを方位選択性と呼ぶ. 視覚刺激（入力画像）に対して，どの受容野・方位を担うニューロンが反応するかにより，画像の各局所領域がどのような輝度勾配をもっているかがわかる. これは，画像処理における基礎的な情報の 1 つである輪郭線（エッジ）の抽出をしているに他ならない. 他にも，V1 には色や両眼視差などに反応する細胞も存在することが知られている. このように，V1 は入力となる視覚刺激から，

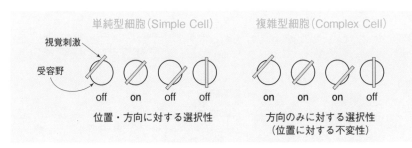

図 3.2 単純型細胞と複雑型細胞

基礎的な視覚特徴を抽出する機能を主に担っていると考えられている.

さらに Hubel と Wiesel は,方位選択性をもつニューロンには**単純型細胞**（simple cell）と**複雑型細胞**（complex cell）の 2 種類が存在することを発見した（図 3.2）.単純型細胞は受容野内の特定の位置にパターン（線分）が現れたときにのみ反応するのに対し,複雑型細胞は受容野内のどの位置にパターンが現れても反応を示す.すなわち,単純型細胞は受容野内の刺激に関する方位選択性に加え位置選択性も有するが,複雑型細胞は方位選択性のみを有する.言い換えるならば,複雑型細胞は視覚刺激の位置に対する**不変性**を有しているが,これは視覚の認識理解を実現する情報処理における本質的に重要な要素の 1 つであるといえる.

このような単純型細胞と複雑型細胞の振舞いを説明するものとして,**階層的統合仮説**が Hubel と Wiesel によって提唱された.これは,1 つの複雑型細胞の配下に,その受容野内の各位置を網羅するように複数の単純型細胞を配置した階層的なモデルを仮定するものである（図 3.3）.このモデルにおいて,複雑型細胞は配下の単純型細胞の出力の論理和をとる.したがって,単純型細胞のどれか 1 つでも出力があれば（すなわち複雑型細胞の受容野内のどこかに視覚刺激があれば）それがそのまま複雑型細胞の出力へ反映されることになり,複雑型細胞の特性である刺激位置に対する出力の不変性が実現される.

この階層的統合仮説を工学的に実装した最初の計算論的神経モデルが,Fukushima によって考案された**ネオコグニトロン**である[34].これは,図 3.4 が示すように,方位選択など入力の特徴抽出を担う単純型細胞がなす層と,これを束ねる複雑型細胞がなす層を繰り返し積み重ねた階層モデルとなってい

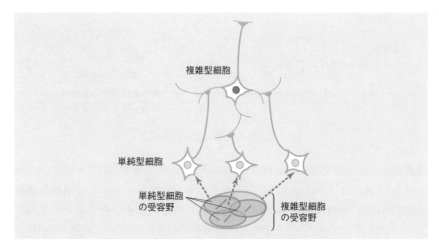

図 3.3　Hubel と Wiesel の階層的統合仮説

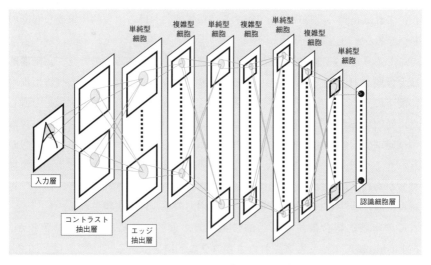

図 3.4　Fukushima のネオコグニトロン

る．実際の脳は異なる性質をもつ複数の領野が階層構造をなしていることに対し，ネオコグニトロンは基本的に V1 の知見に基づく構造のみを繰り返しており，非常に単純化された階層モデルであるといえる．しかしながら，この構造は現在の深層学習で成功している畳み込みニューラルネットワーク（CNN）まで変わらず受け継がれている構造であり，計算機による画像認識のまさに核心部分となっている．

3.1.2　画像分野における深層学習の歴史

以上述べた通り，画像認識のためのニューラルネットワークは比較的古くから研究されており，1980 年代にはネオコグニトロンによりその原型がほぼ完成していたといえる．しかしながら，実用面においてはニューラルネットワークは長い雌伏の時代を経験しており，画像認識において機械学習が本格的に使われるようになった 2000 年代に入っても，SIFT や HOG などの人手によって設計された特徴量を用いるアプローチが圧倒的に優勢であった．その理由は主に，この当時はまだデータ量や計算機の性能が乏しく，特徴表現自体を学習するというニューラルネットワークの強みが十分に発揮できなかったことにある．

2010 年代に入ると，この状況は大きく変わり始めた．とくに重要な背景として，ImageNet[35] と呼ばれる大規模な教師付き画像データセットが公開されたことが挙げられる．これは，自然言語処理分野で用いられてきた概念辞書である WordNet に従ったクラス定義を行い，クラウドソーシングによって大量の画像にラベル付けを行うことによって構築されたデータセットである．ImageNet は約 2 万 2 千クラス・1400 万枚ものラベル付き画像からなり，当時としては文字通り桁違いに大きなデータセットであった♠1．このように大規模な教師付きデータセットが自由に使えるようになったことや，計算機の絶え間ない性能向上により，深層学習が真の力を発揮する土壌が徐々に整ってきた．

画像認識における深層学習の驚異的な性能を世に知らしめたのは，2010年から 2017 年まで開催された ImageNet Large-scale Visual Recognition Challenge（ILSVRC）[36] と呼ばれるコンペティションである．これは，前述

♠1たとえば，2000 年代に物体認識の最も中心的なベンチマークとして用いられていた Caltech-101 は，102 クラス・約 9 千枚と小規模なものであった．

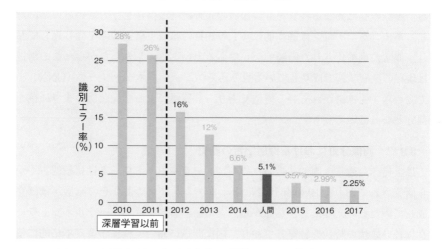

図 3.5 ILSVRC における各年の優勝スコアの推移．1000 クラス
識別におけるエラー率を示す．

の ImageNet のデータの一部を用いた競争型のワークショップであり，約 120
万枚の学習データを用いて画像認識アルゴリズムを訓練し，テストデータに
おける 1000 クラス識別の精度を競うものである．深層学習によるブレイクス
ルーは，2012 年の ILSVRC に参加したトロント大学の Hinton らのグループ
によってもたらされた．彼らは 8 層の CNN を用い，1000 クラス識別のエラー
率で，第 2 位のチームに 10% 以上もの差を付けて優勝し[♠2]，世界中の研究者
に極めて大きな衝撃を与えた[37]．この CNN モデルはその後第 1 著者の Alex
Krizhevsky にちなみ AlexNet と通称されるようになった．AlexNet の成功
を受け，その後画像認識の研究は従来の特徴量ベースのアプローチから一気に
深層学習へと移行し，2013 年の ILSVRC ではほぼすべてのシステムが CNN
ベースに置き換わることとなった．

　その後も ILSVRC を舞台装置としながら深層学習の基幹技術が数多く開発
され，著しい性能向上が続いてきた．最終年である 2017 年における優勝チー
ムはエラー率 2.2% へ達し，2012 年の AlexNet からわずか 5 年でエラー率が
7 分の 1 になるという驚異的な進化を遂げている（図 3.5）．同タスクにおける

♠2 AlexNet を除くと，初回の ILSVRC 2010 からのエラー率の改善は 2〜3% 程度にとど
まっており，頭打ちの傾向にあった．

人間のエラー率は約 5.1% であるとの参考値も報告されており[36]，単純なベンチマーク性能においては人間を遥かに上回る精度に達していることが示唆される．

3.1.3 画像認識タスクの発展

深層学習の発展により，画像認識は精度のみならず質の面でも大きく進化し，従来は困難であった高度かつ詳細な認識タスクが次々と実現されている．図 3.6 に，画像認識の主要なタスクを示す．

ここまでの解説で前提としていたのは図 3.6 (a) の**クラス識別**♠3である．これは，画像全体を入力として付与すべきラベルを出力する問題であり，タグ付け（タギング）と呼ばれることもある．画像中の物体の位置を判定する必要はないため，最も基本的かつ単純なタスクであるといえるが，このタスクでさえ，深層学習の登場以前は実用化には程遠い認識性能しか達成できなかった．

物体検出は図 3.6 (b) のように，画像中の個々の物体のクラスを認識し，その位置を示す矩形を出力するタスクである．クラス識別と異なり物体の位置情報を得られるため，アプリケーションの幅は大きく広がるといえる．単純に考えると，画像全体ではなく領域を入力とするクラス識別の問題へ帰着できるように思えるが，1 つの矩形領域は位置座標と幅・高さの 4 つのパラメータを有するため，単純に画像中のすべての領域を探索しようとすると，検証すべき領域数は画像のピクセル数 N に対し $O(N^4)$ という膨大なオーダになってしまうことが難しい点である．

意味的領域分割は，図 3.6 (c) ♠4のように，入力画像の各ピクセルがどのクラスに属するかを予測するタスクである．物体検出と比較して，より詳細に物体領域や境界を推定しないといけない点が難しいといえる．一方，意味的領域分割は物体クラスごとに領域を塗り分けるだけであり，どこからどこまでが 1 つの物体（インスタンス）に属するピクセルかを推定することは目的としない．したがって，たとえば人が数人歩いている画像を認識させた場合，「人」の領域は正しく切り出せても，どこからどこまでが 1 人の人間であるかや，全部で

♠3 2 章で解説した**判別問題**に他ならない．なお，識別と判別という言葉は多くの場合同じもの指すと考えて差し支えないが，分野やタスクによってどちらが良く使われるかに差がある印象である．

♠4 色がクラスに対応している．

図 3.6　画像認識の主要タスク

何人いるのかという情報は得られない.

　これを解決するため,近年発達しているのが図 3.6 (d) に示す**インスタンス領域分割**であり,個々の物体（インスタンス）を区別しながら物体クラスの領域分割を行うものである.この技術はまだ比較的歴史が浅いが,物体検出と意味的領域分割の技術を複合的に用いるものが多い.

　以下,本章では基本的にクラス識別タスクを前提として画像認識のための深層学習の基本技術を解説し,3.7 節で他の発展的な画像認識タスクを実現する手法について紹介する.

3.2 畳み込みニューラルネットワーク（CNN）

3.2.1 概　要

それでは，画像認識における深層学習の具体的な技術を見ていこう．深層学習の手法は数多く提案されているが，画像認識分野において現在最も広く普及しているものが，1990 年代に LeCun らによって開発された**畳み込みニューラルネットワーク**（Convolutional Neural Network; **CNN**）[38] である．CNN は**多層ニューラルネットワーク**の一種であるが，前述のネオコグニトロンと基本的に同じ構造を有しており，各ニューロンに割り当てられた受容野内に結合が限定されていることが特徴である．

具体的には，図 3.7 に示すように，画像の局所的なパターン抽出を担う畳み込みニューロン（単純型細胞に相当）を並べた畳み込み層と，一定領域ごとに畳み込みニューロンの反応を集積するプーリングニューロン（複雑型細胞に相当）を並べたプーリング層を繰り返した構造となっている．結合が局所に限定されていることに加え，畳み込み層の結合重み（**畳み込みフィルタ**）は画像中のすべての場所で共有されるため，単純な全結合層と比較するとパラメータの数は非常に小さい．また，プーリング層は通常自身のパラメータをもたず，ネットワーク全体のさらなるパラメータ数削減に貢献すると同時に，画像認識において重要な要件である平行移動不変性を段階的に加えることができる．さらに，プーリング層は入力の解像度を落とす働きがあるため，その次に置かれる畳み込み層は相対的により大きな空間スケールで特徴抽出を行うことになる．このように，CNN は全体として，プーリング層により入力の解像度を段階的に落としながら，畳み込み層により各段階における局所領域の特徴を抽出し，識別に有効な情報を選択的に上層へ渡していくネットワークであると解釈できる．また，伝統的な CNN では，ある程度畳み込み層とプーリング層を積み重ねて十分解像度を落とした後に**全結合層**をいくつか置いて，最終的な出力層へと接続する．図 3.7 の例では 10 種類の数字のクラス識別を行うため，出力層はそれぞれのクラスに対応する 10 個のニューロンから構成されることになる．

次に，CNN の構造を表すいくつかの言葉の定義を説明する．図 3.7 に示すように，全結合層を除く CNN の中間層（入力層も含む）は，入力画像と空間

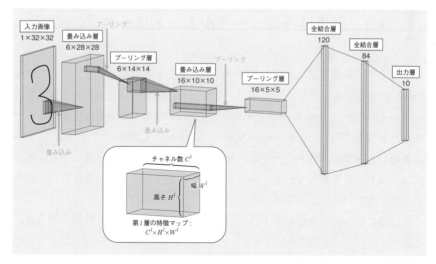

図 3.7　CNN の基本構造（LeNet-5[38] の例）

的に対応する形で格子状に配置されたニューロンから構成される．それぞれの
ニューロンは受容野の特徴抽出を担っていると解釈できることから，中間層の
出力は**特徴マップ**と呼ばれる．また，通常 1 つの中間層は異なる複数の格子か
らなり，この格子の一つ一つを**チャネル**と呼ぶ．各チャネルはそれぞれ異なる
観点で入力データの特徴を捉えたものと解釈できる．たとえば，一般的な RGB
カラー画像は R, G, B のそれぞれの輝度値を並べた 3 チャネルの表現である．

　本章では，第 l 番目の中間層（畳み込み層またはプーリング層）について，
チャネル数，高さ，幅をそれぞれ C^l, H^l, W^l と表す．つまり，第 l 層の特
徴マップは $\mathbb{R}^{C^l \times H^l \times W^l}$ のテンソルとなる．活性化関数を適用する前後の特徴
マップを，それぞれ以下のように表すことにする．

$$\boldsymbol{U}^l = (U^l_{i,y,x}) \in \mathbb{R}^{C^l \times H^l \times W^l}：第 l 層の特徴マップ（活性化関数適用前）$$
$$\boldsymbol{U}^l_c = (U^l_{i,y,x})_{i=c} \in \mathbb{R}^{H^l \times W^l}：第 l 層の第 c チャネルの特徴マップ（活性化関$$
$$数適用前）$$
$$\boldsymbol{Z}^l = (Z^l_{i,y,x}) \in \mathbb{R}^{C^l \times H^l \times W^l}：第 l 層の特徴マップ（活性化関数適用後）$$
$$\boldsymbol{Z}^l_c = (Z^l_{i,y,x})_{i=c} \in \mathbb{R}^{H^l \times W^l}：第 l 層の第 c チャネルの特徴マップ（活性化関$$
$$数適用後）$$

C^l, H^l, W^l は入力画像の大きさと各層のハイパーパラメータに応じて定まる．また，第 l 層の活性化関数（要素ごとに適用）を σ^l とすると，$Z_{i,y,x}^l = \sigma^l(U_{i,y,x}^l)$ となる．ただし，一般にプーリング層では活性化関数を適用しない場合が多い．

なお，本章では行列，テンソルの要素のインデックスはゼロ始まりとする．

3.2.2 畳み込み層

畳み込み層の中の畳み込みニューロンは，受容野への入力と，これと等しいサイズの重み係数ベクトルとの内積をとり出力を計算する．この重み係数ベクトルは**畳み込みフィルタ**と呼ばれ，これを学習によって適切に調整することにより，問題に適した特徴抽出機能を得ることができる．

注目する畳み込み層を第 l 層であるとしよう．畳み込みフィルタの大きさ（すなわち受容野の大きさ）を縦横それぞれ k_h^l, k_w^l とすると，1 つの畳み込みフィルタは $C^{l-1} \times k_h^l \times k_w^l$ サイズのテンソルとして表せる．この中で，入力の各チャネルに対応する $k_h^l \times k_w^l$ サイズの行列をそれぞれ**畳み込みカーネル**と呼ぶ[♠5]．畳み込みフィルタのパラメータは畳み込み層の中のすべての場所（ニューロン）で共有され，1 つのフィルタがそれぞれ 1 つのチャネルを構築する．つまり，C^l 個のチャネルを有する畳み込み層は異なる C^l 個のフィルタをもつ．したがって，第 l 層のすべての畳み込みフィルタをまとめたものは 4 階のテンソルとして表現できる．以上に基づき，畳み込みフィルタとカーネルを以下のように表記する．

$\boldsymbol{F}^l = (F_{i,j,y,x}^l) \in \mathbb{R}^{C^l \times C^{l-1} \times k_h^l \times k_w^l}$：すべての畳み込みフィルタを束ねたテンソル

$\boldsymbol{F}_c^l = (F_{i,j,y,x}^l)_{i=c} \in \mathbb{R}^{C^{l-1} \times k_h^l \times k_w^l}$：第 c 番目の畳み込みフィルタ

$\boldsymbol{F}_{c,m}^l = (F_{i,j,y,x}^l)_{i=c,j=m} \in \mathbb{R}^{k_h^l \times k_w^l}$：第 c 番目の畳み込みフィルタ中の第 m 番目のカーネル

$\boldsymbol{b}^l = (b_i^l) \in \mathbb{R}^{C^l}$：各畳み込みフィルタに対応するバイアスを並べたベクトル

[♠5]フィルタとカーネルは混同されやすく，文脈によっては同義で用いられることもあるので注意が必要である．

畳み込み層において，設計者が設定すべきハイパーパラメータは以下の通りである．

C^l: 出力チャネル数（畳み込みフィルタの数）
k_h^l, k_w^l: 畳み込みフィルタの縦，横の大きさ
s_h^l, s_w^l: 縦，横のストライドの大きさ

1チャネルの畳み込み

簡単のため，まず図3.8のように入力・出力がともに1チャネルの場合を考えよう．すなわち，$C^l = C^{l-1} = 1$ の場合であり，カーネル1つからなるフィルタを1つだけ考える．ここでは，数式表現においてチャネル番号，フィルタ番号，カーネル番号の添字は省略する．

図3.8のように，1つ前の層の特徴マップ Z^{l-1} 上の各受容野に対して畳み込みフィルタを重ね合わせ，計算される内積が対応する位置の出力となる．この計算を，フィルタを横方向・縦方向にそれぞれ s_w^l, s_h^l ずつ移動させながら，Z^{l-1} 全体をなめるように各受容野について実行する[♠6]．この s_w^l, s_h^l のことを**ストライド**と呼ぶ．第l層の大きさは以下のようになることがわかる．

$$W^l = \left\lfloor \frac{W^{l-1} - k_w^l}{s_w^l} \right\rfloor + 1, \tag{3.1}$$

$$H^l = \left\lfloor \frac{H^{l-1} - k_h^l}{s_h^l} \right\rfloor + 1. \tag{3.2}$$

$\lfloor x \rfloor$ は床関数であり，実数 x を超えない最大の整数を表す．したがって，ストライドを大きくするほど疎に入力 Z^{l-1} の情報を拾うことになり，結果として出力 U^l の解像度が落ちる．このように，畳み込み層のストライドによって特徴マップの解像度を適度に落とすことで，プーリング層を省いたネットワーク構造を作ることも多い（後述する ResNet[39] などがこれに該当する）．ただし，一般にできるだけ密に特徴抽出を行った方が認識性能は上がるため，計算量を気にしないのであれば $s_w^l = s_h^l = 1$ とするのが基本となるだろう．また，s_w^l と s_h^l を違う値に設定することも可能であるが，その場合は入力と出力のアスペクト比が変わってしまうことに注意が必要である．

[♠6]実際には，GPU 等を用いた並列処理により同時に実行するのが一般的である．

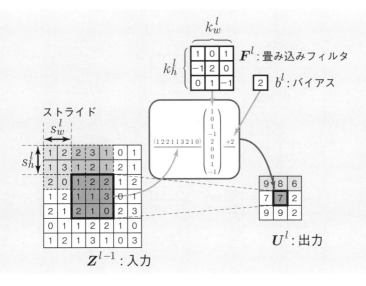

図 3.8 畳み込み層の動作（チャネル数 1，フィルタ数 1 の場合）

畳み込みは参照点（受容野の中心）の周辺の情報を必要とするため，入力の端の方ではフィルタが入力をはみ出してしまい計算が定義できない．したがって，畳み込みフィルタをそのまま計算可能な範囲で入力に適用すると，出力はフィルタ幅の分だけ小さいものになってしまう（図 3.9 上）．このため，あらかじめ入力の外側を何らかの値[♠7]で埋めて入力の大きさを水増しする**パディング**という操作が畳み込み層ではしばしば用いられる．パディングをどの程度入れるかは任意に決めてよいが，たとえば $k_h^l \times k_w^l$ サイズのフィルタに対しては，縦 $\left\lfloor \frac{k_h^l}{2} \right\rfloor$，横 $\left\lfloor \frac{k_w^l}{2} \right\rfloor$ 点分の外周を埋めれば，ちょうどもとの入力と同じサイズの出力が得られ，ネットワークの構造を見通し良くできる（図 3.9 下）．以後，とくに断りのない限り，入力の特徴マップ Z^{l-1} はこのようなパディング処理をすでに行っていることを前提とする．

さて，畳み込み層の処理を定式化してみよう．入力の座標 (x, y) を起点（左上隅の点）とする受容野における畳み込みフィルタの出力は以下のようになる．

♠7 ゼロで埋めるゼロパディングが一般的である．

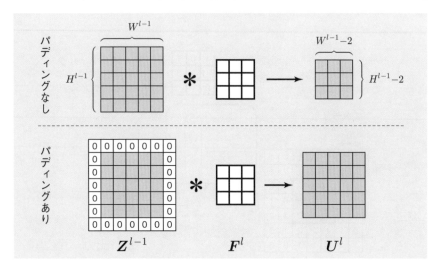

図 3.9　パディング操作（ゼロパディング）による出力サイズの変
化（ストライド 1 の場合の例）

$$U^l_{y/s^l_h, x/s^l_w} = \sum_{q=0}^{k^l_h-1} \sum_{p=0}^{k^l_w-1} F^l_{q,p} Z^{l-1}_{y+q, x+p} + b^l. \tag{3.3}$$

ただし，$(x,y) \in \{(s^l_w i, s^l_h j) \mid i,j \in \mathbb{Z}, 0 \le i < W^l, 0 \le j < H^l\}$ である．こ
れをすべての受容野について行うのが畳み込みの操作であり，以下のようにま
とめて表記できる．

$$U^l = F^l * Z^{l-1} + b^l \mathbf{1}_{H^l} \mathbf{1}^\top_{W^l}. \tag{3.4}$$

ここで，記号「$*$」は式 (3.3) によって定義される畳み込みを表す演算記号であ
り，$\mathbf{1}_n$ はすべての要素が 1 の n 次元列ベクトルを表す．

　畳み込みは，入力を並べ替えることで単純な行列の積として表すことができ，
実装上もしばしばそのような操作が用いられている．畳み込みフィルタ（ここ
ではカーネル 1 つ）のパラメータを 1 列に並べたベクトルを $f^l \in \mathbb{R}^{k^l_h k^l_w}$，こ
れに対応する順番で座標 (x,y) を起点とする受容野の入力値を並べたベクトル
を $z^{l-1}_{(x,y)} \in \mathbb{R}^{k_h k_w}$ とする．たとえば，3×3 サイズの畳み込みの場合，

$$\boldsymbol{f}^l = (F_{0,0}, F_{0,1}, F_{0,2}, F_{1,0}, \ldots, F_{2,2})^\top, \tag{3.5}$$

$$\boldsymbol{z}^{l-1}_{(x,y)} = (Z_{y,x}, Z_{y,x+1}, Z_{y,x+2}, Z_{y+1,x}, \ldots, Z_{y+2,x+2})^\top \tag{3.6}$$

のようになる．これを用いると，式 (3.3) は

$$U^l_{y/s^l_h, x/s^l_w} = \boldsymbol{f}^{l\top} \boldsymbol{z}^{l-1}_{(x,y)} + b^l \tag{3.7}$$

と書ける．これをすべての受容野ごとに行い，並べると以下のようにまとめられる．

$$\widetilde{\boldsymbol{U}}^l = \boldsymbol{f}^{l\top} \widetilde{\boldsymbol{Z}}^{l-1} + b^l \boldsymbol{1}^\top_{H^l W^l}. \tag{3.8}$$

ここで，$\widetilde{\boldsymbol{Z}}^{l-1} \in \mathbb{R}^{k^l_h k^l_w \times H^l W^l}$ は各受容野の特徴ベクトル $\boldsymbol{z}^{l-1}_{(x,y)}$ をラスタ走査の要領ですべて取り出し列方向へ並べた行列であり，$\widetilde{\boldsymbol{U}}^l \in \mathbb{R}^{H^l W^l}$ は各受容野の出力を並べた行ベクトルとなる．

複数チャネルの畳み込み

以上を踏まえて，複数の入力チャネルおよび複数の畳み込みフィルタからなる一般的な畳み込み層を考えよう．この場合，1 つの受容野およびフィルタのサイズは $C^{l-1} \times k^l_h \times k^l_w$ となり，入力のすべてのチャネルを貫いて内積の計算が行われる（図 3.10）．

c 番目（$0 \le c < C^l$）のフィルタ $\boldsymbol{F}^l_c$ および対応するバイアス b^l_c により，入力の座標 (x, y) を起点とする受容野における畳み込みの出力は以下のように計算される．

$$U^l_{c, y/s^l_h, x/s^l_w} = \sum_{m=0}^{C^{l-1}-1} \sum_{q=0}^{k^l_h-1} \sum_{p=0}^{k^l_w-1} F^l_{c,m,q,p} Z^{l-1}_{m,y+q,x+p} + b^l_c. \tag{3.9}$$

式 (3.9) は添字が多く一見複雑に見えるが，基本的にカーネルごとに式 (3.3) と同様に内積を計算し，その和をとっているに過ぎない．したがって，出力の第 c 番目のチャネルは以下のように得られる．

$$\boldsymbol{U}^l_c = \sum_{m=0}^{C^{l-1}-1} \boldsymbol{F}^l_{c,m} * \boldsymbol{Z}^{l-1}_m + b^l_c \boldsymbol{1}_{H^l} \boldsymbol{1}^\top_{W^l}. \tag{3.10}$$

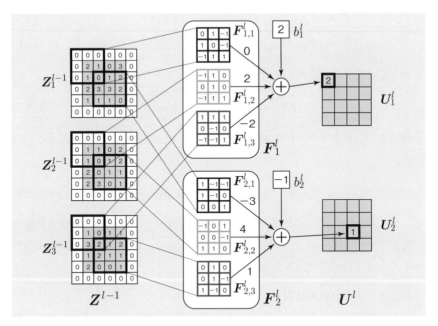

図 3.10　一般的な畳み込み層の動作（入力チャネル数 3，フィルタ
数 2，ストライド 1 の場合の例）

式 (3.7) と同様の要領で，受容野内の複数チャネルにわたる入力をすべて列挙したベクトル $\boldsymbol{z}^{l-1}_{(x,y)} \in \mathbb{R}^{C^{l-1}k_h k_w}$，およびフィルタ $\boldsymbol{F}^l_c$ の要素を対応する順で列挙したベクトル $\boldsymbol{f}^l_c \in \mathbb{R}^{C^{l-1}k_h k_w}$ により，$U^l_{c,y/s^l_h,x/s^l_w} = \boldsymbol{f}^{l\top}_c \boldsymbol{z}^{l-1}_{(x,y)} + b^l_c$ のように表せる．これを式 (3.8) と同様にすべての受容野についてまとめてベクトルで表記すると，

$$\widetilde{\boldsymbol{U}}^l_c = \boldsymbol{f}^{l\top}_c \widetilde{\boldsymbol{Z}}^{l-1} + b^l_c \boldsymbol{1}^\top_{H^l W^l} \tag{3.11}$$

となる．さらに，すべての展開されたフィルタを行列にまとめて変換を表記する．

$$\widetilde{\boldsymbol{U}}^l = \widetilde{\boldsymbol{F}}^{l\top} \widetilde{\boldsymbol{Z}}^{l-1} + \boldsymbol{b}^l \boldsymbol{1}^\top_{H^l W^l}. \tag{3.12}$$

ここで，

$$\widetilde{U}^l = \begin{pmatrix} \widetilde{U}_1^l \\ \widetilde{U}_2^l \\ \vdots \\ \widetilde{U}_{C^l}^l \end{pmatrix} \in \mathbb{R}^{C^l \times H^l W^l}, \tag{3.13}$$

$$\widetilde{F}^l = (f_1^l, f_2^l, \ldots, f_{C^l}^l) \in \mathbb{R}^{C^{l-1} k_h k_w \times C^l}, \tag{3.14}$$

$$b^l = (b_1^l, b_2^l, \ldots, b_{C^l}^l)^\top \in \mathbb{R}^{C^l} \tag{3.15}$$

としている．式 (3.12) が，畳み込みの順伝播処理の全体を示すものとなるが，結局は単純な線形変換に過ぎないことがわかる．したがって，ネットワークの最終的な損失関数を $\mathcal{L}$ とすると，畳み込み層に関する誤差逆伝播の式は，

$$\frac{\partial \mathcal{L}}{\partial \widetilde{Z}^{l-1}} = \widetilde{F}^l \frac{\partial \mathcal{L}}{\partial \widetilde{U}^l} \tag{3.16}$$

となり，層内のパラメータに関する勾配は以下のようになる．

$$\frac{\partial \mathcal{L}}{\partial \widetilde{F}^l} = \widetilde{Z}^{l-1} \left(\frac{\partial \mathcal{L}}{\partial \widetilde{U}^l} \right)^\top, \tag{3.17}$$

$$\frac{\partial \mathcal{L}}{\partial b^l} = \frac{\partial \mathcal{L}}{\partial \widetilde{U}^l} \mathbf{1}_{H^l W^l}. \tag{3.18}$$

なお，$\frac{\partial \mathcal{L}}{\partial \widetilde{Z}^{l-1}}$ を $\frac{\partial \mathcal{L}}{\partial Z^{l-1}}$ へ戻す際，基本的には順伝播時と逆の並べ替えを行えばよいが，Z^{l-1} 内の同じニューロンが異なる受容野に複数回含まれる場合があることに注意が必要である．その場合，同じニューロンに対する勾配の総和を Z^{l-1} の形へ配置する必要がある．

3.2.3 プーリング層

プーリングとは，特徴マップの局所領域の統計的な代表値を取り出す操作であり，深層学習以前から画像認識において非常に重要な役割を果たしてきた．畳み込みニューラルネットワークの**プーリング層**は，受容野ごとに前段の畳み込み層の出力をプーリングする機能を担う．

さて，注目するプーリング層を第 l 層としよう．プーリング層においても，畳み込み層と同様に，受容野の大きさ（プーリングサイズ）とストライドをハイパーパラメータとして設計者が決める必要がある．

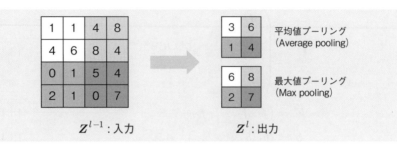

図 3.11　プーリング操作の様子

$\rho_h^l,\ \rho_w^l$：縦，横のプーリングサイズ
$s_h^l,\ s_w^l$：縦，横のストライドの大きさ

　プーリングにはさまざまな手法が存在するが，一般的なプーリング層では学習によって決定すべきパラメータは存在せず，プーリング後に活性化関数は適用しないことが多い．この場合 $Z^l = U^l$ となるが，本書ではこれを前提とし，プーリング層の出力を直接 Z^l によって表すことにする．また，プーリングは畳み込みとは異なりチャネルごとに実行されるため，プーリング前後でチャネル数は変わらず，$C^l = C^{l-1}$ となる．

　さて，プーリングでは，受容野内の入力に関する平行移動不変性を得ることが重要な要件となる．現在，最もよく用いられるのは，**平均値プーリング**および**最大値プーリング**である．ある 1 つのチャネル（第 c チャネルとする）におけるプーリング操作の様子を図 3.11 に示す．

例 3.1（平均値プーリング）　入力の座標 (x, y) を起点とする受容野における平均値プーリングの出力は以下のようになる．

$$Z_{c,y/s_h^l,x/s_w^l}^l = \frac{1}{\rho_w^l \rho_h^l} \sum_{q=0}^{\rho_h^l-1} \sum_{p=0}^{\rho_w^l-1} Z_{c,y+q,x+p}^{l-1}. \tag{3.19}$$

ただし，$(x, y) \in \{(s_w^l i, s_h^l j) \mid i, j \in \mathbb{Z}, 0 \le i < W^l, 0 \le j < H^l\}$ である．したがって，逆伝播では以下のように受容野内の各ニューロンへ等しい重みで誤差が配分される．

$$\frac{\partial \mathcal{L}}{\partial Z^{l-1}_{c,y+q,x+p}} = \frac{1}{\rho^l_w \rho^l_h} \frac{\partial \mathcal{L}}{\partial Z^l_{c,y/s^l_h,x/s^l_w}} \quad (0 \leq p < \rho^l_w, 0 \leq q < \rho^l_h). \quad (3.20)$$

例 **3.2（最大値プーリング）** 一方，最大値プーリングでは，受容野内の特徴の最大値を採用する．

$$Z^l_{c,y/s^l_h,x/s^l_w} = \max_{0 \leq p < \rho^l_w, 0 \leq q < \rho^l_h} Z^{l-1}_{c,y+q,x+p}. \quad (3.21)$$

最大値プーリングの逆伝播では，順伝播時に実際に寄与したニューロン，すなわち受容野の中で最大値を示したニューロンへのみ勾配が伝播される[8]．

$$(p_{\max}, q_{\max}) = \argmax_{0 \leq p < \rho^l_w, 0 \leq q < \rho^l_h} Z^{l-1}_{c,y+q,x+p}, \quad (3.22)$$

$$\frac{\partial \mathcal{L}}{\partial Z^{l-1}_{c,y+q,x+p}} = \begin{cases} \frac{\partial \mathcal{L}}{\partial Z^l_{c,y/s^l_h,x/s^l_w}} & \text{if } (p,q) = (p_{\max}, q_{\max}) \\ 0 & \text{otherwise } (0 \leq p < \rho^l_w, 0 \leq q < \rho^l_h). \end{cases} \quad (3.23)$$

なお，図 3.11 および式 (3.20)，式 (3.23) では受容野にオーバーラップがないことを前提としているが，畳み込み層の場合と同様に，プーリングサイズとストライドの設定により複数の受容野が重なる場合がある．その場合，あるニューロン $Z^{l-1}_{c,y,x}$ が含まれるすべての受容野について第 l 層から伝播される勾配の総和をとる必要がある．

以上が 1 つのチャネルに関するプーリングの順伝播と逆伝播であり，これを全チャネルについて個別に実行することでプーリング層全体の動作となる．

3.2.4　全結合層と出力層

AlexNet 等の基本的な CNN では，図 3.7 のように，出力層の手前にいくつかの全結合層を置くことが多い．つまり，この段階で特徴マップに残っている大域的な位置情報は消さずにそのまま特徴表現として用いることになる．全結合層の実装は，通常の多層ニューラルネットワークで用いる層と何ら変わらず，特徴マップを 1 本の長いベクトルへと展開し，入力とするだけである．全

---

[8]これを実現するために，最大値を与えたニューロンのインデックスを順伝播時に記憶しておく必要がある．

結合層の上に，最終的に目的とするタスクに応じて，適切な出力層と損失関数
を置く．たとえば，クラス識別タスクであれば第 2 章で見たように，ソフト
マックス関数の値を出力とし交差エントロピー損失をとるのが一般的な方法で
あるといえる．

　ただし，最近の CNN では，このような形で全結合層が置かれることは少な
くなっている．なぜならば，全結合層は非常に多くのパラメータを必要とする
ため，計算コスト・メモリコストの観点から費用対効果が非常に悪いためであ
る．このため，近年のネットワークでは，全結合層の前の特徴マップで**大域平
均値プーリング**（特徴マップ全域にわたるプーリング）をしてしまい，完全に
位置情報を落としてから出力層へ接続することが多い．さらに，大域平均値
プーリングによって得られる各チャネルの値をそのままソフトマックス関数へ
入力する♠9ことで，一切全結合層を置かない実装を行うことも可能である[40]．

　もちろん，このように大域プーリングにより完全に位置情報を落とすことが
合理的か否かはタスクの性質によるため，実装を考える場合は注意する必要が
あるだろう．

3.3　深層 CNN の発展

　AlexNet 以降の研究の中で，CNN は基本的に層数を増やすほどが性能が向
上することがわかり，短期間で著しい深層化と大型化が行われるようになっ
た．しかしながら，ただ闇雲に層を追加すればよいというわけではなく，超多
層の CNN の学習を成功させるためにはいくつかの技術的なブレイクスルーが
必要であった．これらは大きく 2 つの観点から分類できる．1 つ目の観点は，
深層ニューラルネットワークにおける学習をいかにしてスムーズに実行させる
かである．これには，2 章で紹介した，ReLU などの誤差消失の起こりにくい
活性化関数，バッチ正規化やドロップアウトなどの正規化手法や過学習抑制手
法，確率的勾配降下に基づく各種最適化手法などが含まれ，CNN に限らず深
層学習全般でとくに重要な基盤技術となっている．

　2 つ目の観点は，そもそも深層ネットワークをどのように設計すべきかであ

♠9この場合，特徴マップのチャネル数とクラス数が一致するように設計されていることが
前提である．

る．本節ではこの観点における重要な技術について述べる．

3.3.1　畳み込みフィルタの要素分解

なぜネットワークを深くすると優れた性能を得られるのかは完全には解明されていないが，深いモデルの方が相対的に少ないパラメータで高い表現能力が得られることが1つの大きな理由であると考えられてきた．図3.12に，チャネル数1の畳み込み層の例を示す．(a) の7×7サイズの畳み込みフィルタの場合，必要なパラメータ数は7×7＝49である．一方，(b) のように3×3サイズの畳み込みフィルタを3つ積むとどうなるであろうか．各フィルタは参照点の周囲1列を取り込むため，入力に関する最終層の受容野のサイズは (a) の場合と同じになる．一方，必要なパラメータ数は (3×3)×3＝27と，(a) の場合よりも少なくなることがわかる．さらに，層ごとに活性化関数による変換が加わるため，より深い非線形性を表現できると期待できる．

このように，1つの層の中でパラメータを増やすよりも，できるだけシンプルな層を複数積み重ねる方が結果としてより効率の良いモデルとなるというのが，深層ネットワークの設計における基本原則であるといえる．このため，現在の CNN では3×3や5×5の比較的小さなサイズの畳み込み層を積み重ねるのが基本となっている．

さらに，場合によっては小さな畳み込みフィルタをより細かく分解することがある．たとえば，3×3のフィルタは前述の例とまったく同じ要領で3×1と1×3の2つのフィルタに分解することができる．また，畳み込みフィルタ

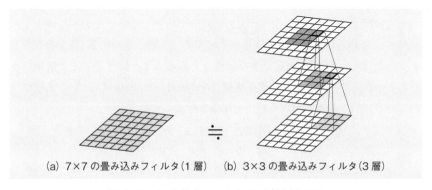

(a) 7×7の畳み込みフィルタ(1層)　　(b) 3×3の畳み込みフィルタ(3層)

図 3.12　畳み込みフィルタの要素分解の例

をチャネル方向へ分解することもできる．3.2.2 項で述べた通り，C チャネル入力に対する $C \times k_h \times k_w$ サイズの一般的な畳み込みフィルタのパラメータ数は $C k_h k_w$ となる．これは，$1 \times k_h \times k_w$ の共通のフィルタ（カーネル）を各チャネルへ適用した後，$C \times 1 \times 1$ の畳み込みを行うことで 2 つの層へ分解できる．このとき，前者を**デプスワイズ畳み込み**，後者を**ポイントワイズ畳み込み**と呼ぶ．この分解により，パラメータ数は $k_h k_w + C$ へ削減される．

　なお，ポイントワイズ畳み込みは便宜的な呼称であり，本来の意味での畳み込み処理は行っていないが，特徴マップの座標ごとにチャネルの特徴を混合する働きを担っている．畳み込みフィルタの分解のみならず，ネットワークの非線形性を増したり，特徴マップの次元削減を行う目的でもしばしば用いられる重要なテクニックである．

3.3.2　スキップ接続

　次に，ネットワークの中で適度に層を迂回するバイパス経路を取り入れる，**スキップ接続**と呼ばれる技術を説明する．以下，ネットワーク中のある部分構造をブロックと呼び，本項ではブロックへの入力と出力をそれぞれベクトル $\boldsymbol{x}$，$\boldsymbol{y}$ によって表す．

　スキップ接続のアイデアを取り入れた代表的な手法である**残差ネットワーク**（Residual Network; ResNet）[39] では，以下のようにもとの入力 $\boldsymbol{x}$ と，ブロック中の層による非線形変換を経た $\mathcal{F}(\boldsymbol{x})$ を足し合わせて出力とする♠10．

$$y = \mathcal{F}(\boldsymbol{x}) + \boldsymbol{x}. \tag{3.24}$$

　上式は図 3.13 に示すように，入力に対して何もしないで出力へ接続するバイパス経路を足したブロック構造を意味する．このとき，関数 $\mathcal{F}$ を担うネットワークはもとの $\boldsymbol{x}$ が表現できない残差を埋めるように学習すると解釈できることから，この結合方式は**残差接続**（residual connection）という名前が付いている．残差接続における誤差逆伝播を考えると，

$$\frac{\partial \mathcal{L}}{\partial \boldsymbol{x}} = \frac{\partial y}{\partial \boldsymbol{x}} \frac{\partial \mathcal{L}}{\partial \boldsymbol{y}} = \frac{\partial \mathcal{F}(\boldsymbol{x})}{\partial \boldsymbol{x}} \frac{\partial \mathcal{L}}{\partial \boldsymbol{y}} + \frac{\partial \mathcal{L}}{\partial \boldsymbol{y}} \tag{3.25}$$

♠10 $\boldsymbol{x}$ と $\mathcal{F}(\boldsymbol{x})$ の次元が一致するように関数 $\mathcal{F}$ が設計されていることが前提である．

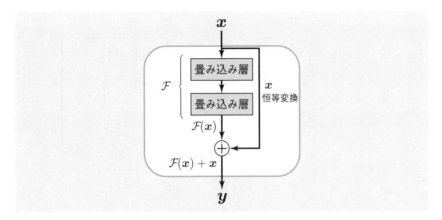

図 3.13　残差接続（Residual Connection）の例

となることから，仮に誤差消失が起こり $\frac{\partial \mathcal{F}(x)}{\partial x}$ がゼロに近くなったとしても，出力の勾配 $\frac{\partial \mathcal{L}}{\partial y}$ はバイパス経路（第 2 項）を通じて直接低層へ伝播されることになり，速やかに低層のパラメータを更新できることがわかる．

　また，残差接続はネットワークの部分的なアンサンブル（複数の経路の統合）であるという解釈も成り立つ．図 3.14 のような経路を考え，畳み込み層 1，畳み込み層 2 の行う非線形変換をそれぞれ関数 f，g によって表す．このネットワーク全体がなす変換は，$x + f(x) + g(x + f(x))$ となり，恒等変換に加え，1 層・2 層の部分ネットワークを足し合わせた構造になっていることがわかる．このように，異なる深さやパラメータをもつ部分ネットワークのアンサンブルは ResNet 以前にも有力な方法として用いられており，CNN の性能向上における重要な要素となっている．

　ResNet は ILSVRC 2015 において 152 層からなる大規模かつ深い CNN を学習することに成功し，非常に優れた識別精度を達成した．現在ではスキップ接続の最も標準的な手法となっており，深層 CNN モデルにおいてなくてはならない技術であるといえる．なお，スキップ接続はこの他にもさまざまな実装方法があり，Highway Network[41] のようにゲート関数を用いてバイパス経路の重み付けを行う方式や，DenseNet[42] のように特徴マップの結合によって接続を行う方式などが代表例として挙げられる．

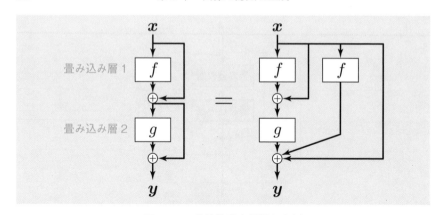

図 3.14 残差接続を展開した例

3.3.3 ネットワーク構造の発展

ResNet の成功を受け，以降の研究では，スキップ接続やさまざまな部分ネットワークのアンサンブル構造を用いながら百層以上の深さをもつ CNN モデルを設計することが一般的になった[43], [44], [45]．これらのモデルでは深さを増しているのはもちろんのこと，速度向上のため並列性を高める工夫も多くなされているのが特徴的である．とくに，層の深さに合わせ特徴マップの解像度やチャネル数をバランス良く設定することが重要であることがわかり，さまざまな提案がなされてきた．

基本的にこれらのモデルは研究者の試行錯誤の中で生まれてきたものであるが，このような大規模かつ複雑なネットワークを人手により設計することは容易ではない．このため，ニューラルネットワークの構造自体を自動的に探索する**ニューラル構造探索**の研究も盛んになっている．探索手法としては，強化学習[46]，遺伝的アルゴリズム[47]，勾配ベース探索[48] などさまざまなものが用いられる．いずれの場合も探索空間をどのように設計するかが重要であり，ブロック内の基本モジュール（畳み込み層，プーリング層，活性化関数など）がなすグラフ構造や，チャネル数などのハイパーパラメータを探索対象とすることが多い．現在，高性能なモデルの多くがニューラル構造探索によって開発されており，Google の EfficientNet[49] などが認識精度と計算効率に優れたモデルとしてよく用いられるようになっている．

3.3.4 注意機構の導入

注意機構（**アテンション機構**）は，ある入力に対し，入力自身や他の情報の中で有効な特徴表現に重み付けを行うモジュールである．4 章で詳しく述べる通り，注意機構は自然言語処理分野で最初に成功し発展してきたが，現在では分野を問わずニューラルネットワーク全般で広く用いられる重要技術となっている．とくに，**トランスフォーマ**が導入した**自己注意機構**は画像認識においても大きな成功を収めている．注意機構やトランスフォーマの数理的な詳細は 4 章へ譲り，ここでは画像認識で用いられる実装について概要を紹介する．

CNN で用いられる注意機構は，特徴マップの値の重み付けに用いられ，チャネルの重み付けを行う**チャネル注意機構**と，空間領域の重み付けを行う**空間的注意機構**の 2 種類に大別される．2017 年に提案された Squeeze and Excitation Network（SENet）[50] と呼ばれるネットワークは，チャネル注意機構を初めて導入した SE モジュールと呼ばれる構造を提案し，ILSVRC 2017 においてトップの成績を収めた．SENet が用いる SE モジュールの概要を図 3.15 に示す．入力の特徴マップを $\boldsymbol{Z} \subset \mathbb{R}^{C \times H \times W}$ とし，SE モジュールにより出力される同サイズの特徴マップを $\boldsymbol{Z}'$ とする．まず，特徴マップを変換 $\mathcal{F}_{\mathrm{sq}}$ により大域的な特徴ベクトル $\boldsymbol{g}$ へ集約し，さらに別の変換 $\mathcal{F}_{\mathrm{ex}}$ により，各チャネルの重みを決めるベクトル $\boldsymbol{s} = (s_0, s_1, \ldots, s_{C-1})^\top \in \mathbb{R}^C$ を得る．SE モジュールでは，$\mathcal{F}_{\mathrm{sq}}$ として大域平均値プーリングを用い，$\mathcal{F}_{\mathrm{ex}}$ としては 2 つの全結合層からなるネットワークを用いる．$\mathcal{F}_{\mathrm{ex}}$ の最後の活性化関数はシグモイド関数であるため，$\boldsymbol{s}$ の各要素 s_i は 0 から 1 までの値をとり，柔らかに i 番目のチャネルのオン・オフを決める重みとなる．最終的に，$\boldsymbol{Z}'$ の各チャネル $\boldsymbol{Z}'_i$ は $\boldsymbol{Z}'_i = s_i \boldsymbol{Z}_i$ のように重み s_i がかけられ，重要なチャネルの情報のみを通過させるゲーティング処理が行われる．

空間的注意機構は同様の要領で特徴マップの空間領域を重み付けられるものであり，これも非常に有効な技術である[51]．とくに，注意機構が与える重み（**注意重み**）を見ることで，ニューラルネットワークが推論するにあたり画像のどの領域を重視しているかが可視化できる点が興味深い．また，チャネル注意機構と空間的注意機構を同時に用いることも多い[52]．

さらに，近年ではトランスフォーマを画像認識へ応用した**画像トランスフォーマ**[53] が CNN を上回りつつあることから注目を集めている．この手法

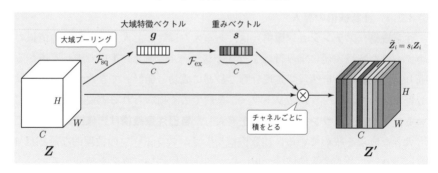

図 **3.15** SE モジュールによるチャネル注意機構

では，画像中の各パッチ（部分領域）を 1 つの「単語」と考え，全パッチの特徴表現に対する自己注意をとることで，畳み込みやプーリングなどの先見的な構造を用いずに，優れた認識精度を得ることを可能とした．その一方で，帰納バイアスが小さいモデルであるため，実際の学習は難しく非常に多くのデータを必要とするという問題も指摘されている．

3.3.5 **代表的な深層 CNN**

最後に，代表的な CNN モデルの層数，パラメータ数，ImageNet データセットにおける識別正解率を表 3.1 にまとめる．これらのモデルの多くは，PyTorch や TensorFlow などの標準的な深層学習フレームワークにバンドルされており，簡単に利用できるようになっている．現在は，画像認識アプリケーションの開発者がゼロから CNN の構造を設計することは稀であり，これらの代表的なモデルのいずれかを雛形として利用することが一般的である．基本的に，深く大きなモデルほど高い表現能力をもつが，その分計算コストは大きくなり，過学習も起こりやすくなる．したがって，性能と計算コストのトレードオフや，適用するデータセットの大きさなどを考慮しながら適切なモデルを選定することが重要である．

なお，表 3.1 を読み解くにあたり，以下にいくつかの注意点を述べる．まず，各モデルは用いる画像サイズや学習時のデータ拡張方法などに違いがある．このため，識別正解率の比較は完全に公平な条件に基づいているとはいえず，大まかな傾向を示す程度の情報と考えるべきである．また，これらの結果はあくまで ImageNet という 1 つのベンチマークデータセットに対してチューニン

表 3.1 代表的な CNN モデル

名称	発表年	層数	パラメータ数 （× 百万）	ImageNet 識別正解率（%）
AlexNet [37]	2012	8	61	56.5
VGG [54]	2014	16	138	74.4
		19	144	74.5
Inception-V3 [55]	2015	48	24	78.8
ResNet [39]	2015	18	11	69.8
		34	21	73.3
		50	25	76.1
		101	45	77.3
		152	60	78.3
WideResNet [44]	2016	50	69	78.4
		101	127	78.8
DenseNet [42]	2017	169	14	76.2
		201	20	77.4
ResNeXt [43]	2017	50	25	77.6
		101	89	79.3
PyramidalNet [45]	2017	200	116	80.8
EfficientNet（B7）[49]	2019	164	66	84.3
ResNeSt [56]	2020	200	70	83.9
		269	111	84.5
NFNet（F5）[57]	2021	294	377	86.0
EfficientNetV2（L）[58]	2021	218	120	85.7

グされたものであり，モデルの絶対的な優劣を示すものではないことにとくに注意が必要である．実際，近年の CNN は ImageNet に対して過剰に適合しており，本質的にはほとんど性能向上していないのではないかという問題提起もなされている．

また，パラメータ数はモデルのキャパシティを表す指標として重要であるが，計算量や学習時のメモリ使用量に直結するものではない．さらに，実行速度はモデル構造が有する並列性にも依存することを忘れてはならない．

　なお，モデルの層数を考える場合，一般的には学習で決めるパラメータを有する層（畳み込み層，全結合層など）のみを数えることが多いが，厳密なルールがあるわけではない．近年の研究では，ブロック単位で CNN の構造を考えるようになり層数を正確に数えることの意味が薄れたため，ブロック数などを用いて異なる複雑さのモデルを区別することが増えている．

3.4　画像認識特有のヒューリスティクス

3.4.1　画像の前処理

　一般的なデータ解析と同様に，画像認識においても画像データの適切な前処理が性能を向上させることが知られており，古くからさまざまな方法が経験的に用いられてきた．画像認識における前処理は，画像の局所的な構造を際立たせ特徴を得やすくすることや，照明条件などに起因する入力の変動に対して**不変性**を高めるように正規化を行うことが主な目的である．しかしながら，深層学習では生のデータに対して必要な非線形変換を可能な限り学習で決めることが基本的な哲学であるため，データに別途前処理を行うというのはある意味で背反する作業であるともいえる．実際，ImageNet などの大規模かつ一般的な問題では，入力画像の R，G，B の各チャネルについて，訓練データセット全体の平均値を引く（すなわち，データ全体の中心がゼロになるようにする）という単純な前処理のみを行い，不変性の獲得は後述するデータ拡張を通して行うことが主流になっている．一方で，データが少なくネットワークパラメータの学習が十分に行えない場合や，タスク固有の性質が活用できる場合に，適切な前処理を導入することが効果的に働く場合も多い．本項では，いくつかの代表的な前処理の方法を紹介する（図 3.16）．

　以下，入力画像を N ピクセルとし，N 個の輝度値 $\{I_i\}_{i=1}^{N}$ によって表すものとする．また，これらを並べたベクトルを $\boldsymbol{x} = (I_1, I_2, \ldots, I_N)^{\top} \in \mathbb{R}^N$ とする．

局所構造の鮮鋭化

　ゼロ位相成分分析（zero-phase component analysis; ZCA）は，主成分分析を用いてデータの白色化（無相関化およびスケール正規化）を行った後，もとの空間に射影する手法である．画像ベクトル $\boldsymbol{x}$ の訓練データセットにおける

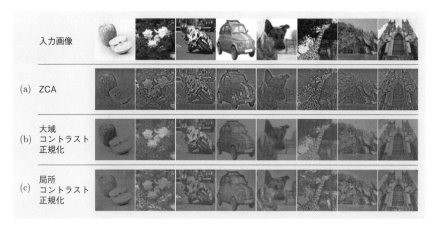

入力画像

(a) ZCA

(b) 大域
コントラスト
正規化

(c) 局所
コントラスト
正規化

図 **3.16**　画像の前処理の例

平均ベクトルと共分散行列をそれぞれ $\overline{x}$, C_x とする．主成分分析の解は，固有値問題 $C_x a = \lambda a$ の固有値と固有ベクトルの組 $\{\lambda_i, a_i\}_{i=1}^{N}$ として得られる．固有値の大きさは主成分の分散を表すため，以下の式により，主成分を正規化した後にもとの画像空間へ射影することができる．

$$x_{\mathrm{ZCA}} = A\Lambda^{-\frac{1}{2}}A^{\top}(x - \overline{x}) + \overline{x}. \tag{3.26}$$

ただし，

$$A = (a_1, a_2, \cdots, a_N), \tag{3.27}$$

$$\Lambda = \begin{pmatrix} \lambda_1 & 0 & \cdots & 0 \\ 0 & \lambda_2 & \cdots & 0 \\ \vdots & \vdots & \ddots & \vdots \\ 0 & 0 & \cdots & \lambda_N \end{pmatrix} + \epsilon I \tag{3.28}$$

であり，$\epsilon \in \mathbb{R}$ は数値的な安定性を得るための正の実数パラメータである．

　一般に，大きな固有値に対応する主成分は画像の低い周波数成分に関わる構造を捉え，小さな固有値に対応する主成分は高い周波数成分に関わる構造を捉える．つまり，ZCA による変換は後者を相対的に拡大する効果があるが，これは画像認識においてはとくに重要な情報である局所的な微細構造を強調する

ことに他ならない．図 3.16 (a) に ZCA により変換した画像の例を示す．この
ように，物体の輪郭などが強調され，局所構造が見えやすくなっていることが
わかるであろう．一方で，ZCA を実行するためにはピクセル数次元の固有値
問題を解く必要があり，一般的なサイズの画像にそのまま適用することは難
しい．

コントラスト正規化

　コントラスト正規化は，画像内の一定領域の輝度値の平均と分散をそろえる
処理である．ZCA とは異なり，コントラスト正規化は画像 1 枚ごとに適用さ
れる処理であることに注意しよう．

例 3.3（大域コントラスト正規化）　基本となる**大域コントラスト正規化**では，
1 枚の画像中のすべてのピクセルの輝度値を平均 0，分散 1 となるように正規
化する．あるピクセル I の正規化後の輝度値[11]は次のようになる．

$$I_{\mathrm{norm}} = \frac{I - \bar{I}}{\sqrt{\sigma^2 + \epsilon}}. \tag{3.29}$$

ここで，$\bar{I}, \sigma^2$ はそれぞれ当該画像中の輝度値の平均，分散とする．図 3.16 (b)
に，大域コントラスト正規化をかけた画像の例を示す．ZCA はデータセット
全体の分布を補正することが目的であるのに対し，大域コントラスト正規化で
は画像ごとの全体的な輝度値レベルの違いを吸収するのが目的であり，とくに
関係が深いのは照明条件の変化である．CNN には照明条件の変動に関する不
変性はないため，あらかじめこのような前処理を行うことで認識が頑健になる
場合がある．

例 3.4（局所コントラスト正規化）　類似した方法である**局所コントラスト正
規化**では，同様の正規化処理を画像全体ではなく，局所領域ごとに実行する
（図 3.16 (c)）．これは，1 枚の画像の中で場所により著しく明るさが変化する
ような場合（たとえば一部が影で隠れる場合など）に有効な前処理であると考
えられる．

---

[11]カラー画像の場合，それぞれのチャネルの値を 1 つの輝度値と考えるが，平均と分散の
計算は全チャネルを通じて行う．

画像ごとに適用するタイプの前処理は，入力の変動に対する不変性を導入していることが本質であるが，どの程度効果が期待できるかはデータの性質や量による．たとえば，大規模な訓練データの中でさまざまな照明条件が十分にカバーされていれば，コントラスト正規化などを考えなくても十分頑健な学習ができるであろう．また，一般に不変性を構造レベルで導入することは同時に表現能力の低下につながるため，次に述べるデータ拡張でさまざまなコントラストのデータを疑似的に作成する方が有効な場合も多い．

3.4.2 データ拡張

画像認識の性能を上げるためのもう 1 つの重要な技術として，**データ拡張**（data augmentation）が挙げられる．これは，訓練データセット中のデータに何らかの変換を行うことで，訓練データを仮想的に増やす処理である．データ拡張のアプローチは主に次の 2 つに分けられる．まず，タスクに関する先験的知識を活用した画像変換により，入力として実際に起こりえそうな画像を作成するものである．これが，古くから画像認識におけるデータ拡張として中心的に用いられてきたアプローチである．他方，必ずしも現実の世界で発生しうるものではないが，機械学習において高い正則化効果が得られる画像を合成するアプローチも近年急速な発展を遂げている．以下，それぞれのアプローチについて解説する．

不変性に関するデータ拡張

CNN は，プーリング層の働きによりネットワーク構造自体が位置不変性をもつ．すなわち，画像中の対象物が平行移動しても，ネットワークの出力は基本的に変化しない．通常，多くの画像認識の問題において，対象物は位置が変化してもその意味は変わらないため，位置不変性は理にかなった性質であるといえる．一方，CNN は回転やスケール変化など他の変動については不変性をもたない．データ拡張の役割の 1 つは，訓練データにこれらの変化を人為的に加えて新しく訓練データを生成することで，学習後のネットワークに変動に対する頑健性をもたせることである．

図 3.17 (a) のように，あるラベルをもつ画像について，視点位置や照明条件などの変化により実世界で実際に起こりえそうなさまざまな変換を考え，これらをすべて同じラベルについての訓練データとして利用する．具体的には，回

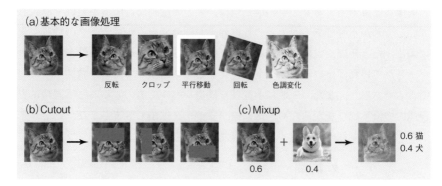

図 3.17　データ拡張操作の例

転や拡大・縮小，切り抜き，反転，色調変化などが代表的な変換として活用される．注意すべきは，実際にどのような変換をどの程度の範囲で与えるべきかはタスクや対象物によって異なり，慎重な設計が必要な点である．たとえば，左右反転は一般的な物体認識のためのデータ拡張では標準的に用いられる変換であるが，これは左右の向きを区別をしなくなることを意味する．そのため，たとえば右矢印と左矢印を正しく見分けることはできなくなってしまうであろう．そのような向きの見分けが必要なタスクにおいては，反転によるデータ拡張は本質的に重要な表現能力を損なってしまうおそれがあり適切ではないといえる．

　このように，タスクや対象物に関する知識を使いながら，特徴表現が有するべき不変性と表現能力を両立させることが，データ拡張の本質である．どのような変換を与えるかは，一般的には設計者が経験的に決める場合が多いが，強化学習等の探索手法を用いて自動的に決定する研究も進んでいる[59]．

　なお，テスト時において，訓練時に与えたデータ拡張と同じ変換をテストデータに対しても適用し，変換画像をそれぞれ認識した結果を統合する**テスト時データ拡張**を行うと認識精度がさらに向上することが知られている．もちろん，認識にかかるコストは変換の数に比例して増えることになるが，精度を重視する場合に有効なテクニックの1つであるといえる．

合成によるデータ拡張

データ拡張には，認識の不変性とは必ずしも直接関係しない，より一般的な正則化に近い手法も存在する．Cutout[60] と呼ばれる手法は，図 3.17 (b) のように，画像の一部をランダムに矩形上に切り取りマスクをかける．これにより，認識においてとくに有力な一部の視覚的パターンにのみ着目することを避け，幅広く情報を抽出できるように学習が行われるようになると期待できる．このように，ランダムに入力の情報を落とし汎化性を向上させる考え方は，ドロップアウトのような正則化手法の発想に近いものであるといえる．ただし，ランダムといってもピクセル単位ではなく矩形で情報を落とすことにより，実世界でしばしば起こるオクルージョン（物体の重なりによる遮蔽）に相当する現象をシミュレートしていることが重要である．

Mixup[61] と呼ばれる手法は，異なるクラスに属するデータを混ぜ合わせることで新しいデータを作る．異なるクラス A, B に属するベクトルをそれぞれ $\boldsymbol{x}_A$, $\boldsymbol{x}_B$ とし，対応するラベルのワンホットベクトルをそれぞれ $\boldsymbol{t}_A$, $\boldsymbol{t}_B$ とする．これらをそれぞれ以下のように線形に混合し，新しい画像およびラベルベクトルを得る（図 3.17 (c)）．

$$\boldsymbol{x}_{\text{new}} = \gamma \boldsymbol{x}_A + (1 - \gamma) \boldsymbol{x}_B, \tag{3.30}$$

$$\boldsymbol{t}_{\text{new}} = \gamma \boldsymbol{t}_A + (1 - \gamma) \boldsymbol{t}_B. \tag{3.31}$$

γ は $0 < \gamma < 1$ を満たす重みパラメータであり，ベータ分布からのサンプリングにより与える．$(\boldsymbol{x}_{\text{new}}, \boldsymbol{t}_{\text{new}})$ の組をそのまま新しい学習データとして，普通のデータと同様に交差エントロピー等の損失を求める．つまり，線形に混合された入力画像から，その混合比率を推定する問題をモデルに課すことになる．

このようにまったく異なる画像を重ね合わせることは，実世界において対応する現象を見出すことは難しいため，前述の不変性に基づく変換とは異なるアプローチの方法であるといえる．しかしながら，この方法はモデルの汎化性能を大きく高めることがわかり，注目を集めている．同様のアプローチに基づき，ネットワークの中間層の特徴表現を混合する Manifold Mixup[62] や，2枚の画像を切り貼りして合成する CutMix[63] など，さまざまな拡張がなされている．

3.5　画像のエンコーダ

3.5.1　CNN が抽出する特徴表現

　CNN は，基本的には画像の特徴抽出を行うネットワーク，すなわち画像の**エンコーダ**であるといえる．一般に，ニューラルネットワークは入力から出力にいたるまでパラメータが自動的に最適化されていくため，結局何を**特徴表現**として抽出しているのかは解釈が難しい場合が多い．しかしながら，CNN は比較的各中間層のニューロンの挙動を分析しやすく，人間の目から見ても合理的に画像の特徴を抽出し，集約する構造を獲得していることがわかった[64]．

　ここでは，ImageNet データで訓練された AlexNet の特徴表現を可視化してみよう．まず，第 1 畳み込み層のフィルタを図 3.18 に示す．これは，フィルタ係数の値を対応する受容野の形に応じて並べ，3 チャネルの画像として表示したものである．これを見ることにより，受容野の画素をどのように重み付けて特徴抽出を行っているかがわかる．このように，さまざまな方向のエッジ成分の抽出を行うものや，単純に特定の色成分を見るものなど，多様なフィルタが学習されていることがわかる．興味深いことに，これらのフィルタは古典的に用いられてきた画像特徴量と類似したものも多く，第 1 畳み込み層は比較的低次の特徴抽出を担う層になっていることが示唆される．

　次に，第 2 畳み込み層以降の特徴表現を見てみよう．第 1 層以外の畳み込み層では入力が高次元であるため，図 3.18 で用いた方法による可視化は難しい．そこで，図 3.19 に，AlexNet の各層について特定のニューロンが最も大きな出力を示した画像パッチ（受容野に入力された局所領域）を上位 9 個ずつ示した．これにより，各ニューロンが画像のどのような特徴を取り出しているかを推定できる．比較的入力に近い低層においては，各ニューロンが色やエッジ・円や縞などの基本的な形状パターンに反応しており，層を上っていくにつれ，人や動物の顔，車のタイヤのような意味的な内容に反応するニューロンが獲得されていることがわかる．このように，CNN は層ごとに異なるレベルの特徴をエンコードする構造をもっている．これは実用的にも有用であると同時に，実際の脳が行う視覚情報処理にも類似しており，神経生理学的な観点からも興味深い性質であるといえる．

図 3.18　畳み込みニューラルネットワーク（AlexNet）の第 1 畳み
込み層のフィルタ

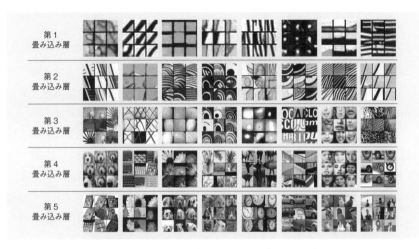

図 3.19　畳み込みニューラルネットワーク（AlexNet）の畳み込み
層の各ニューロンが最も強く反応した画像パッチ

3.5.2　ネットワークの事前学習

　このように，ImageNet などの大規模教師付きデータセットを用いて訓練
させた CNN が得る特徴表現は汎用性が高く，もとのタスクに限らず他のさ
まざまな画像認識タスクへ転用可能であることが知られている．一般に，深
層 CNN をゼロから訓練するためには大量の教師付き画像データが必要となる
が，現実的にはそのようなデータを集めることが困難な場合は多い．このよう
なときに，ImageNet 等であらかじめ学習を行ったネットワークを転用するこ
とで，最終的な対象タスクにおいては少ない訓練データで優れた認識精度を得
ることができる．この枠組みにおいて，あらかじめ大規模データセットで行う

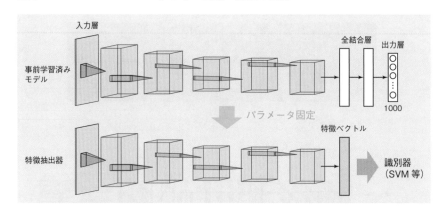

図 3.20 事前学習済みモデルを用いた特徴抽出

学習を**事前学習**と呼び，事前学習されたネットワークを**事前学習済みモデル**（pretrained model）♠12あるいは**事前学習済みネットワーク**と呼ぶ.

　さて，事前学習済みモデルを他タスクで利用するための最も簡単な利用方法は，これを単純に特徴抽出器として用いる方法である（図 3.20）．すなわち，入力画像を順伝播させ，適当な中間層の出力する値をそのまま特徴ベクトルとして用いるものである．対象タスクのデータセットでこの特徴ベクトルを抽出し，SVM 等の適切な機械学習手法を利用することで，利用者側は深層学習やCNN に関する知識がなくとも手軽にその恩恵を受けることができる.

　事前学習済みモデルの利用においては，どの層から特徴抽出を行うかが重要である．先に述べた通り，CNN では入力に近い層から出力層に近付くにつれ，徐々に低次の視覚的特徴からデータセットに特化した意味的な特徴が構造化されていくことが知られている．したがって，低過ぎる層の特徴をとると CNNの高い識別的構造の恩恵を受けることができず，逆に高過ぎる層の特徴をとると事前学習時のデータセットに特化し過ぎてしまい，転用後の性能が下がってしまうおそれがある．典型的には，最終的な出力層のやや手前の層を用いることが多いが，実際にはどの層が有効かはタスクに依存するため，試行錯誤による検証が必要となる．また，複数の異なる層の特徴を同時に用いることも有効

♠12混同されやすい言葉に「**事前学習モデル**（pretraining model）」があるが，これは事前学習によりパラメータを定めたモデル（すなわち，モデルのインスタンス）ではなく，事前学習そのもののモデルを指すため注意が必要である.

な手段の1つである.

3.5.3 ファインチューニング

このように，事前学習済みモデルが得る特徴表現をそのまま用いることも可能であるが，あくまでもとのデータセットに対して最適化されたものであるため，対象タスクにおいて必ずしも良い表現になっているとは限らない．このため，対象タスクのデータセットを用いて事前学習済みモデルのパラメータ最適化をさらに進める**ファインチューニング**と呼ばれるアプローチが広く用いられている．

図 3.21 に示すように，事前学習済みモデルのある層から先の部分を，対象タスク用に用意した別のネットワークに付け換える♠13．付け換えた部分のパラメータはランダムに初期化し，その他の部分は事前学習済みモデルのパラメータを初期値として用い，誤差逆伝播法による学習を進める．学習に用いる手法や枠組みは一般的な CNN の学習の場合と同様であるが，事前学習によってある程度最適化が進んだ状態がスタート点となるため，学習係数は通常よりも小さく設定することが一般的である．

一般に，CNN の学習において訓練データが少ない場合は，できるだけ良い初期値を得ることが，過学習を防ぎ良い学習結果を得るために重要である．こ

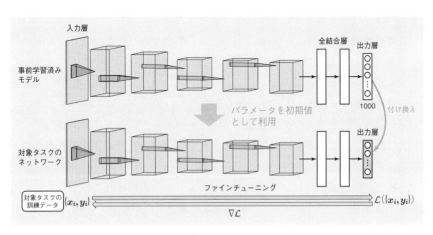

図 3.21　事前学習済みモデルのファインチューニング

♠13典型的には，パラメータをもつ最後の層（全結合層など）以降を付け換える．

のため，対象タスクに関連した事前学習済みモデルを適切に選択し，これを初期値として用いてファインチューニングを行うことで，少ないデータであってもゼロから学習するより格段に良い結果を得られる場合が多い．

 ## 3.6　画像のデコーダ

ここまで，基本的なクラス識別問題を題材として，特徴表現のエンコーダとしての CNN の構造や学習法を見てきた．本節では，逆に特徴表現から画像を生成する**デコーダ**の構成方法を考える．すでに述べた通り，エンコーダとなる CNN から得られる特徴表現は，プーリングを繰り返すことにより空間的な解像度が落ちているのが一般的である．したがって，デコードにおいては低解像度の特徴マップから，どのようにして必要な出力まで解像度を上げるか，すなわち**アップサンプリング**を行うかがポイントとなる．以下，このためのいくつかの方法を説明する．

3.6.1　補間によるアップサンプリング

まず単純に考えられるのが，チャネルごとに特徴マップを補間して解像度を上げる方法である．これは，古典的な画像拡大アルゴリズムと基本的に同じものであり，容易に誤差逆伝播が可能であるため，デコーダネットワークにおいてもしばしば利用されている．

双線形補間（bilinear interpolation）は，特徴マップの縦方向，横方向についてそれぞれ線形補間を行って任意の中間点の値を決定する方法であり，画像拡大において最も広く用いられる手法の 1 つである．**最近傍補間**（nearest neighbor interpolation）では，最も距離が近い参照点の値をそのまま用いて補間を行う．特徴マップでは参照点（ニューロン）が基本的に等間隔のグリッド上に配置されているため，単純に各点を中心とする長方形領域に値がコピーされることになる．

一般に，画像拡大においては最近傍補間よりも双線形補間の方がピクセルの連続的な重み付けを行うことで滑らかな画像が生成できるため広く用いられる．一方，ニューラルネットワークによるデコーダでは，アップサンプリングを行った後に，通常の畳み込み層を数層置くことが一般的である．つまり，も

との低解像な特徴マップにおける近傍点の値は，いずれにせよ畳み込み層によって目的に適した形で重み付けされていくことになる．このため，アップサンプリング自体はどちらの方法を使っても大きな差は生まれにくいといえる．

3.6.2 転置畳み込み

特徴マップのアップサンプリングを行う別の方法として，**転置畳み込み**と呼ばれる手法も用いられる．通常の畳み込みは，受容野内の複数の点を入力として1つの値を出力する多対1のマッピングを行うのに対し，転置畳み込みでは逆に1対多のマッピングを行う（図 3.22）．これは入出力の関係を考えると，通常の畳み込みにおける逆伝播（式 (3.16)）とまったく同じ形になることがわかる．式 (3.12) との比較からわかる通り，通常の畳み込み層に対しフィルタ行列が転置された関係となるため，このような名前が付いている．ただし，転置畳み込み層におけるストライドは出力層に対して定義され，解像度を上げる目的から1より大に設定されるのが普通である．出力の各点は，入力の近傍点のフィルタ係数に応じた線形和となるため，学習に基づく線形補間によってアップサンプリングを行っているものと解釈できる．

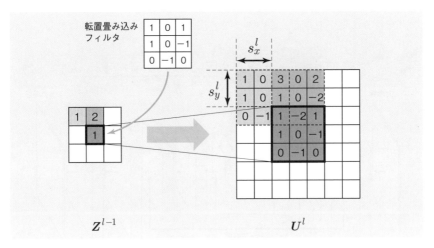

図 3.22 転置畳み込み（バイアス項は省略）

なお，深層学習分野では転置畳み込みは**逆畳み込み**（deconvolution）と呼ばれることもあるが，本来信号処理における逆畳み込みという言葉が意味するのは畳み込みの数学的な逆変換であり，転置畳み込みとはまったく異なるものであることに注意が必要である．

3.6.3 エンコーダ・デコーダモデル

通常のエンコーダ CNN によりプーリングを重ねて特徴表現の抽出を行った後，これと対称な形状をもつデコーダ CNN を置くことで，画像から画像への変換を行うネットワークを構築できる（図 3.23）．デコーダは，エンコーダのプーリング層を逆にたどる形で，同じ解像度の中間層へアップサンプリングを繰り返しながらもとの解像度へ戻していく．これはさまざまなタスクへ応用できる汎用的な**エンコーダ・デコーダモデル**であり，図 3.23 に示されるように中央が細い対称な形状となることから，**砂時計型モデル**と呼ばれる．これを用いたタスクの代表例として，白黒画像を入力としてカラー画像を出力する自動着色などが挙げられる．

さて，砂時計型モデルのようにエンコーダとデコーダが同時に設計されたモデルでは，エンコード時に行ったプーリング時の情報をもとにアップサンプリングを行うことができる．このような方法は**アンプーリング**と呼ばれる．代表

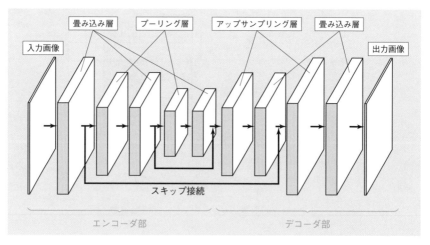

図 3.23 エンコーダ・デコーダモデルの基本構造

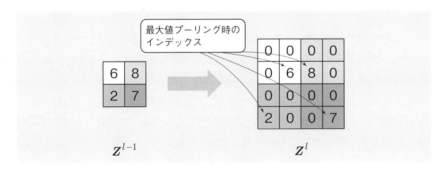

図 3.24 アンプーリング

的な砂時計型モデルの 1 つである SegNet[65] では,エンコーダで最大値プー
リングを用い,デコーダではプーリング時に受容野内で最大値を出したニュー
ロンに対応する位置へのみ特徴マップの値をコピーする(図 3.24).このアン
プーリング層の後に通常の畳み込み層を置くことで,その他のニューロンにつ
いても補間を行うことができる.

 同じく代表的なモデルである U-Net[66] では,アップサンプリングのために
アンプーリングではなく転置畳み込みを用いている.これに加えて,エンコー
ダの特徴マップをデコーダによってアップサンプリングされた同じ大きさの特
徴マップへ結合させるスキップ接続を導入していることが特徴である.これに
より,もとの高解像な局所情報を明示的に残しながら,エンコーダがプーリン
グを進めて抽出した大域情報を活用することができる優れた構造になっている
といえる.現在,このようなスキップ結合を加えた砂時計型モデルは画像のエ
ンコーダ・デコーダモデルとして標準的な構造となっており,画像変換タスク
のみならず,後述する物体検出タスク等でも基盤として広く用いられるように
なっている.

3.6.4 損　失　関　数

 ここまで主にデコーダのアップサンプリング構造に着目してきたが,学習
を実行するためには出力に応じた損失関数も重要である.あるドメイン $\mathcal{X}$ の
画像 $x \in \mathcal{X}$ を別のドメイン $\mathcal{Y}$ の画像 $y \in \mathcal{Y}$ へ変換する(条件付き)生成
ネットワーク $G : \mathcal{X} \to \mathcal{Y}$ を考えよう.学習を行うための訓練データセットを

$\{\boldsymbol{x}_i, \boldsymbol{y}_i\}_{i=1}^n$ とする. すなわち, $G(\boldsymbol{x}_i)$ は入力 $\boldsymbol{x}_i$ に対して生成ネットワークが出力した画像であり, $\boldsymbol{y}_i$ はそれに対応する教師画像である.

　デコーダがどのような損失関数を用いるべきかはタスクによるが, 一般的な画像生成を目的とする場合は, 教師画像に対する誤差をできるだけ小さくする出力を得ることが基本となる. これに適した損失関数として, 出力空間における L_2 距離や L_1 距離の平均を用いることが考えられる. たとえば, 平均 L_1 距離に基づく L_1 損失がしばしば利用される.

$$\mathcal{L}_{L_1}(G) = \frac{1}{n} \sum_{i=1}^n \|\boldsymbol{y}_i - G(\boldsymbol{x}_i)\|_1. \tag{3.32}$$

　しかしながら, 多くの場合, L_1 損失を用いるだけだとリアルな画像を生成することは難しい. まず, L_1 損失はピクセル単位の誤差の和に過ぎず, 画像全体の適切性を判断する仕組みがない. また, 一般に出力として適切な画像は必ずしも一意ではなく, 複数の異なるモードがある場合が多い. たとえば白黒画像の着色タスクでは, 妥当な色付けが複数考えられることが普通であろう. このような場合, 単純に L_1 損失のみを用いた学習では, 複数のモードが混合したぼやけた出力になりやすい.

　このため, 画像の生成においては, 別の基準が損失関数へ組み込まれることが多い. 最もよく使われるものの 1 つが, **敵対的損失**（adversarial loss）であり, 第 2 章で解説した**敵対的生成ネットワーク（GAN）**の枠組みに則り敵対的学習を行うものである. すなわち,「生成された画像がどれくらい本物と見分けがつかないか」という評価を行う識別ネットワークを加えることで, 単に教師に対する誤差を最小化するだけではないリアルな出力を得るように制約を与えるのである. ここでは, 入力 $\boldsymbol{x}$ に対して適切な出力 $\boldsymbol{y}$ を得ることが目的であるため, 生成ネットワーク・識別ネットワークがランダムノイズ（潜在変数）$\boldsymbol{z}$ のみならず, $\boldsymbol{x}$ によっても条件付けられた**条件付き GAN** を考えることになる[25]. 識別ネットワークを D とすると, 敵対的損失は

$$\mathcal{L}_{\mathrm{adv}}(G, D) = \mathbb{E}_{\boldsymbol{x}, \boldsymbol{y}}[\log D(\boldsymbol{x}, \boldsymbol{y})] + \mathbb{E}_{\boldsymbol{x}, \boldsymbol{z}}[\log(1 - D(\boldsymbol{x}, G(\boldsymbol{x}, \boldsymbol{z})))] \tag{3.33}$$

のように表せる. 最終的な目的関数として,

$$G^* = \arg \min_G \max_D \mathcal{L}_{\mathrm{adv}}(G, D) + \lambda \mathcal{L}_{L1}(G) \tag{3.34}$$

のように，適切に重み付けを行った損失関数のミニマックス問題の解となる G^* が最終的に求めるエンコーダ・デコーダネットワークとなる．

なお，GAN は画像のデコーディングにおいて現在最も広く使われている技術ではあるが，なぜ GAN が画像生成に優れているかについては未解明な部分も多く，敵対的学習が本質的に最適なアプローチであるかどうかについては議論の余地がある．たとえば，VQ-VAE 等の十分に構造化され複雑なモードを表現できる大規模な潜在変数モデルを用いることにより，敵対的損失を用いなくても高精細な画像デコーディングが可能であることが示唆されている[67]．

3.7 応 用 技 術

CNN に基づく画像のエンコーダ・デコーダを活用することで，画像の認識や変換・生成を行う高度なアプリケーションが数多く登場し，多様な進化を続けている．本節では，その中でもとくに重要な技術について紹介を行う．

3.7.1 物 体 検 出

CNN はもともと画像全体のクラス識別のために設計されたネットワークであり，入力の画像サイズは固定されていることが前提となっていた．一方，画像中に現れる物体はさまざま位置，大きさや形をとりうるため，**物体検出**（図 3.6 (b)）を正確に行うためには何らかの工夫が必要となる．物体検出は，本質的には物体の位置を回帰する問題であるといえるが，一般的な CNN ではプーリング層が置かれるごとに特徴マップの解像度は落ちるため，位置情報の精度はどんどん失われていくことになる．そのような制約の中でどのように高精度な位置推定を実現するかが重要なポイントとなる．この点で，3.6 節で述べたデコーディングと同様の難しさを有しているといえる．

物体検出手法の出力と評価

物体検出では，グラウンドトゥルースとして物体に付与される矩形とできるだけ近い矩形を検出結果として出力することが目的となる．クラス識別におけるクラス予測とは異なり，矩形座標はグラウンドトゥルースの値から多少

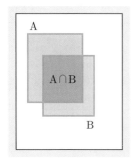

モデルの出力　　　　　　　最終的な検出結果

図 3.25　矩形の重なり　　　　　　　図 3.26　非最大抑制（NMS）

ずれていたとしても，物体を十分に捉えていれば正解と見なすのが自然である．このため，物体検出では出力した矩形の良し悪しを測る評価指標として Intersection over Union（IoU）[14]を標準的に用いる．図 3.25 に示す 2 つの矩形 A と B を考えよう．これらの矩形の IoU は以下のように定義される．

$$\mathrm{IoU}(A, B) = \frac{|A \cap B|}{|A| + |B| - |A \cap B|}. \tag{3.35}$$

ただし，$|A|$, $|B|$, $|A \cap B|$ はそれぞれ A の面積，B の面積，A と B の共通部分の面積を示す．このように，IoU は 2 つの矩形がなす面積全体に対する重なった部分の面積の割合を示すものであり，値が大きいほど完全一致に近いことを意味する．物体検出では，グラウンドトゥルースの矩形に対し一定値以上の IoU を得た出力を正解と見なすことが多い．

　また，物体検出手法は物体の候補となる領域を多数検証するため，実際には同じ物体に対して重複した検出結果を出力しやすい（図 3.26）．このため，物体検出では**非最大抑制**（Non-Maximum Suppression; NMS）と呼ばれる後処理を行い重複を排除することが一般的である．これは，ある物体クラスに関する複数の検出矩形のうち，互いの IoU が一定値以上となるもの（すなわち，十分に重なっている矩形）の集合の中で，最もスコアが大きいものだけを残す処理である．以降に解説する物体検出手法でも，モデル自体の出力の後に別途 NMS をかけることが必要であることに注意されたい．

---

[14]ジャッカード係数とも呼ばれる．

　さて，現在の物体検出手法は大きく分けると，検出にいたるまでのプロセス
を2段階の処理へ分ける2ステージアプローチと，1度の順伝播で実現する1
ステージアプローチへ大別される．以下，順に解説する．

2ステージアプローチ

　2ステージアプローチの処理の流れを図3.27に示す．まず第1ステージで
はクラスを考慮せずに，何かしらの物体である可能性がある領域，すなわち**物
体候補領域**を多数抽出する．物体候補領域は，画像処理におけるより一般的な
用語である**関心領域**（Region of Interest; RoI）という言葉で表されることも
多い．その後，第2ステージでは各RoIについて全体をプーリングする**関心
領域プーリング**を行いRoIの特徴ベクトルを算出し，これを用いてそのRoI
のクラス識別を行う．同時に，RoIの座標からの差分として真の矩形座標を回
帰することで，より詳細な矩形位置の推定を行う．最終的に，RoIの中でスコア
が閾値を超えたものをその物体クラスの検出結果とする．このように，計算
コストの大きいクラス識別処理をあらかじめ絞り込んだ物体候補領域に対して
のみ行うことで，全体のコストを大きく抑えることができる．このような考え
方が有効であることは深層学習が普及する以前から広く知られており，物体候
補領域を抽出する手法が数多く研究されてきた．

　さて，2ステージアプローチでは，まず第1ステージにおいてどのように

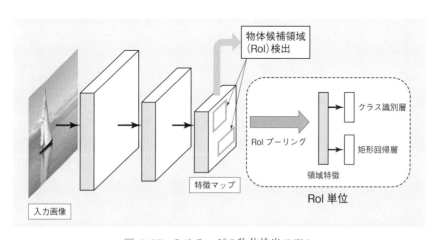

図 3.27　2ステージの物体検出モデル

物体候補領域（RoI）を抽出するかがポイントとなる．この段階で発見されなかった物体は第 2 ステージにおいて検出することは不可能となるため，第 1 ステージでは少しでも物体の可能性がある領域を網羅的に抽出すること（すなわち再現率を上げること）が重要である．深層学習による物体検出手法として初期に普及した Region CNN（RCNN）[68] や Fast RCNN [69] では，選択的探索法（selective search）[70] と呼ばれる物体候補領域抽出手法を用いていた．しかしながら，この手法は後段の認識処理とは関係なく，比較的低次の画像特徴に基づきヒューリスティックに抽出処理を行うものであるため，必ずしも物体の意味的な特徴を捉えられない．このため，再現率を上げるためには非常に多くの候補領域を抽出する必要があったため，結果として第 2 ステージの計算量も多くなり，全体の速度低下につながっていた．

　このため，Faster RCNN [71] では，物体候補領域の抽出自体もニューラルネットワークで行い，第 2 ステージの識別部も合わせた End-to-End のアーキテクチャを実現した．この手法では，CNN のある中間層（特徴マップ）から Region Proposal Network（RPN）と呼ばれる候補領域抽出を担うサブネットワーク（図 3.28）が分岐しており，RPN が指定した各領域について特徴マップをプーリングし，識別処理を行う構造となっている．

　RPN では，特徴マップ上の各検出窓（受容野）から一定数（ここでは r 個とする）の候補領域を出力する．図 3.28 のように，検出窓の中心に置かれた，異なるスケールやアスペクト比をもつ r 個の矩形を考える．これらは**アンカー**と呼ばれ，実際の画像に出現する物体領域のパターンを表すためのテンプレートのようなものであると解釈できる．

　各アンカーは，検出窓内の特徴を一定長のベクトルへ射影する中間層を挟み，これを用いて物体矩形の座標の回帰を行う出力層と，物体/非物体の 2 クラス識別を行う出力層へ分岐する構造をもつ．一見複雑に見えるが，アンカーのパラメータは特徴マップの全域で共有されているため，これらの層はいずれも 1 × 1 の畳み込み層（ポイントワイズ畳み込み）として簡単に実装可能である．したがって，RPN は全体として CNN の構造を保っており，特徴マップ上の検出窓の数を $H \times W$ とすると，1 度の順伝播で rHW 個ものアンカーを検証できる．この構造のもとで，訓練データを用いた教師あり学習を行うことにより，高精度に物体候補領域を抽出できる．

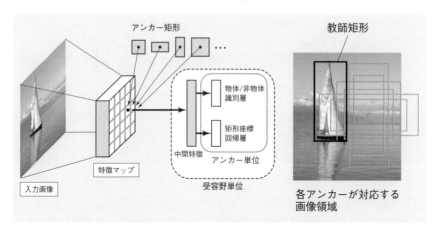

図 3.28　Faster RCNN が用いる RPN の構造図

　RPN の具体的な定式化を述べる. $\widehat{p}_i \in [0,1]$ を i 番目のアンカーについて
モデルが出力した物体らしさのスコア（ソフトマックス値）とし, $t_i \in \{0,1\}$
はアンカー i が物体矩形に対応するときに 1 を与える教師ラベルとする[15].

　また, $\widehat{l}_i \in \mathbb{R}^4, l_i \in \mathbb{R}^4$ はアンカー i に対応する物体矩形であり, それぞれ
モデルが予測した矩形と教師矩形を表す. RPN の学習における損失関数は以
下のように表される.

$$\mathcal{L}_{\mathrm{RPN}} = \sum_i \mathcal{L}_{\mathrm{cls}}(\widehat{p}_i, t_i) + \lambda \sum_i t_i \mathcal{L}_{\mathrm{loc}}(\widehat{l}_i, l_i). \qquad (3.36)$$

$\mathcal{L}_{\mathrm{cls}}$, $\mathcal{L}_{\mathrm{loc}}$ はそれぞれ各アンカーの識別損失と回帰損失であり, λ は両者の重
みを決めるハイパーパラメータである. 識別損失は通常の識別問題と同様に交
差エントロピー損失を用いることができる.

$$\mathcal{L}_{\mathrm{cls}}(\widehat{p}_i, t_i) = -(t_i \log \widehat{p}_i + (1 - t_i) \log(1 - \widehat{p}_i)). \qquad (3.37)$$

　回帰損失 $\mathcal{L}_{\mathrm{loc}}$ は, 矩形を表すベクトル $\widehat{l}_i$ と l_i の距離を用いて定義される.
これらは, アンカーと比較した相対的な位置座標と大きさによって表現され

---

[15]どのようにして各アンカーに対する教師ラベル t_i を設定するかは手法によるが, Faster
RCNN ではいずれかの教師矩形との IoU が 0.7 以上のアンカーを正例, 全ての教師矩形と
の IoU が 0.3 未満のアンカーを負例と設定している.

る．たとえば，モデルの予測 $\widehat{l}_i$ は以下の 4 つの値をもつ．

$$\widehat{l}_i = \left(\frac{\widehat{l}_i^x - a_i^x}{a_i^w}, \frac{\widehat{l}_i^y - a_i^y}{a_i^h}, \log\left(\frac{\widehat{l}_i^w}{a_i^w}\right), \log\left(\frac{\widehat{l}_i^h}{a_i^h}\right) \right)^\top. \qquad (3.38)$$

ここで，$(\widehat{l}_i^x, \widehat{l}_i^y)$，$\widehat{l}_i^w$，$\widehat{l}_i^h$ はそれぞれ，モデルが予測した物体矩形の中心座標，幅，高さを表し，同様に (a_i^x, a_i^y)，a_i^w，a_i^h はアンカー i の中心座標，幅，高さを表す．教師矩形 l_i も同様にアンカーからの差分として表現される．RPN では，$\widehat{l}_i$ と l_i の間の距離指標として平滑化 L_1 距離を用いる．これは，絶対値関数の原点付近のみを 2 乗関数に置き換え，全体を微分可能となるように緩和した距離関数により定義されるものである．

なお，式 (3.36) の第 2 項の総和計算において，アンカーが物体に対応するか否かを示す教師 t_i がフラグとしてかかっていることに注意されたい．したがって，全体の損失関数は，全アンカーの物体/非物体の 2 クラス識別損失と，物体の正例に対応するアンカーに関する回帰損失により構成される．

1 ステージアプローチ

2 ステージアプローチでは，第 1 ステージの物体候補領域の抽出は 1 度の順伝播で実行できるものの，第 2 ステージである RoI プーリング以降の処理は並列化困難であることが，計算上のボトルネックとなっている．しかしながら，そもそも RPN では物体矩形の回帰と同時に物体/非物体の 2 クラス識別を行っていることを思い出そう．この時点で検出対象クラスの識別をしてしまえばそれがそのまま物体検出結果になるというのが 1 ステージアプローチの基本的な考え方である．代表的な 1 ステージの手法としては，SSD [72] やYOLO [73] が挙げられる．これらの手法でもアンカーを用い，直接的に物体クラス識別と矩形位置の回帰を実行しており，RPN と構造的に非常に近い関係にある．先に述べた通り，アンカーを含む検出ネットワークの順伝播処理は通常の CNN と同じく完全に並列化可能であるため，非常に高速な物体検出が可能となった．

以下，SSD を例にとり，1 ステージ手法の具体的な定式化を見てみよう．基本的には，式 (3.36) で見た RPN の損失を多クラスへ拡張したものと考えれば良い．検出対象として，$\{0, 1, \ldots, K\}$ の $K + 1$ クラスを考える．ただし，クラス 0 は負例（非物体領域）を表すものとする．$\widehat{\boldsymbol{p}}_i = (\widehat{p}_i^0, \widehat{p}_i^1, \ldots, \widehat{p}_i^K)^\top$ を

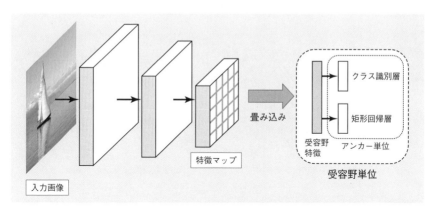

図 3.29 1ステージの物体検出モデル

アンカー i についてモデルが予測する各クラスのスコアを並べたベクトルとする．また，アンカーと教師のマッチを表すフラグ $t_{ij}^k \in \{0, 1\}$（$k \geq 1$）を導入する．これは，i 番目のアンカーが，クラス k の j 番目の教師矩形 $\boldsymbol{l}_j^k$ に対応する場合に 1 をとる変数である．ここで，$\sum_i t_{ij}^k \geq 1$ であり 1 つの教師矩形を複数のアンカーに対応付けることが可能である．これらを用いて，SSD の損失関数を以下のように表せる．

$$\mathcal{L}_{\text{SSD}} = \sum_i \mathcal{L}_{\text{cls}}(\widehat{\boldsymbol{p}}_i, \{t_{ij}^k\}) + \lambda \sum_{i \in Pos} \sum_{k=1}^{K} \sum_{j=1}^{N_k} t_{ij}^k \mathcal{L}_{\text{loc}}(\widehat{\boldsymbol{l}}_i, \boldsymbol{l}_j^k). \quad (3.39)$$

ここで，Pos は正例のアンカー集合，N_k はクラス k の教師矩形の数を示す．識別損失は RPN の場合と同様に交差エントロピー損失を用いるが，ここでは以下のようにマルチクラスの損失となる．

$$\mathcal{L}_{\text{cls}}(\widehat{\boldsymbol{p}}_i, \{t_{ij}^k\}) = \begin{cases} -\sum_{k=1}^{K} \sum_{j=1}^{N_k} t_{ij}^k \log(\widehat{p}_i^k) & \text{if } i \in Pos \\ -\log(\widehat{p}_i^0) & \text{otherwise.} \end{cases} \quad (3.40)$$

回帰損失 $\mathcal{L}_{\text{loc}}$ および矩形ベクトル $\boldsymbol{l}$ の定義も RPN の場合と同様である．このように，RPN のようにアンカーベースのネットワーク構造でマルチクラス識別を行うことで，1 度の順伝播で並列にすべてのアンカーを検証できるため，非常に高速な物体検出が可能となった．

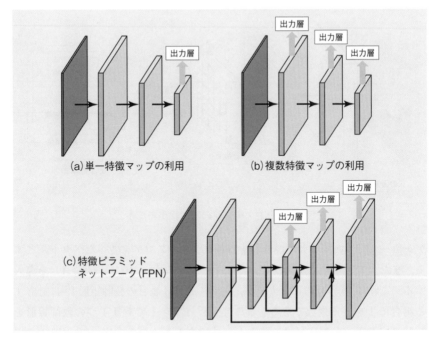

図 3.30　1 ステージ物体検出における特徴マップの利用方法

　一方で，1 ステージアプローチは精度面ではなかなか 2 ステージアプローチ
に勝ることはできず，性能向上のためのさまざまな試行錯誤がなされた．大き
な工夫の 1 つが，特徴の表現能力を高めるために，異なる解像度に対応する複
数の特徴マップを活用するアプローチである．異なる解像度の特徴を集約する
ことは，古くから画像認識では性能向上のための有効なテクニックとして知ら
れており，前述の SSD においても最初から取り入れられていた（図 3.30 (b)）．
Feature Pyramid Networks（FPN）[74]（図 3.30 (c)）ではこの考えをさらに
推し進め，スキップ接続を加えながら特徴マップを再拡大していき，各解像度
で識別処理を行う構造をとっている．これは，3.6.3 項で述べた砂時計型モデ
ルに他ならず，プーリングを繰り返して得られた大域的な特徴をもとの中間層
へ加えることで，より洗練された特徴表現を得ることができる．このように，
FPN のような砂時計型モデルは，物体検出タスクにおいても現在の標準的な
ネットワーク構造として確立している．

　なお，アンカーに基づく検出は現在最も広く用いられているアプローチであるが，いくつかの欠点も知られている．まず，アンカーとしてどのような矩形をどの程度の数利用するかといった設計は人手による試行錯誤に依存しており，タスクに応じて適切に設定しないと優れた性能を得ることは難しい．また，典型的には数千〜数万個ものアンカーが配置されることに対し，実際に1枚の画像から検出できる物体の数は高々数十個程度である．つまり，学習時にはほとんどのアンカーに対して負例（背景）があてはまるため，正例・負例の著しい不均衡が生じることが学習を難しくさせ，性能低下の原因となりやすい．このため，近年ではアンカーを用いず，直接的に各クラスの物体矩形の座標を予測する1ステップ手法（**アンカーフリー手法**）も盛んに研究されている．

3.7.2　領域分割（セグメンテーション）

意味的領域分割

　意味的領域分割（semantic segmentation）（図 3.6 (c)）は，入力画像の各ピクセルがどのクラスに属するかを予測するタスクであり，各物体クラスについてグラウンドトゥルースの領域とモデルが予測した領域の重なりを評価する．いくつかの評価指標があるが，標準的には，物体クラスごとに IoU（式 (3.35)）を算出し，これを全クラスで平均した mean IoU（mIoU）を評価する．また，IoU の他に**ダイス係数**を重なりの指標とすることもある．2つの領域 A, B のダイス係数は以下のように定義される．

$$\mathrm{Dice}(A, B) = \frac{2|A \cap B|}{|A| + |B|}. \tag{3.41}$$

この他，より単純なピクセル単位の識別正解率なども評価指標として用いられる．

　さて，意味的領域分割にはいくつかの実現方法が提案されているが，3.6.3 項で解説した砂時計型のエンコーダ・デコーダモデルを用いるのが最も典型的なアプローチである．たとえば，すでに紹介した SegNet[65] や U-Net[66] が砂時計型モデルによる代表的な手法として挙げられる．その後も，砂時計型モデルをベースとしてさまざまな改良が続いている．たとえば，スキップ接続の工夫に加え，FPN のように複数の特徴マップの情報を統合して予測を行うメカニズムや，複数の砂時計型構造を繰り返すカスケード構造，注意機構等の導入

などにより性能向上が行われてきた.

　これに加え，意味的領域分割で良い精度を得るためには適切な損失関数を用いることが重要である. これまでに非常に多くの損失関数が提案されているが[75]，ここではいくつかの代表的なものを紹介する.

例 3.5（交差エントロピー損失）　まず考えられるのは，ピクセルごとの交差エントロピーの平均を用いることである.

$$\mathcal{L}_{\mathrm{CE}} = -\frac{1}{N} \sum_{i=1}^{N} \sum_{k=1}^{K} t_i^k \log p_i^k. \tag{3.42}$$

ここで，N は入力画像のピクセル数，K は領域分割の対象とするクラス数である. $t_i^k \in \{0,1\}$，$p_i^k \in [0,1]$ はそれぞれ，ピクセル $i \in \{1,\dots,N\}$ におけるクラス $k \in \{1,\dots,K\}$ に関する教師ラベルとモデルの出力（ソフトマックス値）を表す.

例 3.6（重み付き交差エントロピー損失）　意味的領域分割はピクセルごとにクラス識別を行うタスクであるから，ピクセルレベルの交差エントロピーを用いるのは最も率直な方法であるといえる. しかしながら，一般に画像中で物体が占める面積は物体の種類によって大きく異なるため，単純に全ピクセルの平均をとるだけではクラス間で損失に大きな不均衡が生じる. これを是正するために，以下のような**重み付き交差エントロピー**を用いることがある.

$$\mathcal{L}_{\mathrm{WCE}} = -\frac{1}{N} \sum_{i=1}^{N} \sum_{k=1}^{K} w^k t_i^k \log p_i^k. \tag{3.43}$$

ここで，w^k はクラス k に対する重みであり，典型的には k に属するピクセルの頻度の逆数をとる.

例 3.7（フォーカル損失）　以下の式で定義される**フォーカル損失**（focal loss）もクラス不均衡を是正する有効な損失関数として知られている.

$$\mathcal{L}_{\mathrm{focal}} = -\frac{1}{N} \sum_{i=1}^{N} \sum_{k=1}^{K} (1 - p_i^k)^\alpha t_i^k \log p_i^k. \tag{3.44}$$

ここで，α は重み付けの程度を決定するパラメータである. p_i^k が 1 に近付く

ほど小さな重みを与えることから，十分に学習が進み高い確信度で予測できる
ようになった事例（ピクセル）の重みが小さくなる．この結果，難しい事例や，
データの少ないクラスの重みが相対的に増すことになる．

これらの損失関数はピクセル単位の識別をベースとしており，ピクセル識別
正解率を向上させるために有効であるといえるが，本来の目的である領域レベ
ルの精度には必ずしも直結しない．このため，領域分割の評価指標である IoU
（ジャッカード係数）やダイス係数を直接的に組み込んだ損失関数もしばしば
用いられる．たとえば，ダイス損失は以下のように定義することができる[75]．

$$\mathcal{L}_{\text{Dice}} = 1 - \frac{2\sum_{k=1}^{K}\sum_{i=1}^{N} t_i^k p_i^k}{\sum_{k=1}^{K}\sum_{i=1}^{N} t_i^k + \sum_{k=1}^{K}\sum_{i=1}^{N} p_i^k}. \tag{3.45}$$

インスタンス領域分割
インスタンス領域分割（図 3.6 (d)）は，個々のインスタンスを区別しながら
物体クラスの領域分割を行うものであり，物体検出と領域分割のネットワーク
を並列に配置するものが基本的なアプローチとなっている．

Mask-RCNN [76]（図 3.31）は，インスタンス領域分割の代表的な手法の 1
つであり，Faster RCNN をベースとする．RPN が抽出する物体候補領域に

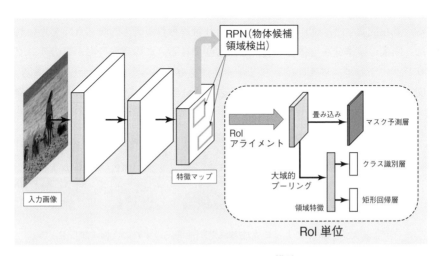

図 3.31 Mask-RCNN の構造

ついて，クラス識別に加えて領域分割を行う別のネットワークを追加することで，両タスクを同時に行うマルチタスク問題を解く．興味深いことに，物体検出・領域分割をそれぞれ独立したモデルで行う場合に比べて，RoI と特徴マップのアラインメントが良くなり，各タスクの性能も向上することが示された．同様の考え方を，1 ステージの物体検出手法や，アンカーフリーの手法をベースとして実現する試みも盛んになっている．

　なお，インスタンス領域分割は基本的に物体検出で対象とするような前景物体を対象としているため，たとえば空や海のような一般的な背景領域を扱うのは困難であった．これに対し，近年提案されたタスクである**総括的領域分割**（panoptic segmentation）[77] では，前景物体の各インスタンスを区別しながら，背景領域も含む画像中のすべてのピクセルのクラス識別を行い，画像全体の詳細かつ総括的な認識理解を行うことを目的とする．この他にも，深層学習技術の発展に伴いさまざまな新しい画像認識タスクが実現されるようになっており，応用の幅が大きく広がっている．

3.7.3　画像の生成と変換

　画像生成は盛んに研究されている技術であり，画像のデコーダネットワークを，2 章で解説した各種の生成的モデルへ適用することで実現できる．現在，標準的に用いられている生成モデルは**敵対的生成ネットワーク（GAN）**である．潜在変数（ノイズ）によってのみ条件付けられる基本的な GAN を用いれば，画像の確率分布自体を学習することができる．この確率分布からのサンプリングによって，現実には存在しない画像をゼロから生成することができる．図 3.32 に，StyleGAN2 [78] と呼ばれる GAN モデルにより生成された顔画像

図 3.32　GAN によって生成された顔画像．いずれの人間も実際には存在しない．

の例を示す．これらの人間はいずれも実際には存在しない．このように近年の画像生成技術は，人の目で見ても本物の画像とほとんど見分けがつかないレベルのリアルな画像を作り出すことが可能になっている．

　実際のアプリケーションでは，単にランダムに画像を生成するよりも，何らかの入力によってコントロールされた画像生成を行いたいことが多い．このような場合に威力を発揮するのが条件付き生成モデルであり，GAN においては生成ネットワークと識別ネットワークの双方に条件入力を加えることで**条件付き GAN** が実現できる．たとえば，物体ラベルによって条件付けられた条件付き GAN は，ラベルで指定した物体の画像を狙って生成させることが可能となる．同様に，適切な教師付き画像データセットさえ準備できれば，さまざまな属性情報を指定して画像生成を行うことができる．

　3.6.3 項で述べた画像変換は，この条件付けにエンコーダが抽出する入力画像の特徴表現を用いることで実現できる．たとえば，すでに述べた白黒画像の自動カラー化を始め，低解像度画像を高解像度画像へ変換する超解像や，欠損した領域の穴埋めなど，何らかの不完全情報の埋め合わせを行うタスクが多く実現されている．さらに，スケッチ・絵画と写実的な画像の相互変換，画像中のシーンの天気や時間帯・季節の変更など，画像のドメインを変更するアプリケーションも数多い[25]．このように，画像変換は非常に汎用性の高い枠組みであるといえる．

　もちろん，条件付き生成モデルにおいて入力は必ずしも画像である必要はなく，他のモダリティを利用することもできる．たとえば，入力をテキストとし，4 章で解説する自然言語のエンコーダを用いて条件付けを行うことで，入力された文の内容に即した画像を生成することも可能となる．このようなクロスモーダルなアプリケーションについては 6 章で詳しく紹介を行う．

　さらに，このような入出力アプリケーションを教師なしで実現する挑戦的な試みも行われている．CycleGAN[26] では，教師なし画像変換を実現するために，**循環一致損失**（cycle consistency loss）と呼ばれる新しい損失関数が用いられた（図 3.33）．これは，あるドメインの画像を他方のドメインに変換したものを，もう 1 度もとのドメインへ逆変換した際に，もとの画像とできるだけ一致することを求める損失関数である．2 つのドメイン上の各点を教師データなしでどのように対応付けるかは非常に難しい問題であるが，循環一致損失を

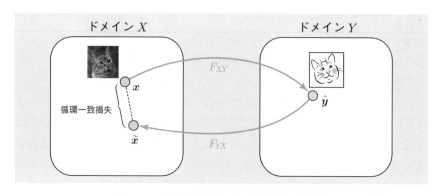

図 **3.33**　CycleGAN における循環一致損失

　教師なしデータ全体で最小化することにより，全体として辻褄の合うマッピングをある程度自動的に発見してくれることが期待される．この機構により，教師なし[16]でも画像変換が実現可能となり注目を浴びた．

　なお，同様の考え方は画像変換に限らず多くの分野で有効性が確認されており，たとえば画像キャプション生成や機械翻訳でも用いられている．このようなアプリケーションを教師なしで実現することは従来は想像できなかったことであり，深層学習の柔軟性とさらなる可能性を示す好例であるといえよう．

---

[16]厳密には，画像レベルでのペアリングは必要ないもののデータセットレベルでは対になっている必要があるため，人手による訓練データの監督が完全に必要なくなったわけではない点に注意が必要である．たとえば，画像の昼夜変換であれば「昼」の画像セット，「夜」の画像セットをそれぞれ混合しないように用意する必要がある．

自然言語の認識と生成

4

　本章では，自然言語のエンコードとデコードを中心に，自然言語処理における深層学習の主要技術を紹介する．まず，4.1 節で自然言語処理の特徴を概説する．そして 4.2 節と 4.3 節で，それぞれ，自然言語のエンコーダとデコーダを説明する．とくに，自然言語処理でよく用いられる「再帰型ニューラルネットワークに基づくモデル」と「トランスフォーマモデル」を取り上げて説明する．4.4 節では自然言語処理の応用タスクの観点から深層学習モデルをまとめる．本章の最後に，4.5 節で，自然言語処理における深層学習モデルの性能を向上させるために近年使われている代表的な技術を紹介する．

4.1　自然言語処理の特徴

　自然言語とは，私たち人間が意思疎通などのために日常的に使っている日本語や英語などの言葉のことである．プログラミング言語などの人工的に作られた言語と区別するため，単なる「言語」ではなく「自然言語」と呼ばれている．この自然言語を対象とする計算機処理が**自然言語処理**である．自然言語処理の研究開発は 1940 年代に計算機が誕生したのとほぼ同時に始まり，これまで無数の技術が創出され，いまもなお人工知能の一分野として盛んに研究開発が行われている．

　自然言語処理は，機械翻訳，対話システム，質問応答システムなどのさまざまなシステムやサービスに応用されている．深層学習が導入される以前の古典的な自然言語処理では，色々な応用タスクに共通して使われる基礎技術と，応用タスクごとに特化した応用技術に分かれて研究が進んでいた．基礎技術には，文を単語に分割する単語分割や各単語の品詞を特定する品詞付与，文の構造を解析する構文解析などがある．そして，応用タスクは基礎技術と応用技術を組み合わせたパイプライン処理により解かれていた．通常，基礎解析器は応

用タスクとは独立に構築されるため，パイプライン処理では使用する基礎解析器が応用タスクに最適化されているとは限らない．また，それぞれの技術の専門性は高く，基礎技術と応用技術の両者を習得して応用タスクに取り組むにはハードルが高かった．しかし深層学習が導入されてからは，基礎技術と応用技術を意識せずに，最初の入力と最終出力に基づいて特定の応用タスクに最適なニューラルネットワークを End-to-End で学習可能になった．このことは各タスクの高精度化および研究開発速度の加速につながっている．

　ここからは，自然言語を計算機で扱うために意識すべき自然言語（テキスト）の特徴をまとめる．まず，テキストは階層構造をもつ．テキストの最小構成要素は文字であり，その文字が集まって意味をもつ最小単位である単語♠1となる．そして，その単語により文が構成され，いくつかの文により文書となる．このように複数の粒度の単位を含むテキストを機械処理する場合，処理の基本単位を設定する必要がある．通常は単語単位で処理する場合が多い．

　基本単位を決めると，テキストはその基本単位の要素系列で表せる．単語を処理単位とするとテキストは単語の系列となる．ここで，単語の「集合」ではなく「系列」であることには注意してほしい．テキストの意味は，含まれる単語だけではなくその並び順によって決まる．たとえば，「猫が鼠を追いかける」と「鼠が猫を追いかける」という 2 つの文は，構成単語は同じであるが意味が異なる．古典的な自然言語処理では，扱いやすさからテキストを単語の集合（Bag-of-Words）と見なす場合もあるが，ニューラルネットワークでは，テキストは単語の系列として扱う．この際，テキストは任意の長さになりうるため，単語系列は可変長であることにも注意してほしい．

　次に，処理の基本単位となる単語に着目する．単語は文字列であるが，その文字の並びや意味は人間が定義したものである．つまり，単語は離散的な記号であり，その全体集合は有限の離散集合である．また，記号間の類似度は必ずしも単語間の意味の類似度にはなっていない．たとえば，「hot」，「hat」，「cap」という 3 つの単語において，「hot」と「hat」は記号としては似ているが意味はまったく異なる．むしろ記号としては似ていない「hat」と「cap」が，ともに「帽子」という意味をもっている．さらに，文字列と意味は 1 対 1 に対応

♠1意味をもつ最小単位は正確には「形態素」であるが，本書では簡単のため，形態素と単語は区別せずに「単語」と記す．

しない場合も多い．たとえば，病気のおたふくかぜは，「おたふくかぜ」以外
にも「流行性耳下腺炎」や「ムンプス」とも表現される．これは，1つの意味
が複数の文字列に対応する例である．またたとえば，「首」は，体の一部分で
ある「首」を意味する場合もあれば「解雇」を意味する場合もある．これは，
1つの文字列が複数の意味をもつ例である．このような性質をもつ自然言語に
おいて，各単語の意味を決める重要な手がかりが文脈である．読者の中には，
外国語の試験を受験中に知らない単語が出てきたとき，文脈からその単語の意
味を推測した経験をもつ人がいるかもしれない．このことからも，文脈は単語
の意味を捉える上で重要であることがおわかりになるだろう．そこで，自然言
語のエンコードやデコード時には，文脈を考慮し，単語の表層が異なっていて
も意味が似ていれば，それらの単語は似た**特徴表現**で扱い，また，同じ単語で
あっても文脈によって意味が異なれば，文脈ごとに異なる特徴表現で扱う必要
がある．

4.2　自然言語のエンコーダ

　自然言語の**エンコーダ**は，入力としてテキストを受け取り，入力テキストを
特徴表現に変換する．

$$z = \mathrm{Encoder}(\boldsymbol{x}). \tag{4.1}$$

式 (4.1) において，Encoder がエンコーダ，$\boldsymbol{x}$ が入力テキスト，$\boldsymbol{z}$ が特徴表現
である．入力テキストは，あらかじめ形態素解析などの処理により，基本処理
単位に分割されているものとする．分割された要素を**トークン**と呼ぶ．トーク
ンとしては，文字や単語，単語の部分文字列（サブワード）などさまざまなも
のを使うことができるが，本章ではとくに断らない限り，単語をトークンとす
る．そして，入力テキストは T 個の単語の系列 $\boldsymbol{x}_{1:T} = (\boldsymbol{x}_1, \ldots, \boldsymbol{x}_T)$ とする．
ただし，各単語はワンホットベクトル $\boldsymbol{x}_t$ で表現されているものとする．単語
の**ワンホットベクトル**とは，語彙数次元のベクトルであり，表す単語に対応す
る要素が 1 でそれ以外の要素が 0 であるベクトルである．以下では，入力系列
全体を単に $\boldsymbol{x}$ とも記載する．また，エンコーダは入力テキストを特徴表現とし
て 1 つのベクトルに変換する場合もあるし，ベクトル系列（たとえば，$\boldsymbol{z}_{1:T}$）

など複数のベクトルに変換する場合もある．以降，自然言語のエンコーダとして代表的な再帰型ニューラルネットワーク♠2に基づくエンコーダ（4.2.1 項）とトランスフォーマエンコーダ（4.2.2 項）を中心に説明する．

4.2.1　再帰型ニューラルネットワークに基づくエンコーダ

再帰型ニューラルネットワーク（Recurrent Neural Network; **RNN**）に基づくエンコーダ（**RNN エンコーダ**）は，要素の並びに意味がある可変長の系列データの処理に適したニューラルネットワークである RNN を利用する．RNN の概要図を図 4.1 に示す．図 4.1 は T 個の要素からなる $\boldsymbol{x}^{\mathrm{rnn}}$ に対する処理を表している．図 4.1 のように，RNN は，中間層の信号（隠れ状態ベクトル $\boldsymbol{h}$）が自分自身に戻される再帰的な構造をもっており，ある時点の出力を計算する際，その時点の入力だけではなく過去に受け取った入力の情報も再帰構造によって加味される．具体的には，t 番目の入力 $\boldsymbol{x}_t^{\mathrm{rnn}}$ に対する出力 $\boldsymbol{y}_t^{\mathrm{rnn}}$ を次の通りに算出する．式 (4.2) が中間層，式 (4.3) が出力層の演算である．

$$\boldsymbol{h}_t = f(\boldsymbol{V}\boldsymbol{x}_t^{\mathrm{rnn}} + \boldsymbol{W}\boldsymbol{h}_{t-1} + \boldsymbol{b}), \tag{4.2}$$

$$\boldsymbol{y}_t^{\mathrm{rnn}} = f'(\boldsymbol{W}'\boldsymbol{h}_t + \boldsymbol{b}'). \tag{4.3}$$

ただし，$\boldsymbol{V} \in \mathbb{R}^{u \times s}$，$\boldsymbol{W} \in \mathbb{R}^{u \times u}$，$\boldsymbol{W}' \in \mathbb{R}^{v \times u}$，$\boldsymbol{b} \in \mathbb{R}^{u \times 1}$，$\boldsymbol{b}' \in \mathbb{R}^{v \times 1}$ はパラメータであり，s, u, v はそれぞれ，入力ベクトルの次元数，隠れ状態ベクトルの次元数，出力ベクトルの次元数である．また，f および f' は活性化関

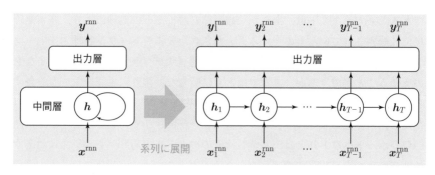

図 4.1　RNN の概要図

♠2回帰型ニューラルネットワークや循環ニューラルネットワークと呼ばれることもある．

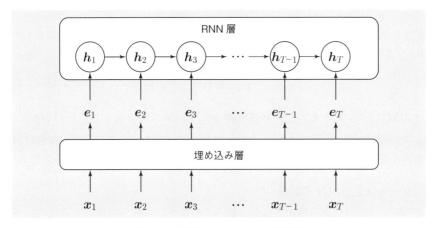

図 4.2 RNN エンコーダの概要図

数を表す．先端の隠れ状態ベクトル h_0 はパラメータである．ただし，零ベクトルなどの定ベクトルとする場合もある．4.1 節で述べた通り，テキストは可変長の系列データであり自然言語処理では文脈を考慮した処理が重要である．RNN の再帰構造はこれら自然言語処理の特徴に適しており，深層学習が自然言語処理に導入された初期の頃から広く使われている．

RNN エンコーダの概要図を図 4.2 に示す．RNN エンコーダは，**単語埋め込み層**と **RNN 層**の 2 種類の層で入力テキストを特徴表現にエンコードする．RNN 層は前述の RNN の中間層を用いる．

まず，埋め込み層で，入力テキストの各単語 x_t $(t = 1, \ldots, T)$ を，埋め込み行列 E を用いて埋め込みベクトル e_t に変換する．

$$e_t = E x_t. \tag{4.4}$$

ここで，埋め込み行列 $E \in \mathbb{R}^{d \times |\mathcal{V}|}$ はパラメータ行列であり，各列ベクトルが各単語に対応する埋め込みベクトルである．d は埋め込みベクトルの次元数，$\mathcal{V}$ はエンコーダが扱う単語全体の集合（語彙）である．この処理は，埋め込み行列から入力単語に対応する列ベクトルを埋め込みベクトルとして抽出していることに他ならない．またこの処理は，入力文の各単語を文脈によらない低次元の特徴ベクトルに変換していると見なせる．

埋め込み層での演算後は，RNN 層で埋め込みベクトルに基づき，入力テキ

ストの前方単語から順に隠れ状態ベクトルを算出する．すなわち，各位置において，式 (4.2) の x_t^{rnn} として式 (4.4) で求めた e_t を用いて隠れ状態ベクトル h_t を算出する．

$$h_t = f(\boldsymbol{V}e_t + \boldsymbol{W}h_{t-1} + \boldsymbol{b}). \tag{4.5}$$

この h_t は，文脈を考慮した単語系列 $x_{1:t}$ のベクトルと捉えることができる．したがって，RNN 層で入力テキストの全単語に対する処理が終わった後の最終的な隠れ状態ベクトル h_T が入力テキスト $x_{1:T}$ に対する特徴表現 z となる．

ゲート付き RNN の利用

RNN は再帰構造を展開すると，図 4.1 のように系列方向に入力系列の長さだけ層をもつ順伝播型ニューラルネットワークとなる．つまり，入力系列が長くなると系列方向に深いニューラルネットワークとなる．一般的に，層が深いニューラルネットワークを誤差逆伝播法で学習すると，逆伝播時の勾配の値が層を遡るにつれて消失してしまう勾配消失の問題が生じやすい．勾配消失が生じるとパラメータが微小な値しか更新されないため，パラメータを学習するのが難しくなる．そのため RNN では，層が深いことに相当する離れた単語間の依存関係（長期記憶）を捉えるための学習が難しく，結果として，近い位置にある単語間の依存関係（短期記憶）を捉えることに偏った学習になりやすい．

この問題を解決するため，RNN の再帰構造に信号が層を迂回できるゲート構造を導入した**ゲート付き RNN** が使われることが多い．ゲート構造を RNN の再帰構造に導入することで，長期記憶と短期記憶の配分を調整しながら順伝播および逆伝播を行うことが可能となり，勾配消失を緩和できる．なお，ゲート構造は勾配消失を緩和するが，層が深くなるにつれて逆伝播時の勾配の値が爆発的に大きくなる勾配爆発には対応していないことに注意してほしい．勾配爆発は各層への入力データの分布を正規化するバッチ正規化や，勾配が閾値を超えないように調整する勾配クリッピングなどで緩和できる．以降では，ゲート付き RNN の代表的なモデルである長・短期記憶とゲート付き回帰型ユニットを順に紹介する．

長・短期記憶（Long Short-Term Memory; LSTM）[79] は，RNN の隠れ層の演算をメモリユニットで行う．さまざまな亜種が存在するが，ここでは代表的な構造を紹介する．LSTM では，次の時刻のユニットや上の層で使用する隠れ状態ベクトル h とは別に，これまでの記憶を保持するメモリセル c を管理する．また，ゲートとして，現時刻の入力の影響を制御するための入力ゲート i，不要な記憶を忘れさせるための忘却ゲート f，出力の情報を制御するための出力ゲート o の 3 種類を備えている．位置 t のメモリユニットは以下の演算を行う．

$$i_t = \mathrm{sigmoid}(V^i e_t + W^i h_{t-1} + b^i), \tag{4.6}$$

$$f_t = \mathrm{sigmoid}(V^f e_t + W^f h_{t-1} + b^f), \tag{4.7}$$

$$o_t = \mathrm{sigmoid}(V^o e_t + W^o h_{t-1} + b^o), \tag{4.8}$$

$$g_t = \tanh(V^g e_t + W^g h_{t-1} + b^g), \tag{4.9}$$

$$c_t = i_t \odot g_t + f_t \odot c_{t-1}, \tag{4.10}$$

$$h_t = o_t \odot \tanh(c_t). \tag{4.11}$$

ここで，sigmoid はシグモイド関数，$\odot$ はアダマール積，tanh はハイパボリックタンジェント，$V^{i/f/o/g}$，$W^{i/f/o/g}$，$b^{i/f/o/g}$ はパラメータである．また，e_t は位置 t の単語の埋め込みベクトルであり，位置 t における LSTM の入力である．LSTM では，入力ゲートと忘却ゲートで短期記憶と長期記憶の度合いを調整しながら両者の情報をメモリセルに記憶し（式 (4.10)），メモリセルの情報を出力ゲートで調整して最終的な隠れ状態ベクトルを算出する（式 (4.11)）．

ゲート付き回帰型ユニット（Gated Recurrent Unit; GRU）[80] は，ゲートとして，過去の情報を忘れるためのリセットゲート r と過去情報と新規情報の取り込む度合いを制御するための更新ゲート u の 2 種類を備えている．位置 t における GRU は以下の演算を行う．

$$r_t = \mathrm{sigmoid}(V^r e_t + W^r h_{t-1} + b^r), \tag{4.12}$$

$$u_t = \mathrm{sigmoid}(V^u e_t + W^u h_{t-1} + b^u), \tag{4.13}$$

$$g_t = \tanh(V^g e_t + W^g (r_t \odot h_{t-1})), \tag{4.14}$$

$$h_t = u_t \odot h_{t-1} + (1 - u_t) \odot g_t. \tag{4.15}$$

ここで，$\boldsymbol{V}^{r/u/g}$，$\boldsymbol{W}^{r/u/g}$，$\boldsymbol{b}^{r/u}$ はパラメータで，$\boldsymbol{e}_t$ は位置 t における GRU への入力である．GRU は，LSTM のようなメモリセルは用いないが，リセットゲートと更新ゲートにより長期記憶と短期記憶の配分を制御しながら隠れ状態ベクトルを算出する．

双方向 RNN の利用

　通常の RNN は，文頭から文末に向かって処理を行うため，処理対象の単語より前方の単語の情報（前方文脈）は考慮するが後方の単語の情報（後方文脈）を考慮できない．そこで，文頭から文末に向かって処理を行う前向きの RNN とともに，文末から文頭に向かって処理を行う後ろ向きの RNN を用いる**双方向 RNN** を使うことで，前方文脈と後方文脈の両方を考慮したエンコードを行うことができる．

　双方向 RNN では，前向きの RNN で入力単語系列を順方向に処理して隠れ状態ベクトル $(\boldsymbol{h}_1^f, \ldots, \boldsymbol{h}_T^f)$ を順次算出する（式 (4.16)）．また，後ろ向きの RNN で逆順方向に入力単語系列を処理して隠れ状態ベクトル $(\boldsymbol{h}_T^b, \ldots, \boldsymbol{h}_1^b)$ を順次算出する（式 (4.17)）．そして，各位置 t $(t = 1, \ldots, T)$ において $\boldsymbol{h}_t^f$ と $\boldsymbol{h}_t^b$ の結合ベクトルを最終的な隠れ状態ベクトルとする（式 (4.18)）．

$$\boldsymbol{h}_t^f = f(\boldsymbol{V}\boldsymbol{e}_t + \boldsymbol{W}\boldsymbol{h}_{t-1}^f + \boldsymbol{b}), \tag{4.16}$$

$$\boldsymbol{h}_t^b = f'(\boldsymbol{V}'\boldsymbol{e}_t + \boldsymbol{W}'\boldsymbol{h}_{t+1}^b + \boldsymbol{b}'), \tag{4.17}$$

$$\boldsymbol{h}_t = \left[\begin{array}{c} \boldsymbol{h}_t^f \\ \boldsymbol{h}_t^b \end{array} \right]. \tag{4.18}$$

ただし，$\boldsymbol{V}$，$\boldsymbol{W}$，$\boldsymbol{b}$ は前向き RNN のパラメータであり，f は前向き RNN の活性化関数である．また，$\boldsymbol{V}'$，$\boldsymbol{W}'$，$\boldsymbol{b}'$ は後ろ向き RNN のパラメータであり，f' は後ろ向き RNN の活性化関数である．$\boldsymbol{h}_t^f$ と $\boldsymbol{h}_t^b$ の統合方法は，ベクトルの結合以外にもベクトル和や平均をとる場合もある．

スタック RNN の利用

　深層学習モデルでは，多層化することによりモデルの表現力が上がり，性能が向上する場合が多い．RNN エンコーダにおいても，RNN 層を複数積み重ねて多層化した**スタック RNN** がしばしば使われる．スタック RNN では，l

層目の RNN 層の位置 t における隠れ状態ベクトル $\boldsymbol{h}_t^l$ を，同層（l 層目）の直前の隠れ状態ベクトル $\boldsymbol{h}_{t-1}^l$ と直下の層（$l-1$ 層目）の同位置 t における隠れ状態ベクトル $\boldsymbol{h}_t^{l-1}$ に基づき算出する．

$$h_t^l = f^l(\boldsymbol{U}^l\boldsymbol{h}_t^{l-1} + \boldsymbol{W}^l\boldsymbol{h}_{t-1}^l + \boldsymbol{b}^l). \tag{4.19}$$

ただし，$\boldsymbol{U}^l$，$\boldsymbol{W}^l$，$\boldsymbol{b}^l$ は l 層目の RNN 層のパラメータであり，f^l は l 層目の RNN 層の活性化関数である．また，1 層目の RNN 層で用いる $\boldsymbol{h}_t^0$ は $\boldsymbol{e}_t$ を使う．合計 L 層の RNN 層からなるスタック RNN を用いたエンコーダでは，最終の RNN 層の隠れ状態ベクトル $\boldsymbol{h}_T^L$ が入力テキストのエンコード結果となる．

4.2.2 トランスフォーマエンコーダ

トランスフォーマエンコーダ（Transformer エンコーダ）の概要図を図 4.3 に示す．トランスフォーマエンコーダは，入力テキスト中の単語間の関連を捉える自己注意機構という構造を有するエンコーダ層を複数層（L 層）積み重ねた構造になっている．また，RNN エンコーダとは異なり，再帰構造を有していない．そのため，入力テキストの各単語を並列に処理することが可能である．

トランスフォーマエンコーダでは，まず，埋め込み層で入力テキストの各単語を埋め込みベクトルに変換する．この処理は RNN エンコーダと同じである（式 (4.4) 参照）．

その後，各単語の埋め込みベクトルに，各単語の入力テキストにおける位置情報をエンコードした**位置エンコーディング**（$\boldsymbol{PE}_1,\ldots,\boldsymbol{PE}_T$）を加える．$\boldsymbol{PE}_t$ は入力文中で t 番目に位置することを表すベクトルである．RNN エンコーダでは RNN 層の再帰構造を通じて単語の系列情報を捉えることができるが，トランスフォーマエンコーダは再帰構造をもたないため，位置エンコーディングにより単語の系列情報を陽に与える．t 番目の入力単語に対する演算は次の通りである．

$$\boldsymbol{x}_t^1 = \boldsymbol{e}_t + \boldsymbol{PE}_t, \tag{4.20}$$

$$PE_{(t,2k)} = \sin\left(\frac{t}{10000^{\frac{2k}{d}}}\right), \tag{4.21}$$

$$PE_{(t,2k+1)} = \cos\left(\frac{t}{10000^{\frac{2k}{d}}}\right). \tag{4.22}$$

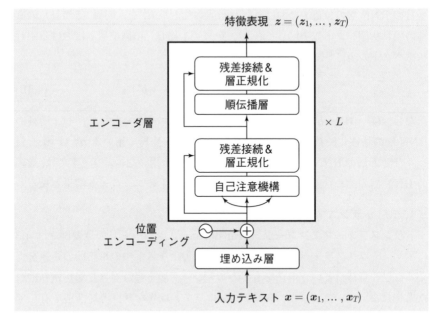

特徴表現　$z = (z_1, \ldots, z_T)$

エンコーダ層　　　　　　　　　　　　　　　$\times L$

残差接続 &
層正規化

順伝播層

残差接続 &
層正規化

自己注意機構

位置
エンコーディング

埋め込み層

入力テキスト　$x = (x_1, \ldots, x_T)$

図 4.3　トランスフォーマエンコーダの概要図

ただし，e_t は t 番目の入力単語の埋め込みベクトル，d は埋め込みベクトルの
次元数であり，k は位置エンコーディングの要素を指定する変数である．つま
り，PE_t の偶数番目の要素の値は式 (4.21) で算出し，奇数番目の要素の値は
式 (4.22) で算出する．式 (4.21) と式 (4.22) の通り，位置エンコーディングの
各次元は周期が $10000^{2k/d} \times 2\pi$ の正弦波と余弦波で表される．このように冒
頭の要素（k が小さい要素）ほど周期が短く，末尾の要素（k が大きい要素）ほ
ど周期が長い周期関数で生成し，それらの値の組合せで各位置 t $(= 1, \ldots, T)$
を表すことで，各位置を固有のベクトルにエンコードする．これにより，同じ
単語であったとしても出現位置が異なれば，位置エンコーディングを加えた後
の埋め込みベクトルは異なるものになる．さらに，式 (4.21) と式 (4.22) の位
置エンコーディングは，位置の差が 50 以下であれば，単語間が離れているほ
どその近接度が小さくなるという性質を満たすことが示されており[81]，近い
位置には似た表現を与えることができる．この位置エンコーディングを加えた
各入力単語の埋め込みベクトルを列ベクトルとする行列 $X^1 = (x_1^1, \ldots, x_T^1)$

が最初のエンコーダ層の入力となる．以降では，l 層目 $(l = 1, \ldots, L)$ のエンコーダ層の入力を $\boldsymbol{X}^l \in \mathbb{R}^{d \times T}$ で表す．

各エンコーダ層は，入力側から順に，自己注意機構，順伝播層の 2 つのサブ層で構成される．各サブ層の間では，残差接続を行った後，層正規化を行う．具体的には，サブ層の入力を $\boldsymbol{x}^{\mathrm{sub}}$，サブ層の処理を行う関数を f^{sub} とすると，残差接続の結果は $\boldsymbol{x}^{\mathrm{sub}} + f^{\mathrm{sub}}(\boldsymbol{x}^{\mathrm{sub}})$ となる．この残差接続により多層化による勾配消失を回避する．トランスフォーマエンコーダの場合，f^{sub} は自己注意機構または順伝播層に相当する関数である．その後の層正規化では，学習効率を高めるため，単語ベクトルごとに正規化を行う．単語ベクトル $\boldsymbol{x}_t^l$ に対する層正規化の演算 LN は以下の通りである．

$$\mathrm{LN}(\boldsymbol{x}_t^l) = \frac{\boldsymbol{\gamma}}{\sigma} \odot (\boldsymbol{x}_t^l - \mu \boldsymbol{1}) + \boldsymbol{\beta}. \tag{4.23}$$

ここで，μ および σ はそれぞれ $\boldsymbol{x}_t^l$ の要素の平均と標準偏差である．また，$\boldsymbol{\gamma}$ および $\boldsymbol{\beta}$ はパラメータである．以降では，エンコーダ層のサブ層である自己注意機構と順伝播層を順に説明する．

自己注意機構は，文内の単語間の関連の強さを捉えるための機構であり，**複数ヘッド注意機構**という枠組みで実現する．複数ヘッド注意機構は複数の注意機構という演算からなる．注意機構の種類は色々あるが，自己注意機構ではスケール化内積注意機構[3]を用いる．

スケール化内積注意機構は，3 つの行列 $\boldsymbol{Q}$（クエリ），$\boldsymbol{K}$（キー），$\boldsymbol{V}$（バリュー）[4]を入力として受け付け，$\boldsymbol{Q}$ の各要素について，$\boldsymbol{K}$ の要素との関連度を重みとした $\boldsymbol{V}$ に対する重み付き和表現を求める機構である．具体的には，まず，$\boldsymbol{Q}$ と $\boldsymbol{K}$ の各要素間の関連の強さを表す行列 $\boldsymbol{A}$ を次のように計算する．

$$\boldsymbol{A} = \mathrm{Softmax}\left(\frac{\boldsymbol{K}^\top \boldsymbol{Q}}{\sqrt{d}}\right). \tag{4.24}$$

ただし，d は要素ベクトルの次元数であり，Softmax は行列の列ごとにソフトマックス関数を適用する．この演算では，$\boldsymbol{Q}$ と $\boldsymbol{K}$ の要素ベクトル間の内積の値を $\sqrt{d}$ で割ってスケーリングした後で，ソフトマックス関数によって列単位

---

[3]後述する dot 注意機構（p. 146）をスケーリングしたものと解釈できる．

[4]トランスフォーマの文献[82]では各要素（単語）のベクトルは行ベクトルで表されているが，本書では各要素ベクトルは列ベクトルで表していることに注意してほしい．

で値の総和を 1 にする. A_{ij} 成分は K の i 列目ベクトルと Q の j 列目ベクトルの内積に基づいた値であるため, ベクトル間類似度を要素間の関連度と考えると, A_{ij} 成分はキーの i 番目の要素とクエリの j 番目の要素間の関連度を表していると解釈できる. その後, V と A をかけあわせることで, クエリとキーの要素間の関連の強さを重みとする重み付き和表現 M を獲得する.

$$M = VA. \tag{4.25}$$

複数ヘッド注意機構では, いま説明したスケール化内積注意機構を複数行う. 具体的には, 入力 Q, K, V の各要素ベクトルを N_{head} 個の部分空間に射影し (式 (4.26)), 各部分空間でスケール化内積注意機構の演算を行う (式 (4.27)). 各部分空間をヘッドと呼ぶ. 各部分空間では要素ベクトルの次元数は $d_{\text{head}} = \frac{d}{N_{\text{head}}}$ となる.

$$Q_m = W_m^Q Q, \quad K_m = W_m^K K, \quad V_m = W_m^V V, \tag{4.26}$$

$$M_m = \text{Attention}(Q_m, K_m, V_m) \tag{4.27}$$

$$= V_m \text{Softmax}\left(\frac{K_m^\top Q_m}{\sqrt{d_{\text{head}}}}\right). \tag{4.28}$$

ここで, $m (= 1, \ldots, N_{\text{head}})$ はヘッドを表し, M_m は各ヘッドの演算結果である. また, W_m^Q, W_m^K, $W_m^V \in \mathbb{R}^{d_{\text{head}} \times d}$ はヘッドごとに定義されるパラメータであり, Attention は式 (4.24) と式 (4.25) からなるスケール化内積注意機構の演算を表す. すべてのヘッドでの演算が終了したら, それらの出力を結合して単語の埋め込み次元に線形変換した行列が複数ヘッド注意機構の出力となる.

$$M = W^M \begin{bmatrix} M_1 \\ M_2 \\ \vdots \\ M_{N_{\text{head}}} \end{bmatrix}. \tag{4.29}$$

ここで, $W^M \in \mathbb{R}^{d \times d}$ はパラメータである.

自己注意機構は, 直前の層の出力 (エンコーダ層の入力 X^l) をクエリ, キー,

バリューとして複数ヘッド注意機構の演算を行う。その結果，自己注意機構後の各単語のベクトルは，入力テキスト内の各単語との関連度を重みとした重み付き和表現となる。

順伝播層は，単語ベクトルごとに，d 次元のベクトルを d_f 次元に線形変換し，活性化関数として ReLU 関数（$\mathrm{ReLU}(v) = \max\{0, v\}$）を施した後，再び線形変換により d 次元に戻す，2 層の順伝播層である。

$$\boldsymbol{y}^{\mathrm{fnn}} = \boldsymbol{W}^2 \mathrm{ReLU}(\boldsymbol{W}^1 \boldsymbol{x}^{\mathrm{fnn}} + \boldsymbol{b}^1) + \boldsymbol{b}^2. \tag{4.30}$$

ここで，$\boldsymbol{x}^{\mathrm{fnn}}$ と $\boldsymbol{y}^{\mathrm{fnn}}$ は，それぞれ，順伝播層の入力と出力である。また，$\boldsymbol{W}^1 \in \mathbb{R}^{d_f \times d}$，$\boldsymbol{W}^2 \in \mathbb{R}^{d \times d_f}$，$\boldsymbol{b}^1 \in \mathbb{R}^{d_f \times 1}$，$\boldsymbol{b}^2 \in \mathbb{R}^{d \times 1}$ はパラメータであり，単語間で共有する。

順伝播層後の残差接続と層正規化処理では処理前後の行列の形は変わらないため，l 層目のエンコーダ層の出力 $\boldsymbol{Y}^l$ は $d \times T$ の行列となり，入力 $\boldsymbol{X}^l$ の形と一致する。さらに，各列と入力単語との対応関係も保持されている。したがって，出力 $\boldsymbol{Y}^l$ を次のエンコーダ層の入力 $\boldsymbol{X}^{l+1}$ にすることで，エンコーダ層を複数積み重ねることができる。そして，エンコーダ層を通過するごとに入力単語の特徴ベクトルを変化させていき，最後のエンコーダ層の出力 $\boldsymbol{Y}^L$ が入力テキストの特徴表現 $\boldsymbol{z}$ となる。つまり，トランスフォーマエンコーダでは，入力テキストの特徴表現は 1 つのベクトルではなく，各入力単語に対する特徴表現である T 個のベクトルである。

4.2.3 その他のエンコーダ

RNN エンコーダやトランスフォーマエンコーダ以外にも，畳み込みニューラルネットワークに基づくエンコーダやリカーシブニューラルネットワーク♠5 に基づくエンコーダが使われる場合もある。これまで説明した 2 つのエンコーダと比較すると使用される頻度は少ないが，本項で簡単に紹介する。

♠5Recursive Neural Network は再帰型ニューラルネットワークと訳されたり，RNN と略記されたりする場合がある。本書では Recurrent Neural Network との混同を避けるため，Recursive Neural Network は訳さずにカタカナ表記し，略記は RvNN とする。

畳み込みニューラルネットワークに基づくエンコーダ

畳み込みニューラルネットワーク（Convolutional Neural Network; CNN）に基づくエンコーダ（**CNN エンコーダ**）は CNN を利用するエンコーダである．CNN は，畳み込み層とプーリング層により，空間領域における局所的な特徴抽出を繰り返し行うニューラルネットワークであり，画像処理の分野を中心に成功を収めている．テキストを，画像で高さの情報がなく，幅が単語の系列方向，チャネルが特徴ベクトルの次元方向と考えることで，画像のエンコードと同じように CNN を用いてテキストをエンコードすることができる．畳み込みやプーリングの具体的な演算方法を含め，CNN に関する詳細な説明は 3 章を参照してほしい．

CNN エンコーダによるテキストのエンコードの例を図 4.4 に示す．図 4.4 では，簡単のため，畳み込み層とプーリング層を 1 層ずつもつエンコーダを示す．テキストは 7 個の単語系列で，特徴ベクトルの次元数は 4 である．畳み込み層では，4×4 と 4×3 のサイズのフィルタをそれぞれ 1 つ用いて，各フィルタを単語系列方向にのみストライド 1 でスライドさせる 1 次元畳み込みを行う．プーリング層では，系列方向のユニット間でプーリングを行う．図 4.4 は単純なエンコーダの一例であり，さまざまな構造の CNN エンコーダが開発さ

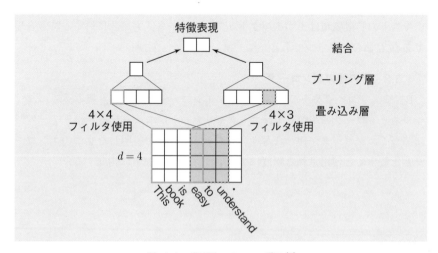

図 4.4　CNN エンコーダの例

れている.

リカーシブニューラルネットワークに基づくエンコーダ

自然言語処理では,前処理として形態素解析に加えて文の構造を解析する構文解析も行い,その解析結果を活用する場合がある.構文解析の結果得られる文構造は,通常,構文木と呼ばれる木構造になる.この構文木に基づき,テキストは単語系列ではなく木構造で表すこともできる.**リカーシブニューラルネットワーク**(Recursive Neural Network; **RvNN**)に基づくエンコーダ(**RvNN エンコーダ**)は,構文木で表されたテキストをエンコードする.その具体例を図 4.5 に示す.図 4.5 は,「I have a dream」という文を句構造解析した結果得られた構文木をエンコードする例である.

RvNN[83] は RNN を木構造に拡張したニューラルネットワークである.RNN では系列に沿って再帰的に演算を行うが,RvNN は木構造の葉から根に向かって再帰的に演算を行う.ただし,再帰的な演算を可能にするため,各ノードへの分岐数が一定である木構造を入力として仮定する.テキストをエンコードする際は,通常,構文木を 2 分木に変換して RvNN を適用する.2 分木中の 2 つの子ノードの隠れ状態ベクトル h_{left}(左側)と h_{right}(右側)からその親ノードの隠れ状態ベクトル h_{parent} を算出する演算は以下の通りである.

$$h_{\text{parent}} = f(V h_{\text{left}} + W h_{\text{right}} + b). \tag{4.31}$$

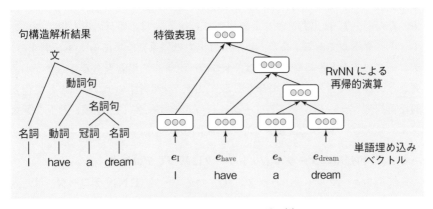

図 4.5 RvNN エンコーダの例

ただし，f は活性化関数であり，V, $W \in \mathbb{R}^{d \times d}$, $b \in \mathbb{R}^{d \times 1}$ はパラメータである．また，RNN を多層化したスタック RNN と同様に，次式のように RvNN を多層化することもできる．

$$h^l_{\text{parent}} = f^l(V^l h^l_{\text{left}} + W^l h^l_{\text{right}} + U^l h^{l-1}_{\text{parent}} + b^l). \qquad (4.32)$$

ここで，$h^l_{\text{left/right/parent}}$ は l 層目の隠れ状態ベクトルであり，V^l, W^l, $U^l \in \mathbb{R}^{d \times d}$ と $b^l \in \mathbb{R}^{d \times 1}$ は l 層目のパラメータ，f^l は l 層目の活性化関数である．

RvNN エンコーダでは，単語の埋め込みベクトルを葉ノードの隠れ状態ベクトルとして，式 (4.31) や式 (4.32) の演算を葉から根に向かって再帰的に行い，その結果得られる根の隠れ状態ベクトルがテキストの特徴表現 z となる．

4.3　自然言語のデコーダ

　自然言語の**デコーダ**は，入力として特徴表現を受け取り，入力された特徴表現をテキストに変換する．

$$y = \text{Decoder}(z). \qquad (4.33)$$

ここで，Decoder がデコーダ，z が特徴表現，y が出力テキストである．出力テキストはデコーダの処理単位であるトークンの系列である．エンコーダ同様，トークンとしてさまざまな単位を扱えるが，本章ではとくに断らない限り単語をトークンとする．以降，出力テキストは $y_{1:T'} = (y_1, \ldots, y_{T'})$ で表す．ただし，T' は出力テキストの長さであり，y_t は t 番目の出力単語のワンホットベクトルである．また，以下では出力単語系列を単に y とも記載する．デコーダの入力となる特徴表現は，1 つのベクトルの場合もあるしベクトル系列などの複数のベクトルの場合もある．以降，自然言語のデコーダとして代表的な再帰型ニューラルネットワークに基づくデコーダ（4.3.1 項）とトランスフォーマデコーダ（4.3.2 項）を中心に説明する．

4.3.1　再帰型ニューラルネットワークに基づくデコーダ

　再帰型ニューラルネットワークに基づくデコーダ（**RNN デコーダ**）は，入力の特徴表現 z に基づき，RNN を使って文頭から 1 単語ずつ順に逐次的に出力単語を予測し，出力テキストを生成する．RNN デコーダの概要図は図 4.6

に示す. 以降では, デコーダの隠れ状態ベクトルを h' で表す.

RNN デコーダは, まず, 埋め込み層により直前の出力単語 (t 番目の単語を決める際は $t-1$ 番目の出力単語) を埋め込みベクトルに変換する. ただし, 文頭単語 y_1 を決める際は y_0 として文頭を表す仮想単語 <BOS> を与える. 各単語の埋め込みベクトルへの変換はエンコーダの埋め込み層と同様である.

$$e_{t-1} = Ey_{t-1}. \tag{4.34}$$

ただし, 埋め込み行列 $E \in \mathbb{R}^{d \times |\mathcal{V}|}$ はパラメータであり, d は埋め込みベクトルの次元数, $\mathcal{V}$ はデコーダが扱う語彙集合である.

その後は RNN 層で, 隠れ状態ベクトル h'_t を直前の RNN 層の隠れ状態ベクトル h'_{t-1} と直前の出力単語の埋め込みベクトル e_{t-1} から算出する. この演算は RNN エンコーダの RNN 層と同様である. ただし, h'_0 として入力の特徴表現 z を用いる. 特徴表現 z は 1 つのベクトルとする. こうすることで, デコーダは z に基づいたテキストを生成できる. 位置 t における RNN 層の演算は以下の通りである.

$$h'_t = f(Ve_{t-1} + Wh'_{t-1} + b). \tag{4.35}$$

ただし, 勾配消失を緩和するために, RNN エンコーダ同様, RNN 層のユニッ

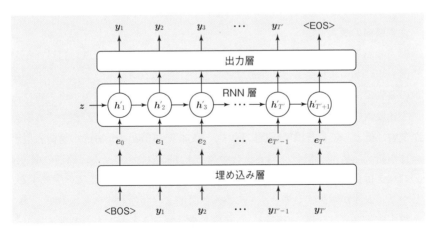

図 4.6 RNN デコーダの概要図

トとして LSTM や GRU を使用するのが一般的である.

　最後に出力層で，RNN 層の隠れ状態ベクトル $\boldsymbol{h}'_t$ に基づき t 番目の出力単語を推定する．具体的には，$\boldsymbol{h}'_t$ をデコーダが扱う語彙数次元のベクトルに線形変換した後で，ソフトマックス関数により語彙中の各単語が t 番目の単語として出力される確率を計算する（式 (4.36)）．そして，最も出力確率が高くなる単語系列を出力テキストとして生成する（式 (4.37)）．ただし，各位置において各単語の出力確率は，そこまでの出力単語系列全体に依存するため，厳密な最適解を求めるのは組合せ爆発が生じて困難である．そこで近似解として，たとえば，各位置において最も出力確率が高い単語を 1 つずつ選択する貪欲法により出力テキストを生成する．あるいは，各位置において確率の高い上位 K 個の出力単語の候補を保持しながら出力文を生成する**ビームサーチ**を行うことで貪欲法よりも精度高く出力文を生成できる.

$$p(\boldsymbol{y}_t|\boldsymbol{y}_{0:t-1}, \boldsymbol{z}) = \boldsymbol{y}_t^\top \cdot \mathrm{Softmax}(\boldsymbol{W}\boldsymbol{h}'_t + \boldsymbol{b}), \tag{4.36}$$

$$\widehat{\boldsymbol{y}} = \arg\max_{\boldsymbol{y}} \sum_{t=1}^{T'} \log p(\boldsymbol{y}_t|\boldsymbol{y}_{0:t-1}, \boldsymbol{z}). \tag{4.37}$$

ここで，$\boldsymbol{W} \in \mathbb{R}^{|\mathcal{V}| \times d}$，$\boldsymbol{b} \in \mathbb{R}^{|\mathcal{V}| \times 1}$ はパラメータである．ただし，デコーダが扱う語彙集合 $\mathcal{V}$ には文末を表す仮想単語<EOS>を加えておき，<EOS>が出力された時点でテキストの生成を終える.

注意機構の導入

　前述の RNN デコーダは，入力として 1 つの特徴ベクトルを受け付け，その特徴表現に基づきテキストを生成する．しかし，エンコードされたデータが複数の要素で構成される場合，エンコードされたデータ全体の特徴ベクトルに加えて各要素の特徴ベクトルも活用することで，デコードの性能が改善する場合が多い．例として英日機械翻訳において，英語文「I like apples」の特徴表現から日本語文「私 は 林檎 が 好き」をデコードする場合を考える．前述の RNN デコーダは，英語文全体を表現する 1 つのベクトルから日本語文を生成する．しかし，人間が翻訳する場合，もちろん，英語文全体の意味を考えるが，「私」と翻訳するときは「I」に着目し，「林檎」や「好き」と翻訳するときには，それぞれ，「apples」や「like」に着目するだろう．この例では英語文が短いが，翻訳対象の英語文が長くなるほど，部分的な要素に着目すると翻訳しやすくな

る人が多いだろう．このように，エンコードされたデータの特定の要素（例で
は英語文の単語）に着目しながらテキストを生成するための枠組みとして**注意
機構**がある．

　注意機構を導入した RNN デコーダは，入力の特徴表現として，エン
コードされたデータ全体の特徴ベクトルに加えて，各要素の特徴ベクトル
$z_{1:T} = (z_1, \ldots, z_T)$ を受け取る．ここで，T はエンコードされたデータ内の
全要素数を表し，z_t は t 番目の要素の特徴ベクトルを表す．たとえば，$z_{1:T}$
として，RNN エンコーダの RNN 層で算出した各位置における隠れ状態ベク
トル $h_{1:T}$ を用いることができる．

　そして，各要素の特徴ベクトルに基づき，着目する要素を決めながら出力単
語を生成する．これまで色々な注意機構が提案されているが，着目する要素を
確率的に与える**ソフト注意機構**が主流である♠6．以降では，代表的なソフト注
意機構を説明する．

　ソフト注意機構は，出力単語推定時の着目箇所を表すベクトル（**文脈ベクトル**
と呼ばれる）を算出し，デコーダの出力層では，RNN 層の隠れ状態ベクトルと文
脈ベクトルの両方に基づき出力単語を決める．ソフト注意機構の具体例を図 4.7
に示す．図 4.7 では，y_3 を決める際の注意機構の演算の様子を示している．

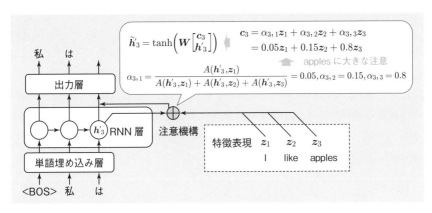

図 4.7　ソフト注意機構の具体例

♠6ソフト注意機構以外の注意機構として，着目する要素を 1 つだけ選択するハード注意機
構も存在する[84]．

　まず，エンコードされた各要素の特徴ベクトル $z_{1:T}$ とデコーダの RNN 層の隠れ状態ベクトル h_t' から，各要素への着目度を計算し，ソフトマックス関数によりその着目度を確率化する．t 番目の出力単語を決める際の s 番目の要素に対する着目度 $a_{t,s}$ および確率化した着目度 $\alpha_{t,s}$ は式 (4.38) と式 (4.39) のように算出する．確率化した着目度 $\alpha_{t,s}$ は**注意重み**と呼ばれる．

$$a_{t,s} = A(h_t', z_s), \tag{4.38}$$

$$\alpha_{t,s} = \frac{\exp(a_{t,s})}{\sum_{k=1}^{T} \exp(a_{t,k})}. \tag{4.39}$$

ここで，関数 A はエンコードされた各要素に対する着目度を計算する関数である．具体的な関数 A はさまざまなものが提案されている．たとえば，次式 (4.40) の順伝播型ニューラルネットワークが用いられる[85]．

$$A(h_t', z_s) = v^\top \tanh(W z_s + U h_t'). \tag{4.40}$$

ただし，W，U，v はパラメータである．また，以下の 3 種類のいずれかの関数が用いられることも多い．これらの関数は上から順に dot，general，concat と名付けられている[86]．

$$A(h_t', z_s) = \begin{cases} h_t'^\top z_s, \\ h_t'^\top W z_s, \\ v^\top \tanh\left(W \begin{bmatrix} h_t' \\ z_s \end{bmatrix}\right). \end{cases} \tag{4.41}$$

ただし，W と v はパラメータである．

　注意重みの算出後は，注意重みを重みとする各要素の特徴ベクトルの重み付き和を文脈ベクトルとして求める．t 番目の出力単語を決める際の文脈ベクトル c_t は次式 (4.42) の通りである．

$$c_t = \sum_{s=1}^{T} \alpha_{t,s} z_s. \tag{4.42}$$

　そして，出力層で各単語の出力確率を計算する際には，式 (4.36) において，h_t' の代わりに次式 (4.43) で算出される $\tilde{h}_t'$ を用いることで，着目箇所を考慮した出力文のデコードを行う．

$$\widetilde{h}'_t = \tanh\left(W \left[\begin{array}{c} c_t \\ h'_t \end{array} \right] \right). \tag{4.43}$$

ここで，W はパラメータである．

4.3.2 トランスフォーマデコーダ

トランスフォーマデコーダ（Transformer デコーダ）は，RNN デコーダ同様，入力された特徴表現に基づき，文頭から順に逐次的に出力単語を予測してテキストを生成する．ただし，トランスフォーマエンコーダ同様，再帰構造を有していないため，訓練データとして出力テキスト（出力単語系列）が与えられている学習時には，各位置において前方の単語系列を正解の出力テキストから得ることで並列に処理することができる．

トランスフォーマデコーダの概要図を図 4.8 に示す．トランスフォーマデコーダは，デコーダ層を複数層（L' 層）積み重ねた構造になっており，デコーダに入力されたテキスト（生成済みテキスト）中の単語間の関連を捉える自己注意機構を有していることが特徴である．

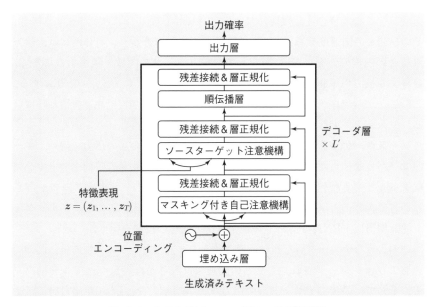

図 4.8 トランスフォーマデコーダの概要図

　トランスフォーマデコーダは，まず，埋め込み層で，入力テキスト（生成済
みテキスト）中の各単語を埋め込みベクトルに変換する．その後，各単語の位
置情報をエンコーディングした位置エンコーディングを各埋め込みベクトルに
加える．これらの処理はトランスフォーマエンコーダと同じである（式 (4.20)
から式 (4.22)）．この位置エンコーディングを加えた埋め込みベクトルが最初
のデコーダ層の入力となる．

　デコーダ層は，入力側から順に，マスキング付き自己注意機構，ソースター
ゲット注意機構，順伝播層の 3 つのサブ層で構成される．順伝播層の演算はト
ランスフォーマエンコーダと同様である（式 (4.30)）．各サブ層間は，トラン
スフォーマエンコーダ同様，残差接続を行った後，層正規化を行う．

　マスキング付き自己注意機構とソースターゲット注意機構は，トランス
フォーマエンコーダで説明したマルチヘッド注意機構を用いて実現される（式
(4.24) から式 (4.29)）．**マスキング付き自己注意機構**では，クエリ，キー，バ
リューとして直前の層の出力（デコーダ層の入力）を用いる．これにより，デ
コーダに入力されたテキスト中の単語間の関連度を捉えることができる．ただ
し，推論時に出力単語を予測する際は自身より後方に出現する単語は未生成で
ある．そこで，自己注意機構において自身よりも後方の単語が存在する場合，
その単語との関連度を考慮しないようにマスキングを行う．具体的には，後方
単語との内積の値を $-\infty$ に設定してソフトマックス関数を適用することで，
自身より後方の単語との注意（式 (4.24) の A_{ij}，ただし $i > j$）を 0 にする．
このことからデコーダの自己注意機構はマスキング付き自己注意機構と呼ばれ
る．マスキングを行う以外はエンコーダの自己注意機構と同様である．

　ソースターゲット注意機構では，クエリとして直前の層の出力を用い，キー
およびバリューとしてはエンコードされたデータの各要素の特徴ベクトルを列
ベクトルとする行列 $Z = (z_1, \ldots, z_T)$ を用いる．これにより，エンコードさ
れた各要素と出力単語との関連度を捉えることができる．このソースターゲッ
ト注意機構は，RNN デコーダの注意機構と同様の役割を担う．

　このようなデコーダ層を複数通過させることで出力テキスト中の単語間の関
連およびエンコードされた要素との関連を反映させた特徴ベクトルを抽出す
る．そして，最後のデコーダ層の出力 $Y^{L'} = (y_1^{L'}, \ldots, y_{T'}^{L'})$ が出力層に伝え

られる．出力層では，各 $\boldsymbol{y}_t^{L'}$ をデコーダが扱う語彙数次元のベクトルに線形変換した後，ソフトマックス関数を適用することにより，語彙中の各単語が t 番目の単語として出力される確率を計算する．そして，その出力確率に基づいて出力テキストを生成する．この処理は，RNN デコーダの出力層と同様である（式 (4.36) および式 (4.37)）．

コラム：**非自己回帰型デコーダ**

　これまで説明した RNN デコーダやトランスフォーマデコーダは，文頭から順に逐次的に出力単語を予測してテキストを生成する**自己回帰モデル**である．そのため，再帰構造をもたないトランスフォーマデコーダであっても推論時には並列処理できず，出力テキストが長くなるほどテキストの生成に計算時間がかかる．また，テキストの生成途中で出力単語を誤ると，その誤った単語に基づいて以降の単語が予測されるため，誤りが伝播するという問題も生じうる．そこで，出力テキストの各単語を並列に生成する**非自己回帰モデル**のデコーダが提案されている．典型的な非自己回帰型デコーダ[87] は，次式のように出力単語間の独立性を仮定することで出力単語を同時に推定する．

$$p_{\boldsymbol{\theta}}(\boldsymbol{y}|\boldsymbol{z}) = \prod_{t=1}^{T'} p_{\boldsymbol{\theta}}(y_t|\boldsymbol{z}). \tag{1}$$

ここで，$\boldsymbol{\theta}$ はモデルのパラメータである．そして，出力長（T'）も推定し，推定した出力長分の単語を一度に予測してテキストを生成する．しかし，一般的にテキスト中の単語同士には依存関係があるため，式 (1) の仮定に基づいて生成されるテキストの品質は十分ではない．そこで，生成したテキストから再デコードする洗練過程を導入したり，自己回帰型デコーダを教師モデルとした知識蒸留を行うなどさまざまな試みがなされている[88]．自然言語処理の多くのタスクでは，非自己回帰型デコーダの性能は自己回帰型デコーダの性能に届いていないのが現状であるが，今後の発展が期待される動向の 1 つである．

4.4　自然言語処理タスクへの応用

　本節では，本章でこれまでに説明したエンコーダ（4.2 節）やデコーダ（4.3 節）が自然言語処理タスクにどのように応用されるかを概説する．4.4.1 項では入出力ともにテキストであるタスクを紹介し，それ以外の主要なタスクを 4.4.2 項で紹介する．

4.4.1　系列変換タスク

　本項では，入出力がともにテキストであるタスクを取り上げる．この種のタスクは，入力テキスト（入力系列）を出力テキスト（出力系列）に変換するタスクと見なせるので**系列変換**タスクとも呼ばれる．代表的なタスクとしては，入力テキストの翻訳を自動的に行う「機械翻訳」，入力テキストの要約を自動生成する「自動要約」，入力された質問に対する回答をテキストで出力する「質問応答」，対話において入力された発話に対する応答を自動生成する「対話応答生成」などがある．

　自然言語の系列変換タスクは，まず自然言語のエンコーダにより入力テキストを特徴表現に変換し（式 (4.1)），その後，自然言語のデコーダによりエンコーダで変換した特徴表現に基づいて出力テキストを生成する（式 (4.33)）ことで解くことができる．このエンコーダとデコーダを組み合わせたモデルは**エンコーダ・デコーダモデル**と呼ばれている．エンコーダやデコーダには 4.2 節や 4.3 節で説明した各モデルを用いることができる．機械翻訳を例にしたエンコーダ・デコーダモデルの概要図を図 4.9 に示す．図 4.9 では，RNN エンコーダと注意機構付きの RNN デコーダを用いたモデルを示している．

　エンコーダ・デコーダモデルは，入力テキストとその正解出力テキストが対となった訓練データを用いて教師あり学習で構築されることが多い♠7．たとえば，機械翻訳モデルは対訳文対の集合を訓練データとして用いることで学習できる．具体的には，訓練データを D，学習するモデルパラメータを θ とすると，たとえば，訓練データ D に対する負の対数尤度（式 (4.45)）を損失関数とし，損失関数を最小にするパラメータを求める最小化問題（式 (4.44)）を解くことで学習できる．

♠7教師なし学習モデルも盛んに研究されている[89]．

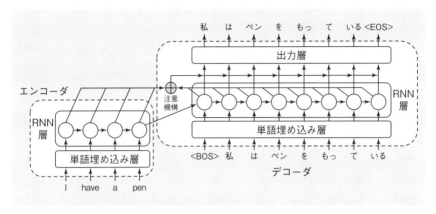

図 4.9 RNN に基づくエンコーダ・デコーダモデルの概要図

$$\widehat{\boldsymbol{\theta}} = \arg\min_{\boldsymbol{\theta}} \mathcal{L}(\boldsymbol{\theta}, \boldsymbol{D}), \tag{4.44}$$

$$\mathcal{L}(\boldsymbol{\theta}, \boldsymbol{D}) = \sum_{(\boldsymbol{x}, \boldsymbol{y}) \in \boldsymbol{D}} -\log p_{\boldsymbol{\theta}}(\boldsymbol{y}|\boldsymbol{x}). \tag{4.45}$$

この最小化問題は，誤差逆伝播法と確率的勾配降下法などの勾配に基づく最適化手法により解くのが一般的である．詳細は 2 章を参照してほしい．再帰構造をもつ RNN をエンコーダやデコーダで用いる場合でも，RNN 層を系列方向に展開して再帰構造をなくすことで誤差逆伝播法を適用できる．この方法は通時的誤差逆伝播法[90] と呼ばれる．

4.4.2 系列変換以外のタスク

本節では，系列変換タスク以外の代表的な自然言語処理タスクを取り上げる．入力テキストのラベルを予測して出力する**テキスト分類**タスクがその代表例である．このタスクでは，出力ラベルはあらかじめ定められたラベル集合 $\mathcal{Y}$ の中から選択する．たとえば，ニュース記事のカテゴリ（スポーツや経済など）を判別するタスクや，ある商品に対するレビューテキストがポジティブかネガティブかを判別するタスクや，メールがスパムかスパムでないかを判別するタスクなどがある．これらのテキスト分類タスクでは，まず，式 (4.1) の通り，入力テキスト $\boldsymbol{x}$ を自然言語のエンコーダで特徴表現 $\boldsymbol{z}$ に変換する．その後，次式 (4.46) のように，ソフトマックス関数を活性化関数とする出力層により，出

力ラベル集合 $\mathcal{Y}$ 中の各ラベルの出力確率を算出することで解くことができる.

$$p(\boldsymbol{y}|\boldsymbol{x}) = \boldsymbol{y}^\top \cdot \text{Softmax}(\boldsymbol{W}\boldsymbol{z} + \boldsymbol{b}). \tag{4.46}$$

ここで, $\boldsymbol{y}$ はラベルのワンホットベクトル, $\boldsymbol{W} \in \mathbb{R}^{|\mathcal{Y}| \times d}$, $\boldsymbol{b} \in \mathbb{R}^{|\mathcal{Y}| \times 1}$ はパラメータであり, d は特徴ベクトルの次元数である.

　また, 入力テキストの各要素(単語など)のラベルを予測し, ラベル系列を出力する**系列ラベリング**タスクも自然言語処理の代表的なタスクの1つである♠8. たとえば, 入力テキストの各単語の品詞を予測する品詞解析や, 各単語の係り先を予測する係り受け解析などがある. また, 固有表現抽出や意味役割付与など, テキストからある種の情報や役割を担う箇所を特定するタスクも系列ラベリングタスクと見なせる. たとえば, 特定したい単語を I タグ, それ以外の単語を O タグとした IO タグの系列♠9を予測する系列ラベリングタスクと見なせる. RNN を用いた系列ラベリングモデルの例を図 4.10 に示す. 図 4.10 は入力テキストから「作品名」を表す固有表現を抽出する例である.

　系列ラベリングタスクでは出力ラベル間に依存関係があるため, ラベル系列としてのふさわしさに基づき出力を予測する必要がある. そこでまず, 自然言語のエンコーダにより各単語に対する特徴表現を得る.

$$\boldsymbol{z}_{1:T} = \text{Encoder}(\boldsymbol{x}_{1:T}). \tag{4.47}$$

ここで, $\boldsymbol{z}_t$ は単語 $\boldsymbol{x}_t$ の特徴表現である. 図 4.10 では, 自然言語のエンコーダとして双方向 RNN に基づくエンコーダを使用し, 各位置の隠れ状態ベクトルを各単語の特徴表現として用いている ($\boldsymbol{z}_{1:T} = \boldsymbol{h}_{1:T}$).

　その後, 条件付き確率場(Conditional Random Field; CRF)の層で, 各ラベル系列に対する確率を計算し, 確率が最大となる系列を見付けることで系列ラベリングタスクを解く.

$$\widehat{\boldsymbol{y}}_{1:T} = \underset{\boldsymbol{y}_{1:T} \in \mathcal{Y}_x}{\arg\max} \log p(\boldsymbol{y}_{1:T}|\boldsymbol{x}_{1:T}). \tag{4.48}$$

♠8系列ラベリングタスクは, 入力テキストをラベル系列に変換する系列変換タスクと見なし, エンコーダ・デコーダモデル(4.4.1 項参照)で解かれる場合もある.
　♠9IO タグ以外にも BIO や BIO2 タグなどが使われる場合もある.

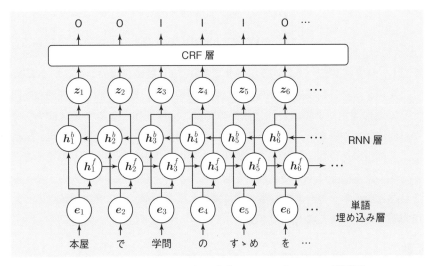

図 4.10 RNN-CRF による系列ラベリングモデルの概要図

ここで，$\mathcal{Y}_x$ は入力系列 $\boldsymbol{x} = \boldsymbol{x}_{1:T}$ に対してとりうるすべてのラベル系列の集合であり，各ラベルはワンホットベクトルで表現する．入力 $\boldsymbol{x}_{1:T}$ のラベル系列が $\boldsymbol{y}_{1:T}$ となる確率 $p(\boldsymbol{y}_{1:T}|\boldsymbol{x}_{1:T})$ は，各入力単語に対するラベルのふさわしさを表す出力行列 $\boldsymbol{B} \in \mathbb{R}^{T \times |\mathcal{Y}_L|}$ とラベルが連続するふさわしさを表す遷移行列 $\boldsymbol{A} \in \mathbb{R}^{|\mathcal{Y}_L| \times |\mathcal{Y}_L|}$ に基づき算出する（式 (4.49) および式 (4.50)）．なお，$\mathcal{Y}_L$ は単語がとりうるラベル集合であり，$\boldsymbol{B}_{t,y_t}$ は t 番目の単語がラベル $\boldsymbol{y}_t$ をとるスコアを表し，$\boldsymbol{A}_{y_t,y_{t+1}}$ はラベル $\boldsymbol{y}_t$ の直後のラベルがラベル $\boldsymbol{y}_{t+1}$ になるスコアを表す．

$$s(\boldsymbol{x}_{1:T}, \boldsymbol{y}_{1:T}) = \sum_{t=0}^{T} \boldsymbol{A}_{y_t, y_{t+1}} + \sum_{t=1}^{T} \boldsymbol{B}_{t, y_t}, \tag{4.49}$$

$$p(\boldsymbol{y}_{1:T}|\boldsymbol{x}_{1:T}) = \frac{\exp(s(\boldsymbol{x}_{1:T}, \boldsymbol{y}_{1:T}))}{\sum_{\widetilde{\boldsymbol{y}}_{1:T} \in \mathcal{Y}_x} \exp(s(\boldsymbol{x}_{1:T}, \widetilde{\boldsymbol{y}}_{1:T}))}. \tag{4.50}$$

ただし，s は系列としてのふさわしさを表すスコアであり，y_0 と y_{T+1} はそれぞれ文頭と文末を表す特殊ラベル，$\boldsymbol{A}$ はパラメータである．また，出力行列 $\boldsymbol{B}$ は，式 (4.51) と式 (4.52) の通り，各単語の特徴表現 $\boldsymbol{z}_t$ から求める．

$$\boldsymbol{B} = (\boldsymbol{b}_1, \ldots, \boldsymbol{b}_T)^\top, \tag{4.51}$$

$$\boldsymbol{b}_t = \boldsymbol{W}^b \boldsymbol{z}_t \quad \text{for } 1 \leq t \leq T. \tag{4.52}$$

ただし，$\boldsymbol{W}^b \in \mathbb{R}^{|\mathcal{Y}_L| \times d}$ はパラメータであり，d は特徴表現のベクトルである.

　上記のタスクは判別問題であるが，判別問題以外に機械学習の代表的な問題として回帰問題がある．自然言語処理では，回帰問題となるタスクは少ないが，回帰問題の場合，入力テキストを自然言語のエンコーダで特徴表現に変換し，その後，活性化関数として恒等関数を用いる出力層を使うことで解くことができる．本節では種々のタスクを紹介したが，一般的に，まず入力テキストを自然言語のエンコーダで特徴表現に変換し，その後，タスクの種類に応じた出力層を使うと解くことができる.

 ## 4.5　性能改善のための技術

4.5.1　データ拡張

　高精度な深層学習モデルを構築する場合，訓練データを用いた教師あり学習を行うのが通常である．教師あり学習では，一般的に訓練データの数が多いほど高精度なモデルを学習しやすい．しかし，品質の良い訓練データは人手によるアノテーションを通じて作成される場合が多く，目的とするタスクのための大量の訓練データをあらかじめ用意できない場合も多い．この訓練データ不足の問題を解決する方法の 1 つとして，用意した訓練データを水増しする**データ拡張**という技術がある.

　自然言語処理における典型的なデータ拡張方法として，訓練データのテキスト中の単語を別の単語に置き換えたテキストを新たな訓練データとして使う，単語置換によるデータ拡張がある．置換方法は多種多様であるが，類義語に置き換える方法や，置換位置で出現確率が高い単語に置き換える方法，ある単語を削除（単語を空白に置換）したりある位置に単語を挿入（空白を単語に置換）したりする方法などがある．また，入力テキストとその正解出力テキストの対が訓練データとなる系列変換タスクにおいては，入力テキストの単語と正解出力テキストの単語間の対応関係に基づいて，入出力テキスト双方の単語を置換する方法もある.

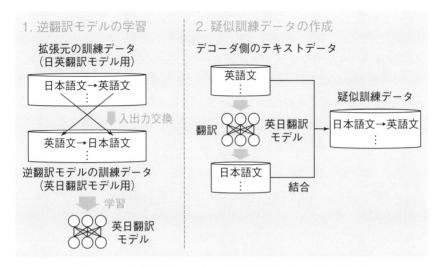

図 4.11 日英翻訳タスクにおける逆翻訳によるデータ拡張

単語置換によるデータ拡張以外に，近年，自然言語処理の系列変換タスクにおいて成果を挙げているデータ拡張方法として**逆翻訳**[89], [91] という方法がある．この方法は手法名に「翻訳」という文字列が含まれているが，機械翻訳以外の系列変換タスクでも利用できる．以降では，目的とするタスクを解く系列変換モデルを翻訳モデル，目的とするタスクの入出力を逆にした変換を行う系列変換モデルを逆翻訳モデルと呼ぶ．逆翻訳は，入力と結び付いていない出力側のテキストに基づいて訓練データを水増しする．具体的には，まず，拡張元である訓練データの入出力を逆にして逆翻訳モデルを学習する．その後，学習した逆翻訳モデルを用いて，入力と結び付いていない出力側のテキストを入力側のテキストに変換し，その入出力の対を新たな訓練データとする方法である．

例として，目的タスクが日英翻訳のときの逆翻訳によるデータ拡張の概要図を図 4.11 に示す．このタスクでは，日本語テキストを英語テキストに変換するモデルが翻訳モデルであり，英語テキストを日本語テキストに変換するモデルが逆翻訳モデルである．逆翻訳では，翻訳モデルの出力側つまり英語テキストから日英翻訳モデルの訓練データを水増しする．まず，拡張元の日英対訳文データにおいて，英語文を入力，日本語文を正解出力としてモデルを学習することで，英日翻訳モデルを学習する．その後，英語文だけからなる英語テキス

トデータを英日翻訳モデルで日本語に翻訳し，英語文とその日本語訳である日本語文の対を日英翻訳モデル用の新たな訓練データとする．こうすることで，対訳関係になっていない英語テキストデータを訓練データとして利用できる．

　この逆翻訳で作成される訓練データの質は，逆翻訳モデルの性能に依存する．そこで，翻訳モデルと逆翻訳モデルを交互に強化しあいながら逆翻訳によるデータ拡張を行う枠組みが使われることも多い．興味のある読者は文献[89]などを参照してほしい．

4.5.2　事 前 学 習

　画像処理や音声処理などのその他分野と同様，自然言語処理においても，目的タスクのデータセット以外の大規模データからあらかじめ事前学習した結果を転用することで，目的タスクに対する性能を高めることができる．自然言語処理では，ウィキペディアやニュース記事などのインターネット上に大量に存在する生のテキストから**事前学習**を行うことが多い．事前学習結果の転用方法は，特徴量として利用する方法とファインチューニングを行い利用する方法の2つに大別できる．

特徴量による転移

　典型的な方法は，大量のテキストから単語の特徴表現やそれを算出するネットワークをあらかじめ学習し，それらを，目的タスクのエンコーダやデコーダの埋め込み層で利用する方法である．たとえば，事前学習時に，word2vec[92]やGloVe[93]，fastText[94]などのニューラルネットワークモデルにより，前後の文脈単語に基づき各単語の埋め込み表現ベクトルを学習する．そして，事前学習した埋め込み表現ベクトルを目的タスクにおける埋め込み層の埋め込み行列として使用することで事前学習した知識を活用することができる♠10．この方法は，単語の種類で決定的に決まる単語の特徴表現を事前学習して利用する方法である．

　一方で，単語の意味は文脈に応じて変わる場合が多い．そのため，文脈に依存した単語の特徴表現を算出するネットワークを事前学習し，目的タスクでは

♠10事前学習した単語の埋め込み表現は，埋め込み層のパラメータの初期値として用い，目的タスクのデータセットを用いた学習過程で更新する場合もある．その場合は，ファインチューニングによる転移となる．

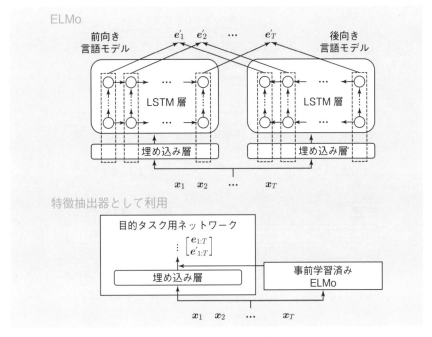

図 4.12　ELMo の概要図

事前学習したネットワークにより各入力単語の特徴表現を算出して利用する方法もある．代表的な方法として，LSTM に基づく言語モデルを単語の特徴抽出器として使用する ELMo[95] がある．ELMo の概要図を図 4.12 に示す．ELMo は，事前学習時に，文頭から文末に向かって単語の出現をモデル化する前向きの LSTM 言語モデルと，文末から文頭に向かって単語の出現をモデル化する後ろ向きの LSTM 言語モデルを学習する．そして，各入力単語の特徴表現は，埋め込み層の埋め込みベクトルおよび LSTM の各層の隠れ状態ベクトルの重み付き平均ベクトルで算出する．ただし，重みは目的タスクで最適化する．目的タスクでは，埋め込み層による埋め込みベクトルに ELMo で算出した単語の特徴表現を結合させることで事前学習の知識を活用する．

ファインチューニングによる転移

ファインチューニングによる転移では，事前学習したネットワークを目的タ

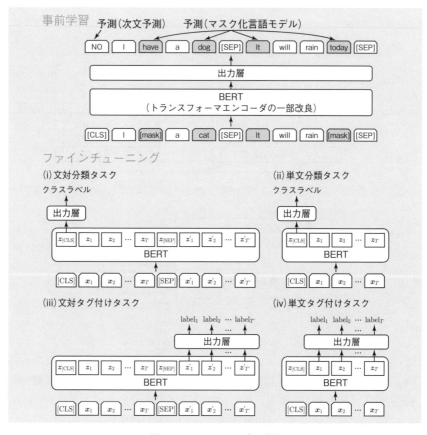

図 4.13 BERT の概要図

スクのデータセットを用いてさらにパラメータの学習を行い♠11，再学習した
ネットワークで目的タスクを解く．この代表的なモデルの 1 つに，トランス
フォーマエンコーダを改良したネットワークを，マスク化言語モデルと次文予
測という 2 つの学習方法で学習することでテキストの特徴表現を事前学習し，
それをファインチューニングにより目的タスクに転用する BERT[96] がある．
BERT の事前学習とファインチューニングの概要図を図 4.13 に示す．

♠11事前学習したネットワークの一部を目的タスク用のネットワークに置き換えてからパラ
メータを再学習する場合も多い．

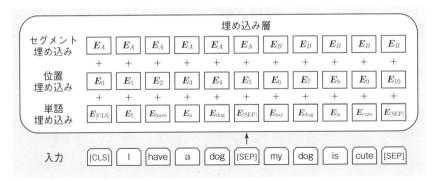

図 4.14　BERT の埋め込み層の概要図

　BERT の事前学習では，2 つの文を入力する．これにより，文を跨いだ単語間の関連や 2 つの文の関係性（事前学習時には文の連接関係）を捉えたテキストの特徴表現を学習する．具体的には，入力の最初に特殊トークン「CLS」を付加し，各文の文末に特殊トークン「SEP」を挿入した系列を入力する．「SEP」トークンは文の切れ目を明示的に表す役目をもち，「CLS」トークンはその特徴ベクトルに入力全体の特徴表現を集約させる目的をもつ．

　マスク化言語モデルの事前学習では，文中の単語の一部がマスクされた系列を入力し，マスクされた入力系列からマスク部分を予測するモデルを学習する．マスク化では，まず，「CLS」トークンと「SEP」トークンを除いた入力単語の中から，15% の単語をマスク対象として無作為に選ぶ．そして，マスク対象のうち，80% を特殊トークン「mask」に，10% はランダムに別の単語に置き換え，10% はそのままにすることでマスクした系列を作成する．マスク部分を予測する際には，トランスフォーマの自己注意機構を通じて前方および後方の単語の情報を捉えるため，マスク化言語モデルの学習により，ラベルなしテキストから前方と後方の双方向の文脈を考慮した特徴表現を学習できる．

　次文予測の事前学習では，「CLS」トークンの特徴表現に基づいて，入力した 2 つの文が連続する文かどうかを 2 値で判別するようにモデルを学習する．この学習ではもともとの文書中で連続する 2 文対を正例とし，連続する 2 文対から 50% の確率で後ろの文を別の文に置き換えた文対を負例として学習を行う．

　BERT とトランスフォーマエンコーダの構造上の大きな違いは，埋め込み

層と順伝播層で用いる活性化関数である．トランスフォーマエンコーダの順伝播層では活性化関数として ReLU 関数を用いるが，BERT では入力 x に標準正規分布の累積分布関数 $\phi(x)$ をかけた GELU 関数（$\text{GELU}(x) = x\phi(x)$）[97]を順伝播層の活性化関数として用いる．また，BERT は 2 文が入力されうるため，埋め込み層が 2 文用に改良されている．埋め込み層の概要図を図 4.14 に示す．図 4.14 のように，BERT の埋め込み層では，各単語に対する単語埋め込みベクトルと位置情報を表す位置埋め込みベクトルに加えて，各単語が前と後ろのどちらの文に属するかを表すセグメント埋め込みベクトルを加算する．単語埋め込みベクトルはトランスフォーマエンコーダと同様の演算で算出する．位置およびセグメント埋め込みベクトルは，単語埋め込みベクトルと同じように，各位置および前の文と後ろの文を表すベクトルをパラメータで与えて学習時に推定し，推論時には対応する学習済みベクトルを抽出して使用する．つまり，埋め込み行列 $\boldsymbol{E}^p \in \mathbb{R}^{d \times (T_{\max}+2)}$ を用意して，位置や属する文の情報を埋め込む．ここで，$T_{\max}$ は BERT の入力となる系列長の最大値である．

　BERT のファインチューニングでは，目的タスクに応じた出力層を用意して，目的タスクのデータセットに基づき BERT のパラメータを再更新する．文間の含意関係認識のような 2 文に対する判別タスクや文のトピック分類のような 1 文に対する判別タスクの場合，2 文あるいは 1 文を入力として受け付け，「CLS」トークンの特徴ベクトルに基づいて出力クラスを予測するモデルを再学習する．抽出型質問応答のような 2 文内の単語にタグを割り当てる文対タグ付けタスクや固有表現抽出のような 1 文内の各単語にタグを割り当てる単文タグ付けタスクの場合，2 文あるいは 1 文を入力として受け付け，タグ付与対象の単語の特徴ベクトルに基づき各単語のタグを予測するモデルを再学習する．このように，事前学習した BERT モデルは，目的タスクに応じた出力層を加えてファインチューニングするだけで，さまざまなタスクに適応できる．

　BERT は，出現して以来，多くの自然言語処理タスクでその有効性が示されており，近年では，BERT を改良したさまざまな事前学習のモデルが開発されている．たとえば，マスク化言語モデルではなく単語の予測順序を入れ替える並べ替え言語モデルを学習する XLNet [98] や，次文予測の代わりに文の順序を予測する ALBERT [99]，BERT の学習方法の設定を改良した RoBERTa [100] などがある．そして，BERT を軽量化した TinyBERT [101]

や DistilBERT[102] といったモデルも開発されている．また，BERT はトランスフォーマエンコーダを用いた事前学習のモデルであるが，T5[103] やBART[104]，ProphetNet[105] といった，トランスフォーマに基づくエンコーダ・デコーダモデルを用いた事前学習のモデルや GPT[106] などのトランスフォーマデコーダを用いた事前学習のモデルも開発されている．

4.5.3 トークン化

本章ではこれまでテキストの処理単位は単語と仮定していたが，単語以外でも構わない．そして，処理単位は解析性能の良し悪しに影響する場合がある．たとえば，これまでの仮定通り単語を処理単位とする教師あり深層学習モデルでは，訓練データに含まれない単語を扱うことができない．このように学習されておらずモデルの語彙に含まれていない単語を未知語と呼ぶ．未知語が増えると解析性能が悪くなる．この未知語の問題は訓練データが小規模になるほど顕著になる．また，自然言語処理の深層学習モデルでは，効率の良い学習や解析を行うために，訓練データにおいて出現頻度の低い単語を特殊トークン「UNK」に置き換えて語彙数を制限する場合も多い．その場合，訓練データが大規模であっても未知語の問題が生じうる．

未知語の問題を避けるために，テキストを文字系列と見なして文字単位で処理する場合がある．文字の種類は限られており単語の種類と比較すると圧倒的に少ないため，すべての文字をモデルの語彙に含めることができる．そのため，文字単位のモデルでは実質未知語の問題は生じない．しかし，文字を処理単位とすると，系列長が長くなることに加えて文字単体では意味をもたないため学習が難しくなる．そこで，文字と単語の両方の単位で階層的にテキストを処理する場合もある．階層モデルの詳細は 4.5.4 項で後述する．

また近年では，未知語の問題を解消しつつ学習もしやすい単位とするために，単語と文字の中間の単位，つまり単語の部分文字列である**サブワード**の単位でテキストをトークン化し処理することが多い．文を**サブワード**に分割する代表的な方法が**バイトペア符号化**（Byte Pair Encoding; BPE）[107] である．BPE は，すべての文字と訓練データで高頻度で出現する文字列をあらかじめ設定した語彙数だけ使用して文を分割する．具体的には，まず，全文字を語彙集合として文を文字系列と見なす．その後，隣接する 2 つの語彙の連結文字

列を考え，訓練データにおいて頻度が最も高くなる連結文字列を語彙集合に追加する．その際，どの文字列同士が連結されたかを示すルールとともに記憶する．この操作を語彙集合があらかじめ設定した語彙数になるまで繰り返す．求めた語彙集合と連結ルールを使うことで訓練データ以外の文もサブワードへと分割できる．

　また，別のサブワード分割手法としてユニグラム言語モデルに基づくサブワード化[108] がある．BPE は決定的アルゴリズムであり，N ベスト解を求めるなどの拡張が難しいが，ユニグラム言語モデルに基づくサブワード化は分割結果としてのふさわしさを表す分割確率に基づいて行われる．この手法では各サブワードは独立に生起すると仮定し，サブワード列 $\bm{x} = (x_1, x_2, \ldots, x_T)$ の生起確率 $p(\bm{x})$ を各サブワードの生起確率 $p(x_t)$ の積により計算する．

$$p(\bm{x}) = \prod_{t=1}^{T} p(x_t), \qquad \sum_{v \in \mathcal{V}} p(v) = 1. \tag{4.53}$$

ただし，$\mathcal{V}$ は語彙集合である．各サブワードの生起確率 $p(x_t)$ は，EM アルゴリズムによって次式 (4.54) の周辺尤度 $\mathcal{L}$ を最大化することで求める．

$$\begin{aligned} \mathcal{L} &= \sum_{X \in \bm{D}} \log p(X) \\ &= \sum_{X \in \bm{D}} \log \left(\sum_{\bm{x} \in \mathcal{S}(X)} p(\bm{x}) \right). \end{aligned} \tag{4.54}$$

ただし，$\bm{D}$ は文集合であり，X は $\bm{D}$ 中の文，$\mathcal{S}(X)$ は X の分割候補集合である．

　文 X に対するサブワード分割では，分割候補集合 $\mathcal{S}(X)$ から生起確率 $p(\bm{x})$ が最大になる分割列 $\widehat{\bm{x}}$ を求める．たとえば，ビタビアルゴリズムを用いて探索することで求めることができる．

$$\widehat{\bm{x}} = \arg\max_{\bm{x} \in \mathcal{S}(X)} p(\bm{x}). \tag{4.55}$$

また，尤度に基づいて複数のサブワード分割候補を得ることもできる．

4.5.4 階 層 化

4.1 節で述べたように，テキストは「文字-単語-文-文書」などの階層構造を
もつ．この階層構造を利用し，複数の粒度の単位でテキストをエンコードした
りデコードしたりすることで，解析性能を高めることができる場合がある．た
とえば，単語単位と文字単位を組み合わせることで，接頭辞や接尾辞などの単
語の構成要素を捉えたり，低頻度語や未知語の問題を緩和しやすくなる．ま
た，単語単位と文単位を組み合わせることで，文の流れである文脈を捉えやす
くなる場合もある．

以降では，RNN を用いて単語単位と文単位でテキストを階層的に処理する
階層モデルの一例を紹介する．ただし，階層モデルで扱う単位は単語や文以外
でもよく，また，以降で紹介する以外のモデルも多数提案されている．

階層テキストエンコーダ

RNN によりテキストを単語単位と文単位で階層的にエンコードする**階層
テキストエンコーダ**の概要図を図 4.15 に示す．このエンコーダは，T 個の文
からなる入力テキスト $\boldsymbol{x} = (\boldsymbol{x}_{11}, \ldots, \boldsymbol{x}_{1N_1}, \boldsymbol{x}_{21}, \ldots, \boldsymbol{x}_{2N_2}, \ldots, \boldsymbol{x}_{TN_T})$ を次
式 (4.56) および式 (4.57) の通りエンコードする．ここで，$\boldsymbol{x}_{tt'}$ は t 番目の文

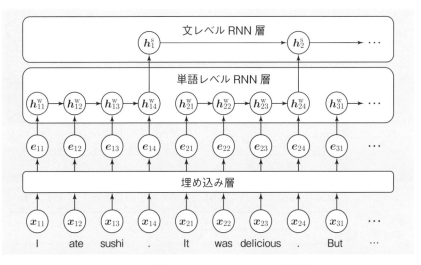

図 4.15　階層テキストエンコーダの概要図

中の t' 番目の単語のワンホットベクトル，N_t は t 番目の文の長さである．

$$\boldsymbol{h}_{tt'}^{\mathrm{w}} = \mathrm{RNN}_{\mathrm{e}}^{\mathrm{w}}(\boldsymbol{e}_{tt'}, \boldsymbol{h}_{t,t'-1}^{\mathrm{w}}), \tag{4.56}$$

$$\boldsymbol{h}_{t}^{\mathrm{s}} = \mathrm{RNN}_{\mathrm{e}}^{\mathrm{s}}(\boldsymbol{h}_{t,N_t}^{\mathrm{w}}, \boldsymbol{h}_{t-1}^{\mathrm{s}}). \tag{4.57}$$

ただし，$\boldsymbol{e}_{tt'}$ は $\boldsymbol{x}_{tt'}$ の埋め込みベクトル，$\mathrm{RNN}_{\mathrm{e}}^{\mathrm{w}}$ と $\mathrm{RNN}_{\mathrm{e}}^{\mathrm{s}}$ は，それぞれ，単語単位と文単位の RNN 層である．この階層エンコーダは，単語単位の RNN 層で各文の特徴表現（$\boldsymbol{h}_{tN_t}^{\mathrm{w}}$）を獲得し，文単位の RNN 層で各文の特徴表現を統合してテキスト全体の特徴表現を得る．その結果，$\boldsymbol{h}_{T}^{\mathrm{s}}$ が入力テキスト全体の特徴表現となる．テキスト全体を 1 つの単語系列と見なす単層エンコーダでは文単位のまとまりが意識されないが，この階層エンコーダでは文単位のまとまりを捉えてテキストを表現できる．

階層テキストデコーダ

RNN によりテキストを単語単位と文単位でデコードする**階層テキストデコーダ**の概要図を図 4.16 に示す．このデコーダは，特徴表現 $\boldsymbol{z}$ から，次式 (4.58)，式 (4.59) および式 (4.36)，式 (4.37) を用いて，各位置における各単語の出力確率を求め，求めた出力確率に基づいてテキストを生成する．ここでは，出力テキス

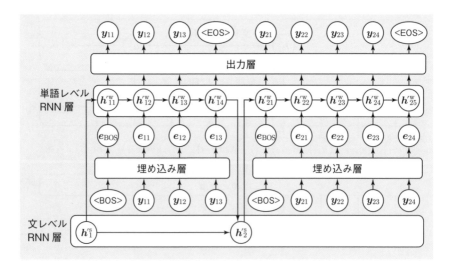

図 **4.16** 階層テキストデコーダの概要図

トは T' 個の文からなるテキスト $\boldsymbol{y} = (\boldsymbol{y}_{11}, \ldots, \boldsymbol{y}_{1N_1}, \ldots, \boldsymbol{y}_{T'1}, \ldots, \boldsymbol{y}_{T'N_{T'}})$ とする．ただし，$\boldsymbol{y}_{tt'}$ は t 番目の文中の t' 番目の単語のワンホットベクトル，N_t は t 番目の文の長さである．

$$\boldsymbol{h'}^{\mathrm{s}}_t = \mathrm{RNN}^{\mathrm{s}}_{\mathrm{d}}(\boldsymbol{h'}^{\mathrm{w}}_{t-1,N_{t-1}}, \boldsymbol{h'}^{\mathrm{s}}_{t-1}), \tag{4.58}$$

$$\boldsymbol{h'}^{\mathrm{w}}_{tt'} = \mathrm{RNN}^{\mathrm{w}}_{\mathrm{d}}(\boldsymbol{e}_{t,t'-1}, \boldsymbol{h'}^{\mathrm{w}}_{t,t'-1}). \tag{4.59}$$

ここで，$\boldsymbol{e}_{t,t'-1}$ は $\boldsymbol{y}_{t,t'-1}$ の埋め込みベクトル，$\mathrm{RNN}^{\mathrm{w}}_{\mathrm{d}}$ と $\mathrm{RNN}^{\mathrm{s}}_{\mathrm{d}}$ は，それぞれ，単語単位と文単位の RNN 層である．また，$\boldsymbol{h'}^{\mathrm{s}}_1$ はデコーダの入力である特徴表現 $\boldsymbol{z}$ とし，$\boldsymbol{h'}^{\mathrm{w}}_{t,0}$ は $\boldsymbol{h'}^{\mathrm{s}}_t$ とする．$\boldsymbol{y}_{tt'}$ に対する出力確率は，式 (4.59) で求めた $\boldsymbol{h'}^{\mathrm{w}}_{tt'}$ を式 (4.36) の $\boldsymbol{h'}_t$ として用いることで算出する．

この階層エンコーダと階層デコーダを用いたエンコーダ・デコーダモデルには，エンコーダとデコーダ間に注意機構を導入することもできる．たとえば，デコーダの文単位の RNN 層とエンコーダの文単位の RNN 層の間に注意機構を導入し，文単位の関連を捉えることができる[109]．

音声の認識と生成

5

　音は日常生活に欠かせない情報源のひとつである．人間と人間，あるいは，人間と機械のコミュニケーションでは，音声が高効率な情報伝達を実現する媒体として利用され，社会に広く浸透している．本章では，音声の認識と生成を中心に，音を扱うニューラルネットワークの設計と学習方法について解説する．本章の内容は，第3章における畳み込みニューラルネットワークと第4章におけるトランスフォーマの知識を前提として記述されている部分があるため，これらの基本的な仕組みについては，これまでの章をふり返りながら読み進めるとよい．

5.1 概　　要

　音声の中に含まれる情報は，言語的情報と非言語的情報の2つに分けることができる．言語的情報は，相手に伝えたい意味内容に関する情報であり，自然言語で表現される．そのため，言語的情報の抽出には，自然言語処理に関する技術が有用である．一方，非言語的情報は，話者に関する情報であり，話者が誰かという個人性情報や，話者の感情を表す情緒性情報などを含んでいる．非言語的情報の抽出では，言語的情報を抽出する場合に比べて，音声波のより局所的な構造が重要な役割を果たすことが多い．そのため，畳み込み演算を含む画像処理に関する技術が有用である．

　音声情報処理の分野の歴史は古く，音声分析，音声符号化，音声認識，話者認識，音声合成など，さまざまなタスクに関して検討がなされている．本章では，これまでの章の内容を直接的に活用でき，かつ汎用性の高いものとして，音声認識・音声合成・話者認識の3つのタスクを題材に，ニューラルネットワークを用いた音声情報処理について解説する．

表 5.1　音声認識の方法論（古井[110]・河原[111]）

第 1 世代	1950〜1960 年代	ヒューリスティック
第 2 世代	1960〜1980 年代	テンプレート（DP マッチング，オートマトン）
第 3 世代	1980〜1990 年代	統計モデル（GMM-HMM，N-gram）
3.5 世代	1990〜2000 年代	統計モデルの識別学習
第 4 世代	2010 年代	ニューラルネットワーク（DNN-HMM，RNN）
4.5 世代	2015 年〜	ニューラルネットワークの End-to-End 学習（LSTM，トランスフォーマなど）

 ## 5.2　音 声 認 識

　音声に含まれている言語的情報を抽出し，自動的に判定することを**音声認識**（speech recognition）という．音声認識の研究は，音声分析合成の基礎を含めると 1940 年頃からの歴史がある．声道の構造や人間の聴覚特性に基づいた符号化および特徴抽出法は，当時のものが現在でも広く活用されている．言語的情報を抽出する部分は，計算機の発展とともに進化を遂げており，古井[110]・河原[111] に従うと，方法論の遷移は表 5.1 のようにまとめることができる．このうち，本書で解説するのは，ニューラルネットワークの End-to-End 学習における**エンコーダ・デコーダモデル**である．入力となる特徴量（メルスペクトログラムや MFCC）を音声波から抽出する部分については，5.5 節に説明があるので適宜参照されたい．

5.2.1　音声認識の枠組み

　ここでは，音声を入力として，その発話内容を文章（テキスト）で出力する方式を考える．この方式は，Speech-to-Text と呼ばれるものであり，音声認識の中では最も汎用性が高い方式である♠1．Speech-to-Text では，言語の構造に基づき，さまざまなニューラルネットワークが提案されているが，多くのものは，Sequence-to-Sequence，すなわち，系列から系列への変換を実現するという考え方に基づいている．以下では，図 5.1 に示す**エンコーダ**と**デコーダ**を用いた構造を題材に，Speech-to-Text の基本的な仕組みを説明する．

♠1その他の方式には，音声の中から特定の単語のみを認識する方式などがある．近年では単に音声認識というと Speech-to-Text を指すことも多い．

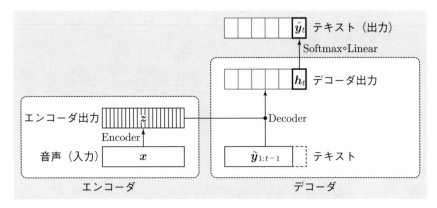

図 5.1 音声認識のためのエンコーダとデコーダの例

図 5.1 の構造は，入力音声 $\boldsymbol{x}$ に対するテキスト $\boldsymbol{y}$ を得るためのものである．入力には，音声波形をそのまま利用する場合と，音響特徴量を利用する場合とがある．ここでは，入力 $\boldsymbol{x}$ がベクトルの列 $\boldsymbol{x} = (\boldsymbol{x}_1, \boldsymbol{x}_2, \ldots, \boldsymbol{x}_T)$ として与えられていると仮定する．$\boldsymbol{x}_t \in \mathbb{R}^d$ $(1 \leq t \leq T)$ は d 次元のベクトルである．モノラル（1 チャネル）の音声波形を直接入力として扱いたい場合は $d = 1$ であると考えればよい．出力の $\boldsymbol{y} = (\boldsymbol{y}_1, \boldsymbol{y}_2, \cdots, \boldsymbol{y}_{T'})$ は長さ T' の文字列，もしくは，サブワードなどのテキストを構成する単位の列であるとする．ただし，$\boldsymbol{y}_1$ と $\boldsymbol{y}_{T'}$ は，それぞれテキストの先頭と最後を表す特別な記号であるとし，すべての $\boldsymbol{y}_t$ $(1 \leq t \leq T')$ はワンホットベクトルで表現されていると仮定する．また，以下では，入力 $\boldsymbol{x}$ に対する正解のテキストを $\boldsymbol{y}$ と書き，入力から予測したテキストを $\hat{\boldsymbol{y}}$ と書くことで区別する．テキストの先頭を表す記号は固定するため，$\hat{\boldsymbol{y}}_1 = \boldsymbol{y}_1$ が既知であることに注意されたい．

図 5.1 にはエンコーダとデコーダの 2 つの要素がある．エンコーダは，音声 $\boldsymbol{x}$ を長さ T のベクトル列 $\boldsymbol{z}$ に変換するものであり，この変換を

$$\boldsymbol{z} = \text{Encoder}(\boldsymbol{x}) \tag{5.1}$$

と書く．デコーダは，$\boldsymbol{z}$ を用いて $\boldsymbol{y}_t$ $(2 \leq t \leq T')$ を予測するための特徴ベクトル $\boldsymbol{h}_t$ を算出する．この変換を

$$\boldsymbol{h}_t = \text{Decoder}(\boldsymbol{z}, \tilde{\boldsymbol{y}}_{1:t-1}) \tag{5.2}$$

と書く．ここで，$\widetilde{y}_{1:t-1}$ はインデックス t の直前までのテキストである．ニューラルネットワークの学習時には正解のテキスト $\widetilde{y}_{1:t-1} = (y_1, y_2, \ldots, y_{t-1})$，テスト時には予測されたテキスト $\widetilde{y}_{1:t-1} = (\widehat{y}_1, \widehat{y}_2, \ldots, \widehat{y}_{t-1})$ をそれぞれ用いる．最後に，デコーダの出力 h_t から y_t の予測である $\widehat{y}_t$ を算出する．この部分は，第 2 章の分類問題と同様であり，たとえば，図 5.1 に示すように，線形変換（Linear）とソフトマックス関数（Softmax）を用いて算出するとよい．以下では，ニューラルネットワークによるエンコーダとデコーダの構成例を示し，それらを学習するための損失関数について説明する．

5.2.2　エ ン コ ー ダ

エンコーダの役割は，音声信号を言語的情報を有するベクトルの列に変換することである．言語的情報の埋め込みには，第 4 章におけるトランスフォーマのエンコーダが有用である．しかし，入力がテキストではなく音声となるため，音声情報処理特有の前処理が必要となる．

エンコーダの構成例を処理の順序とともに図 5.2 に示す．図 5.2 における処理は，前処理，中間処理，後処理の 3 つに分かれている．まず，前処理では，x を入力とした，ニューラルネットワーク g を導入し，

$$o = g(x) \tag{5.3}$$

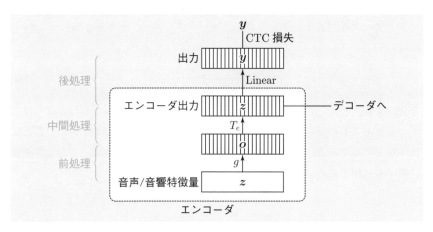

図 5.2　エンコーダの構成例

という形式で，ベクトル列 $o = (o_1, o_2, \ldots, o_{T''})$ を算出する．この部分は，音声の局所的な特徴を抽出するためのものであるため，畳み込みニューラルネットワークを用いるとよい．具体的には，MFCC やフィルタバンク特徴量といった，第 2〜3 世代の音声認識から有効性が確認されている特徴量を入力として用いた上で，

$$g = \text{Linear} \circ \text{ReLU} \circ \text{Conv2D} \circ \text{ReLU} \circ \text{Conv2D} \tag{5.4}$$

などといった，単純な畳み込みニューラルネットワークを構成すればよい．ここで，Conv2D は 2 次元畳み込み，ReLU は ReLU 関数である．

中間処理には，トランスフォーマのエンコーダ T_e を用いる．これによって，式 (5.1) の Encoder は

$$\text{Encoder}(x) = T_e(o) \tag{5.5}$$

と定義される．トランスフォーマのエンコーダを用いる代わりに，RNN や Bi-LSTM などのモデルを用いることも可能である．その場合は，g を VGGNet などに倣って，大きな畳み込みニューラルネットワークに置き換えるとよい．この部分の出力 $z = \text{Encoder}(x)$ はデコーダの入力となる．

後処理は，エンコーダの出力のみでテキストを予測する場合に必要となる．たとえば，後で述べる CTC 損失を利用するためには，図 5.2 の通り，線形変換とソフトマックス関数を追加しておくとよい．すなわち，$z = (z_1, z_2, \ldots, z_{T''})$ に対して，

$$\dot{y}_t = \text{Softmax}(\text{Linear}(z_t)) \tag{5.6}$$

を算出する．ただし，ここで得られる $\dot{y} = (\dot{y}_1, \dot{y}_2, \ldots, \dot{y}_{T''})$ の長さ T'' は必ずしもテキストの長さ T' に一致しない（多くの場合 $T'' > T'$ である）ことには注意が必要である．以上が Speech-To-Text のためのエンコーダおよびそれに関する処理である．

5.2.3 デ コ ー ダ

デコーダの役割は，エンコーダから得た z をテキストに変換（復元）することである．図 5.3 にその構成例と処理の概要を示す．式 (5.2) の通り，$\hat{y}_t$ を算出するためのデコーダの入力は，エンコーダから得た $z = \mathrm{Encoder}(x)$ と，直前までのテキスト $\tilde{y}_{1:t-1}$ の 2 つである．また，図 5.3 では，デコーダに関する処理も，前処理，中間処理，後処理の 3 つに分かれている．

前処理は，デコーダへの入力のうち，$\tilde{y}_{1:t-1}$ をベクトル化するための処理である．この部分は第 4 章と同様に埋め込みベクトルを用いる．すなわち，テキストを構成する単位ごとに，学習可能な埋め込みベクトルを用意しておき，ベクトル列

$$e_{1:t-1} = (e_1, e_2, \ldots, e_{t-1}) \tag{5.7}$$

を得る．

中間処理には，トランスフォーマのデコーダ T_d を用いる．この場合，式 (5.2) の Decoder は

$$\mathrm{Decoder}(z, \tilde{y}_{1:t-1}) = T_d(z, e_{1:t-1}) \tag{5.8}$$

と定義される．デコーダの構成はエンコーダの構成に合わせるとよく，エン

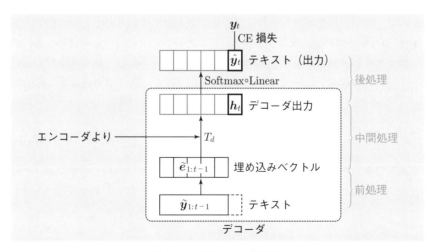

図 5.3　デコーダの構成例

コーダ側で RNN や Bi-LSTM などといった，トランスフォーマ以外のモデル
を用いた場合は，それに合わせて T_d を適切なものに置き換えればよい．

　後処理は，エンコーダの場合と同様に線形変換とソフトマックス関数を用い
る．すなわち，

$$\widehat{\boldsymbol{y}}_t = \text{Softmax}(\text{Linear}(\boldsymbol{h}_t)) \tag{5.9}$$

という形で，テキストの t 番目の要素を予測する．ここで，$\boldsymbol{h}_t$ はベクトル列
$\boldsymbol{h} = \text{Decoder}(\boldsymbol{z}, \widetilde{\boldsymbol{y}}_{1:t-1})$ における t 番目のベクトルである．この後処理は，次
に述べる交差エントロピー損失を想定したものであり，他の損失関数を設計し
たい場合には，後処理の方法を変更してもよい．

5.2.4　損　失　関　数

　エンコーダとデコーダを学習するための損失関数には，大きく分けて 2 つ
の種類がある．1 つ目は，デコーダの出力に分類問題の損失関数を適用するも
のである．前述の通り，デコーダの出力 $\widehat{\boldsymbol{y}}_t$ は最後にソフトマックス関数を用
いて得られているため，正解ラベル $\boldsymbol{y}_t$ との間の交差エントロピー損失を計算
することができる．これは第 4 章のトランスフォーマの学習と同様のもので
ある．

　2 つ目は，Connectionist Temporal Classification（CTC）損失と呼ばれる
もので，エンコーダの出力から直接損失関数を計算するものである．**CTC 損
失**は，RNN を用いてセグメント化されていないデータにラベルを付与するため
に提案されたものである．この損失は，音声データの無音区間を削除し，持続
的に同じ音が発音されている区間を短縮することによって計算される．たとえ
ば，「はい」という単語の発声は，記号列としては 3 つの音素/h/, /a/, /i/の列

$$\boldsymbol{y} = (\text{h, a, i}) \tag{5.10}$$

で表現できる[2]．しかし，音声が与えられた場合，どこからどこまでが，どの
音素に対応しているかは自明ではない．もし，音声を短い時間単位で 10 個の
セグメントに区切って，セグメントごとに対応する音素を並べたとすると，

---

[2] $\boldsymbol{y}$ はワンホットベクトルの列であため，$\boldsymbol{y} = (\text{One-hot}(\text{h}), \text{One-hot}(\text{a}), \text{One-hot}(\text{i}))$ と
書くべきであるが，煩雑になるためここでは記号のみを記している．

$$\dot{y} = (\_, \text{h}, \text{h}, \text{a}, \text{a}, \text{a}, \_, \text{i}, \_, \_) \tag{5.11}$$

といったように，音素/h/や/a/に対応する部分が複数存在したり，前後や途中に空白を表す/_/が挿入されたりすることとなる．CTC 損失は，このような空白と繰り返しを，任意の回数削除してよいという考えのもとで定義される．具体的な定義は以下の通りである．

$$\mathcal{L}_{\text{ctc}} = -\log \sum_{\pi \in \Psi(y; T'')} p(\pi | \dot{y}). \tag{5.12}$$

ここで，$\dot{y}$ は式 (5.6) におけるエンコーダの後処理の出力，T'' は $\dot{y}$ の長さ，$p(\pi | \dot{y})$ は尤度，$\Psi(y; T'')$ は長さ T'' の記号列のうち空白と繰り返しを削除することで y になるものの集合である．たとえば，式 (5.10) の y と式 (5.11) の $\dot{y}$ を考えると，$\dot{y}$ の空白と繰り返しを削除することで y が得られるため，$\dot{y}$ は $\Psi(y; T'')$ の要素となる．この損失は Forward-Backward アルゴリズムにより効率的に計算することができる．Forward-Backward アルゴリズムや**ビームサーチ**は第 3 世代の音声認識と同様であるため，本書では解説をしないが，興味のある読者は文献[112] などを参照されたい．

　エンコーダ・デコーダモデルの学習の際，以上の 2 種類の損失関数は，重み α を導入して両方用いるとよい．すなわち，損失関数は

$$\mathcal{L} = \alpha \mathcal{L}_{\text{dec}} + (1 - \alpha)\mathcal{L}_{\text{ctc}} \tag{5.13}$$

としてエンコーダとデコーダを学習する．ここで，$0 \leq \alpha \leq 1$ は定数である．

　テスト時は，これに別途用意した言語モデルの評価値 $\mathcal{L}_{\text{lm}}$ を加えると，さらに音声認識の精度が向上する．この場合，

$$\hat{y} = \arg\max_{y} (\alpha \mathcal{L}_{\text{dec}} + (1 - \alpha)\mathcal{L}_{\text{ctc}} + \beta \mathcal{L}_{\text{lm}}) \tag{5.14}$$

をビームサーチにより求めればよい．ここで，$\beta > 0$ は定数である．以上が基本的な音声認識の構成である．

5.3 音 声 合 成

　音声を人工的に生成することを**音声合成**（speech synthesis）という．単に音声合成といった場合，現在ではテキストからその読上げ音声を生成する Text-to-Speech 変換のことを指すことが多いが，歴史的には録音編集方式と規則合成方式と呼ばれる 2 つの方式がある．録音編集方式とは，あらかじめ収録された短い音声を結合して新たな音声を生成する方式である．この方式では音声を滑らかに接続する方法などが検討されてきた．規則合成方式には広義と狭義があり，広義には記号列から何らかの規則に基づいて音声を生成する方式全体を，狭義には音素などの合成単位を規則的に組み合わせて音声を合成する方式を指す．以下で解説するのは，End-to-End 学習に基づいた Text-to-Speech 変換であり，これは広義の規則合成方式が，コーパスベースの統計的モデルを経て，ニューラルネットワークへと発展したものである．

5.3.1　音声合成の枠組み

　ここでは，テキストを入力として，それを読み上げた音声を出力することを考える．ただし，本書ではテキストに対する音素列が与えられているものと仮定し[♠3]，図 5.4 に示す構造を考える．

　図 5.4 の構造は，入力の音素列 x から中間出力としてメルスペクトログラム $\hat{y}$ を生成し，そこから音声 $\hat{u}$ を得るためのものである．入力は長さ T のワンホットベクトルの列 $x = (x_1, x_2, \ldots, x_T)$ として与えられていると仮定する．中間出力のメルスペクトログラム $\hat{y} = (y_1, y_2, \ldots, y_{T'})$ は，音声の周波数成分の時間変化を表したものであり，多くの場合，80 次元程度のベクトルの列である．周波数の尺度には，人間の聴覚特性に基づいたメル尺度が用いられる．また，実際には対数をとった値（対数メルスペクトログラム）を扱うことがほとんどである．

　図 5.4 には**エンコーダ**，**デコーダ**，**ボコーダ**の 3 つの要素がある．エンコーダは，音素列 x をベクトル列 z に変換するものであり，音声認識の場合と同様に，この変換を

[♠3]音素列の取得方法は言語ごとに異なるが，日本語の場合は UniDic などの辞書を MeCab などのライブラリとともに用いるとよい．

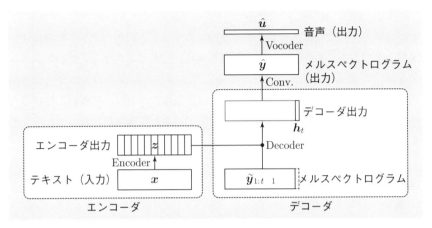

図 5.4　音声合成のためのエンコーダとデコーダの例

$$z = \mathrm{Encoder}(x) \tag{5.15}$$

と書く．デコーダは，z を用いて y_t $(2 \le t \le T')$ を予測するための特徴ベクトル h_t を算出する．ここでは，y_1 が開始を表すゼロベクトルであると仮定し，デコーダの変換を，

$$h_t = \mathrm{Decoder}(z, \widetilde{y}_{1:t-1}) \tag{5.16}$$

と書く．メルスペクトログラムの予測 $\widehat{y}$ は h に畳み込みニューラルネットワークを適用することで得る．最後に，ボコーダは $\widehat{y}$ を入力として音声 $\widehat{u}$ を出力する．これを

$$\widehat{u} = \mathrm{Vocoder}(\widehat{y}) \tag{5.17}$$

と書く．これら 3 つの変換で，入力の音素列から音声を得ることができる．

　デコーダとボコーダをまとめることで，メルスペクトログラムを介さずに z から直接 $\widehat{u}$ を求めるネットワークを構成することも可能である．しかし，学習の効率やメモリの制約などを考えると，ボコーダ部分は独立に学習をする方が良い場合も多い．以下では，ニューラルネットワークによるエンコーダ，デコーダ，ボコーダの構成例を示し，それらを学習するための損失関数について説明する．

5.3.2 エンコーダ

エンコーダの役割は，音素列を言語的情報を有する特徴ベクトルの列に変換することである．この部分は音声認識と同様に，トランスフォーマのエンコーダを用いて構成することが可能である．図 5.5 に音声合成のエンコーダの構成例を示す．ここでは，図 5.2 における音声認識のエンコーダと対応付けるために，前処理，中間処理という名称を用いているが，後処理はないことに注意する．

前処理では，音素ごとに学習可能な埋め込みベクトルを用意して，それぞれの音素列 x からベクトル列

$$e = (e_1, e_2, \ldots, e_T) \tag{5.18}$$

を得る．中間処理では，トランスフォーマのエンコーダ T_e を用いる．すなわち，式 (5.15) の Encoder は

$$\mathrm{Encoder}(x) = T_e(e) \tag{5.19}$$

と定義される．以上のように，音声認識と類似した構造で音声合成のエンコーダを構成することができる．

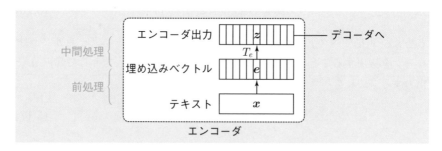

図 5.5　音声合成のためのエンコーダの構成例

5.3.3 デコーダ

デコーダの役割は，エンコーダの出力 $z = \mathrm{Encoder}(x)$ をメルスペクトログラムに変換（復元）することである．図 5.6 にその構成例を示す．ここでも前処理，中間処理，後処理がある．

前処理は，y_t の直前までのメルスペクトログラム $\tilde{y}_{1:t-1}$ に畳み込みニュー

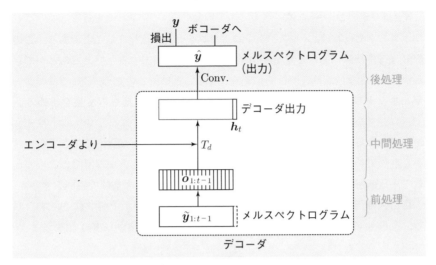

図 5.6　音声合成のためのデコーダの構成例

ラルネットワーク g を適用する．すなわち，

$$\boldsymbol{o}_{1:t-1} = g(\widetilde{\boldsymbol{y}}_{1:t-1}) \tag{5.20}$$

を計算する．

　中間処理は，トランスフォーマのデコーダ T_d を用いる．この部分も音声認識の場合と同様であり，式 (5.16) の Decoder は，

$$\mathrm{Decoder}(\boldsymbol{z}, \widetilde{\boldsymbol{y}}_{1:t-1}) = T_d(\boldsymbol{z}, \boldsymbol{o}_{1:t-1}) \tag{5.21}$$

と定義される．ここで，$\boldsymbol{z} = \mathrm{Encoder}(\boldsymbol{x})$ はエンコーダの出力である．

　最後に，後処理として，$\boldsymbol{h} = \mathrm{Decoder}(\boldsymbol{z}, \widetilde{\boldsymbol{y}}_{1:t-1})$ を新たな畳み込みニューラルネットワークに入力し，メルスペクトログラムの予測 $\widehat{\boldsymbol{y}}$ を得る．後処理は省略することも可能であるが，数層のネットワークを導入すると音質が向上する場合が多い．

　また，メルスペクトログラムは実ベクトルの列として表されているため，終端記号に相当するベクトルを定める代わりに，終端を予測する構造を導入しておくとよい．具体的には，$\boldsymbol{h}_t$ $(t = 1, 2, \ldots)$ から線形変換で予測を行えばよい．この部分は終端である $\boldsymbol{h}_{T'}$ を正例，残りを負例として学習する．

5.3.4 ボ コ ー ダ

ボコーダの役割は，メルスペクトログラムを音声に変換することである．この部分は音声認識における音響特徴抽出の逆演算に相当すると捉えることができるが，高精度な逆演算を解析的に定式化することは難しいため，ここではニューラルネットワークでメルスペクトログラムから音声波形への変換を求める．

ボコーダを構成するためには，音声波形を生成するニューラルネットワークが必要となる．この部分は高品質化と計算量削減の両面から，さまざまな検討がなされているが，本書では，それらの基礎となる考え方が理解できるものとして，WaveNet と呼ばれる自己回帰モデルを用いた例を挙げて説明をする．

自己回帰モデルでは，過去に出力した値から次の値が予測される．すなわち，音声 u の生成確率を以下のような条件付き確率の積から求める．

$$p(u|y) = \prod_{t=1}^{T} p(u_t|u_{1:t-1}, y). \tag{5.22}$$

ここで，y はメルスペクトログラムである．この定式化に基づけば，$u_{1:t-1}$ と y を入力として，u_t を出力するネットワークを構成するのがよい．しかし，T が大きい場合には計算量が増大してしまう．そこで，過去の出力の最大長を r として，$u_{1:t-1}$ ではなく，$u_{t-r-1:t-1}$ を入力としたネットワークを構成する．すなわち，

$$\widehat{u}_t = f(u_{t-r-1:t-1}, y) \tag{5.23}$$

という形で，u_t の予測 $\widehat{u}_t$ を算出するネットワーク f を構成する．

WaveNet は，ネットワーク f の具体的な構成例を与えるものである．その概要を図 5.7 に示す．前処理は，メルスペクトログラム y を入力とした，畳み込みニューラルネットワークによるものである．ここで y を新たな特徴量の列 l に変換する．中間処理は，拡張畳み込み（Dilated Conv.）を用いた残差ブロックが重なったネットワークである．残差ブロックは図 5.7 右の通り，3つの入力と 2 つの出力をもつ．この部分は，

$$(v_j, v_j^*) = \text{ResidualBlock}(u_{t-k}, v_{j-1}, l_t) \tag{5.24}$$

と書ける．ただし，$v_0 = u_{t-1}$，$k = 2^j$，$j = 1, 2, \cdots, J$ であり，J は残差ブ

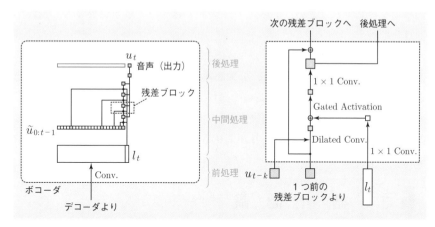

図 5.7　WaveNet を用いた音声合成のためのボコーダの構成例

ロックの数である．残差ブロック内の処理は図を参照されたい．後処理は，それぞれの残差ブロックからの出力の和 $\sum_j v_j^*$ を計算し，それに続いて，以下の畳み込みネットワーク g を適用する．

$$g = \text{Softmax} \circ \text{Conv1x1} \circ \text{ReLU} \circ \text{Conv1x1} \circ \text{ReLU}. \tag{5.25}$$

ここで，Conv1x1 はチャネル方向の畳み込み演算である．以上の処理から得られる出力が音声波形の予測 $\hat{u}$ となる．

　本書では，ボコーダのために WaveNet を導入したが，もともとの WaveNet は，メルスペクトログラムではなく，言語特徴量や話者を表現したベクトルを直接入力し，音声を生成するためのものであることに注意されたい．また，この構造は単純な一方で計算量が大きいため，並列化などの計算量削減方法を導入することが望ましい．

5.3.5　損 失 関 数

　エンコーダとデコーダの学習には，正解のメルスペクトログラム y とその予測 $\hat{y}$ の間の L_1 もしくは L_2 損失を用いる．この部分は第 2 章と同様であり，たとえば L_1 損失の場合は，各ミニバッチで

$$\ell = \sum_{t=1}^{T'} |\hat{y}_t - y_t| \tag{5.26}$$

の平均を計算すればよい．テキストの長さ T はデータごとに異なることに注意されたい．

　ボコーダは，エンコーダ・デコーダとは独立に学習を行う．WaveNet の学習では，出力を離散値と考えて，分類問題の損失を用いる．たとえば，音声波形を 8 bit の系列として生成するのであれば，$2^8 = 256$ クラスの分類問題を解くための，交差エントロピー損失を導入することができる．発展的には，敵対的学習を導入するこも可能であり，より高品質な音声を生成するための方法が提案されている．

5.4 話 者 認 識

　音声に含まれている個人性情報に基づき，話者を自動的に判定することを**話者認識**（speaker recognition）という．話者認識は，図 5.8 に示すように，**話者識別**（speaker identification）と**話者照合**（speaker verification）の 2 つの形態がある．

　話者識別は，あらかじめシステムに登録されている話者が N 人いる状態で，新たに入力された音声が誰のものかを判定する問題である．これは 2 章における N クラス分類問題と捉えることができるため，話者識別を行うネットワークは交差エントロピー損失などとともに学習が可能となる．

　話者照合は，入力された音声が，システムに登録された本人の音声か否かを判別する問題である．すなわち，話者照合システムには，登録と照合の 2 つの手続きがある．登録とは，システムの利用者が，利用開始時に自身の音声を登

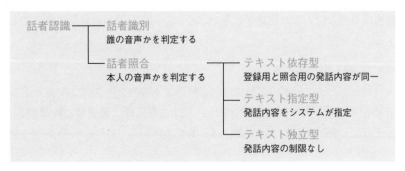

図 5.8　話者認識の問題設定

録する手続きである．照合とは，任意の音声を受け付け，それが登録された利用者本人の音声か否かを判別する手続きである．

　話者照合の方式は図 5.8 に示す通り，登録と照合における発話内容の指定方法によって，大きく 3 つに分けることができる．1 つ目のテキスト依存型では，登録時と照合時で同じ発話内容を用いる．これは話者照合の中で最も簡単な問題設定である．2 つ目のテキスト指定型は，発話内容を毎回システム側が指定する．この場合，音声中の言語的情報は既知であると考えることができるため，言語的情報と非言語的情報の分離が行いやすい．3 つ目のテキスト独立型は，発話内容に制限がない方式である．この方式は最も難しい問題設定であるが，広く応用が可能であるため，以下では，テキスト独立型を想定する．

　また，話者照合は，本人の音声か否かを判別するという意味で 2 値分類問題であるが，ニューラルネットワークを利用する場合，話者識別用ネットワークの中間層から抽出した特徴量を流用して，判定を行うことが可能である．そのため，話者識別と話者照合のどちらの場合でも，高精度な話者識別ネットワークを構成すればよい．

5.4.1　話者認識の枠組み

　図 5.9 に話者識別と話者照合の枠組みを示す．この枠組みは，音声 x から，個人性情報のベクトル表現 $z \in \mathbb{R}^d$ を得るためのものである．x から z への変換を話者情報のエンコードであると捉えて，

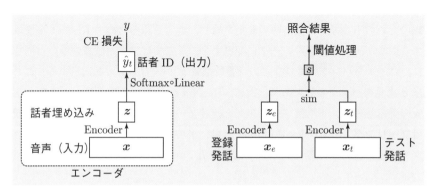

図 5.9　話者識別（左）と話者照合（右）の構成例

$$z = \mathrm{Encoder}(\boldsymbol{x}) \tag{5.27}$$

と書く. z は話者埋め込み（speaker embedding）とも呼ばれるベクトルである.

話者識別（図左）では, あらかじめ N 人の話者が決められているため, z から話者の識別番号 y を予測する. すなわち, y は $\{1, 2, \dots, N\}$ のどれかの値をとる. 話者照合（図右）では, 登録発話音声 $\boldsymbol{x}_e$ とテスト発話音声 $\boldsymbol{x}_t$ の 2 つに対して, それぞれ話者埋め込み z_e, z_t を抽出し, それらの類似度 $s = \mathrm{sim}(z_e, z_t)$ を計算する. その後, 閾値処理により, 登録発話とテスト発話の話者が同一かどうかを 2 値判定する. 以下では, エンコーダの構成とその学習方法について説明する.

5.4.2 エ ン コ ー ダ

エンコーダはニューラルネットワークを用いて構成することが可能である. テキスト独立型を仮定すると, エンコーダは言語的情報にできる限り依存しない話者埋め込み z を得るためのものとなる. そのため, トランスフォーマなどの音声の言語的情報を保つエンコーダが有効であった音声認識の場合とは異なり, 畳み込みニューラルネットワークなどの音声の局所的構造を抽出するネットワークが有効である. 以下では, いくつかの具体例を挙げる.

例 **5.1（ResNet）** 画像認識の畳み込みニューラルネットワークを転用する場合, 第 4 章の ResNet を用いるのが最も簡単である. この例では, 画像認識のための ResNet に最小限の変更を施し, 話者認識のための ResNet を構成する. まず, 入力は音声データに変更する. ここでは, 音声認識の場合と同様に, フィルタバンク特徴量などの音響特徴量 $\boldsymbol{x}$ が入力であると仮定する. これは d 次元のベクトル列である. 次に, ResNet の最初の 2 次元畳み込みを 1 次元の畳み込みに, 平均値プーリングを統計プーリングにそれぞれ変更する. **統計プーリング**（Statistics Pooling）とは, 平均と分散の値を計算するプーリングである. 統計プーリング層への入力を $\boldsymbol{h} = (\boldsymbol{h}_1, \boldsymbol{h}_2, \dots, \boldsymbol{h}_{T'})$ とすると, 出力は

$$\mathrm{StatisticsPooling}(\boldsymbol{h}) = \begin{bmatrix} \boldsymbol{\mu} \\ \boldsymbol{\sigma} \end{bmatrix} \tag{5.28}$$

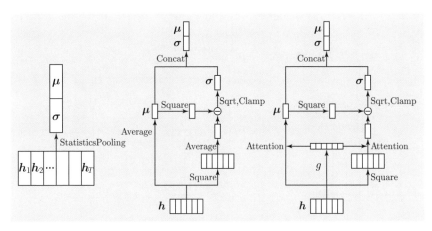

図 5.10 統計プーリング

である．ここで，$\boldsymbol{\mu}$ は $\boldsymbol{h}_t$ の平均，$\boldsymbol{\sigma}$ は $\boldsymbol{h}_t$ の分散であり，どちらもベクトルの要素ごとに計算される．そのため，詳細な計算順序は図 5.10 中央の通りであり，$\boldsymbol{h}_t$ が d' 次元のベクトルであれば，統計プーリング層の出力は $2d'$ 次元のベクトルとなる．これにより，入力音声の長さがデータごとに異なっていても，固定長の出力を得ることが可能となる．図中の統計プーリング層は，平均演算を 2 箇所で用いているが，この部分にアテンションを導入することも可能である．すなわち，図 5.10 右のように，入力 $\boldsymbol{h}$ に対して，アテンションの重みを計算する g を導入し，平均演算の部分を，得られた重み $w = g(\boldsymbol{h}) \in \mathbb{R}^{1 \times T}$ を利用した重み付き平均の演算に置き換える．ここで，g は

$$g = \text{Softmax} \circ \text{Conv1D} \circ \text{BN} \circ \text{ReLU} \circ \text{Conv1D} \tag{5.29}$$

など標準的な構成でよい．以上が最小限の変更であるが，さらに話者認識の精度を高めたい場合は，最大値プーリング層の削除，時間方向のストライドを 1 にするといった工夫を加えるとよい．

例 5.2（i-vector） i-vector は話者認識向けに話者埋め込み $\boldsymbol{z}$ を得る手法の一種である．ニューラルネットワークに基づくエンコーダではないが，原理を理解しておくとよい．まず，入力 $\boldsymbol{x} = (\boldsymbol{x}_1, \boldsymbol{x}_2, \cdots, \boldsymbol{x}_T)$ に対して混合ガウス分布を用いたクラスタリングを行い，混合要素ごとに以下で与えられる 1 次統計量を計算する．

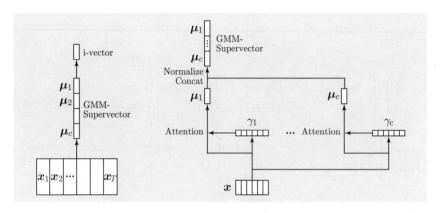

図 5.11　GMM Supervecotr

$$\widehat{\boldsymbol{\mu}}_c = \sum_{t=1}^{T} \gamma_{ct} \boldsymbol{x}_t. \tag{5.30}$$

ここで，$c = 1, 2, \cdots, C$ は混合要素の番号，

$$\gamma_{ct} = \frac{\pi_c \mathcal{N}(\boldsymbol{x}_t | \boldsymbol{\mu}_c, \boldsymbol{\Sigma}_c)}{\sum_{c'} \pi_{c'} \mathcal{N}(\boldsymbol{x}_t | \boldsymbol{\mu}_{c'}, \boldsymbol{\Sigma}_{c'})} \tag{5.31}$$

は c に対する寄与率である．混合ガウス分布のパラメータである混合比 π_c，平均ベクトル $\boldsymbol{\mu}_c$，分散共分散行列 $\boldsymbol{\Sigma}_c$ は事前に不特定多数の話者の音声から学習したものを用いる．次に，ベクトル $\boldsymbol{m} = [\widetilde{\boldsymbol{\mu}}_1^\top, \widetilde{\boldsymbol{\mu}}_2^\top, \cdots, \widetilde{\boldsymbol{\mu}}_C^\top]^\top$ を得る．ここで，$\widetilde{\boldsymbol{\mu}}_c = \pi_c \boldsymbol{\Sigma}_c^{-\frac{1}{2}} \widehat{\boldsymbol{\mu}}_c$ は正規化されたベクトルである．この $\boldsymbol{m}$ は GMM Supervector と呼ばれる．GMM Supervector の抽出では，寄与率 γ を重みとした重み付け平均が利用されている．この部分は図 5.11 に示すように，アテンションの一種だと解釈することも可能である．この GMM Supervector の生成過程を $\boldsymbol{m} = \boldsymbol{u} + \boldsymbol{T}\boldsymbol{w} + \boldsymbol{\epsilon}$ という形で定式化した因子分解で得られるベクトル $\boldsymbol{w}$ が i-vector である．ここで，$\boldsymbol{u} = [\boldsymbol{u}_1^\top, \boldsymbol{u}_2^\top, \cdots, \boldsymbol{u}_C^\top]^\top$ は不特定話者に関して推定したパラメータに関する GMM Supervector であり，$\boldsymbol{u}_c = \pi_c \boldsymbol{\Sigma}_c^{-\frac{1}{2}} \boldsymbol{\mu}_c$ として得られるものである．また，$\boldsymbol{T}$ は低ランク行列，$\boldsymbol{\epsilon}$ は平均 0 のノイズ成分である．$\boldsymbol{T}$ とノイズ成分の分散は EM アルゴリズムで学習する．i-vector はニューラルネットワークが発展する以前に最高の話者認識性能を達成していた特徴量抽出法である．i-vector の学習には次節の損失関数は利用しないので

注意されたい.

例 **5.3 (x-vector)** x-vector は,話者認識用のエンコーダネットワークから得られる話者埋め込みの総称である♠4. ネットワーク構造としては,1 次元の畳み込みを用いたニューラルネットワークに統計プーリングが適用されている形のものが多く,前述の ResNet に,Squeeze-Excitation 構造やアテンションの方向を工夫を導入したものが高い性能をもつことが知られている.また,これらのネットワークは時間遅れネットワーク(Time Delay Neural Network; TDNN)の発展とも位置付けられ,代表的なものに ECAPA-TDNN がある.

5.4.3 損 失 関 数

エンコーダの学習では,判別問題に関する損失関数を用いることが一般的である.以下では,発話 $x_i \in \mathcal{X}$ と話者ラベル $y_i \in \mathcal{Y}$ の対からなる観測データ $D = \{(x_i, y_i)\}_{i=1}^n$ が与えられたとして,損失関数の例を挙げる.ここで,$\mathcal{Y} = \{1, 2, \cdots, N\}$ は N 人の話者を表すラベルの集合であり,各発話はその中の 1 人のみが喋っている部分を切り出したものであると仮定する.

例 **5.4(交差エントロピー損失)** 損失関数の最も単純な例は,第 2 章における**交差エントロピー損失**である.観測データ $D = \{(x_i, y_i)\}_{i=1}^n$ に対して,交差エントロピー損失は以下で与えられる.

$$\mathcal{L} = -\frac{1}{n} \sum_{i=1}^n \log \frac{\exp(w_{y_i}^\top z_i + b_{y_i})}{\sum_{c=1}^N \exp(w_c^\top z_i + b_c)}. \tag{5.32}$$

ここで,$z_i = \text{Encoder}(x_i)$ は話者埋め込み,w_c, b_c は学習可能パラメータである.ここでは,パラメータ $\{w_c, b_c\}_{c=1}^N$ をもつ線形層を,エンコーダの最後に連結していることを明示的に記述している.

交差エントロピー損失は N クラス分類問題に関する損失関数であるため,N 人の話者を判定する話者識別に適している.実際,新たな発話 $x \in \mathcal{X}$ に対して,

---

♠4狭義には x-vector という名前で最初に提案された Snyder らの話者埋め込みのみを指す.

$$\widehat{y} = \arg\max_c (\boldsymbol{w}_c^\top \boldsymbol{z} + b_c) \tag{5.33}$$

として，話者ラベルを予測することができる．ただし，ここでの $\boldsymbol{w}_c, b_c, \boldsymbol{z} =$ Encoder$(\boldsymbol{x})$ はすべて学習後のものである．

　学習済みのエンコーダを話者照合に用いることも可能である．前述のように，話者照合では登録と照合の 2 つの手続きがあるため，それぞれの処理について説明する．まず，登録の手続きでは，観測データにない新たな発話 $\boldsymbol{x}_e \in \mathcal{X}$ もしくはその話者埋め込みを保存する．ここでエンコーダは学習済みのものを用いる．次に，照合の手続きでは，もう 1 つの新たな発話 $\boldsymbol{x}_t \in \mathcal{X}$ が与えられ，その話者が登録話者と同一であるか否かを判定する．最も簡単には，以下で計算されるコサイン類似度に閾値処理を適用することで，判定を行えばよい．

$$\text{sim}(\boldsymbol{x}_e, \boldsymbol{x}_t) = \frac{\boldsymbol{z}_e^\top \boldsymbol{z}_t}{\|\boldsymbol{z}_e\|_2 \|\boldsymbol{z}_t\|_2}. \tag{5.34}$$

ただし，$\boldsymbol{z}_e = $ Encoder$(\boldsymbol{x}_e)$ と $\boldsymbol{z}_t = $ Encoder$(\boldsymbol{x}_t)$ はそれぞれ登録とテストの発話に関する話者埋め込みである．

　以上により，話者識別と話者照合を実現できるが，話者照合では，交差エントロピー損失による学習が必ずしも適しているとは限らない．これは，話者照合システムが不特定多数の利用者を想定するためである．すなわち，システムの開発段階（エンコーダの学習）で用いる観測データには，実際の登録話者やテスト話者の音声が含まれているとは限らない状況を想定しなくてはならない．そのため，観測データにおける N 人の話者の分類に注力する交差エントロピー損失の代わりに，実際の利用者（N 人に含まれていない人物）に対しても，適切な話者埋め込みが得られるように工夫が必要となる．その具体例として，以下では，話者埋め込み間の距離尺度あるいは類似度を直接最適化するための距離学習について説明する．

5.4.4　距　離　学　習

　距離学習（metric learning）とは，空間 $\mathcal{X}$ 上の距離尺度 $d(\cdot, \cdot)$ を学習によって得るための枠組みである．ここで，L_2 正規化された実ベクトル空間を考えれば，ユークリッド距離の最小化がコサイン類似度の最大化と等価となるため，コサイン類似度を基準として最適化を行う方式も距離学習の一種と捉えることができる．

　ニューラルネットワークの学習に距離学習を導入するには，距離を学習可能な何らかのネットワークを用いて表した上で，損失関数の部分を変更すればよい．たとえば，2つのデータ $\boldsymbol{x}_a, \boldsymbol{x}_b$ に対して，エンコーダを用いて，距離を

$$d(\boldsymbol{x}_a, \boldsymbol{x}_b) = \|\boldsymbol{z}_a - \boldsymbol{z}_b\|_2 \tag{5.35}$$

と定義すればよい．ここで，$\boldsymbol{z}_a = \mathrm{Encoder}(\boldsymbol{x}_a)$ と $\boldsymbol{z}_b = \mathrm{Encoder}(\boldsymbol{x}_b)$ はエンコーダの出力であり，話者認識の場合は発話 $\boldsymbol{x}_a, \boldsymbol{x}_b$ に対する話者埋め込み，画像認識の場合は画像 $\boldsymbol{x}_a, \boldsymbol{x}_b$ に対する特徴ベクトルだと考えればよい．式 (5.35) ではユークリッド距離を用いているが，これを別の距離尺度，あるいはコサイン類似度などの類似度に置き換えてもよい．このように計算される距離 $d(\boldsymbol{x}_a, \boldsymbol{x}_b)$ に基づいて損失関数を設計する．以下では，具体例をいくつか挙げる．

例 5.5（対照損失）　対照損失（contrastive loss）は，2つのデータ間の距離を，直接最小化あるいは最大化する損失関数である．定義は以下の通りで，距離学習の最も単純な例といえる．

$$\ell = y \left\{ d(\boldsymbol{x}_a, \boldsymbol{x}_b) \right\}^2 + (1 - y)[\max\{0, m - d(\boldsymbol{x}_a, \boldsymbol{x}_b)\}]^2. \tag{5.36}$$

ここで，y は $\boldsymbol{x}_a, \boldsymbol{x}_b$ の正解ラベルが一致しているときに1，そうでないときに0をとる変数，m はマージンと呼ばれるハイパーパラメータである．この損失関数は，2つのデータ $\boldsymbol{x}_a, \boldsymbol{x}_b$ が与えられたとき，それら2つの正解ラベルが一致していれば距離 $d(\boldsymbol{x}_a, \boldsymbol{x}_b)$ が小さくなるよう働く．これは式 (5.36) の第1項で距離 $d(\boldsymbol{x}_a, \boldsymbol{x}_b)$ の2乗が最小化されるためである．また，2つのデータの正解ラベルが一致していない場合，距離 $d(\boldsymbol{x}_a, \boldsymbol{x}_b)$ が大きくなる．しかし，$d(\boldsymbol{x}_a, \boldsymbol{x}_b)$ が無限に大きくならないように制御が必要である．そこでマージン $m > 0$ を与えておき，$d(\boldsymbol{x}_a, \boldsymbol{x}_b)$ が m よりも大きければ2つのデータが十分離れていると見なし，損失関数の値を0にする．この仕組みは第2項の $\max\{0, m - d(\boldsymbol{x}_a, \boldsymbol{x}_b)\}$ の部分で定式化されている．以上により，同一クラスのデータ間は距離が近くなり，それ以外のデータ間は距離が遠くなるように，エンコーダが学習される．

例 5.6（トリプレット損失）　トリプレット損失は，対照損失の拡張であり，データの 3 つ組 $(\boldsymbol{x}_a, \boldsymbol{x}_p, \boldsymbol{x}_n)$ に対して定義される．$\boldsymbol{x}_a, \boldsymbol{x}_p, \boldsymbol{x}_n$ はそれぞれアンカー，正例，負例と呼ばれ，正例はアンカーと同じラベルを，負例はアンカーと異なるラベルをもつデータである．このようなデータの 3 つ組を，観測データからランダムにサンプリングした上で，トリプレット損失は以下のように定義される．

$$\ell = \max\bigl\{\{d(\boldsymbol{x}_a, \boldsymbol{x}_p)\}^2 - \{d(\boldsymbol{x}_a, \boldsymbol{x}_n)\}^2 + m, 0\bigr\}. \tag{5.37}$$

ここで，m はマージンである．対照損失と比較すると，マージンが 2 つの距離の 2 乗の差に対して作用する点が異なるが，同じラベルをもつデータ間の距離を小さくし，異なるラベルをもつデータ間の距離を相対的に大きくするという点は共通している．

例 5.7（コサイン類似度を用いた交差エントロピー損失）　次に，コサイン類似度を用いた損失の例をいくつか説明する準備として，式 (5.32) の交差エントロピー損失における線形変換をコサイン類似度に置き換えた損失の定義を以下に与える．

$$\mathcal{L} = -\frac{1}{n}\sum_{i=1}^{n}\log\frac{\exp(s\cos\theta_{y_i,i})}{\sum_{c=1}^{N}\exp(s\cos\theta_{c,i})}. \tag{5.38}$$

ここで，

$$\cos\theta_{c,i} = \frac{\boldsymbol{w}_c^{\top}\boldsymbol{z}_i}{\|\boldsymbol{w}_c\|_2\|\boldsymbol{z}_i\|_2} \tag{5.39}$$

は $\boldsymbol{w}_c$ と $\boldsymbol{z}_i$ の間のコサイン類似度であり，s はスケーリングのためのハイパーパラメータである．コサイン類似度を用いた学習は，埋め込みベクトル $\boldsymbol{z}$ を半径 1 の超球面上で学習することと等価であり，類似度が -1 から 1 の範囲に収まることから，観測データ外のデータ間でも極端に大きな値を出力することがない．話者照合など不特定多数の未知データを扱う場合には，この作用が安定した性能につながることが多い．

例 5.8（AM-Softmax 損失）　Additive Margin Softmax 損失は，コサイン類似を用いた交差エントロピー損失に，対照損失やトリプレット損失で用いられていたマージン $m > 0$ を導入したものである．マージンは $\cos\theta_{y_i,i}$ の値を

より大きくするために導入すればよいため，コサイン類似度の値から m を引く形として，以下のように定義する．

$$\mathcal{L} = -\frac{1}{n}\sum_{i=1}^{n}\log\frac{\exp(s(\cos\theta_{y_i,i}-m))}{\exp(s(\cos\theta_{y_i,i}-m))+\sum_{c\neq i}\exp(s\cos\theta_{c,i})}. \quad (5.40)$$

例 5.9（SphereFace 損失） SphereFace 損失は，マージンの導入において，$\cos\theta_{y_i,i}$ に m をかける形をとる．すなわち，損失関数は以下のように定義される．

$$\mathcal{L} = -\frac{1}{n}\sum_{i=1}^{n}\log\frac{\exp(s\cos(m\theta_{y_i,i}))}{\exp(s\cos(m\theta_{y_i,i}))+\sum_{c\neq i}\exp(s\cos\theta_{c,i})}. \quad (5.41)$$

例 5.10（AAM-Softmax 損失） AAM-Softmax 損失（ArcFace 損失ともいう）は，マージンの導入において，$\cos\theta_{y_i,i}$ の $\theta_{y_i,i}$ に m を加える形をとる．すなわち，損失関数は以下のように定義される．

$$\mathcal{L} = -\frac{1}{n}\sum_{i=1}^{n}\log\frac{\exp(s\cos(\theta_{y_i,i}+m))}{\exp(s\cos(\theta_{y_i,i}+m))+\sum_{c\neq i}\exp(s\cos\theta_{c,i})}. \quad (5.42)$$

コラム：話者認識のデコーダ

　画像生成では，「車」や「飛行機」などのカテゴリラベルに依存して，ランダムに画像を出力するデコーダが構成可能であった．これと同様に，ランダムに特定の話者の音声を出力するデコーダを構成することはできるだろうか．音声合成では，話者情報について述べなかったが，暗黙的に特定話者モデル（学習とテストで話者が 1 名である状況のモデル）を仮定していた．複数話者の音声を生成するには，話者埋め込みを音声合成のエンコーダ出力に連結するなどの工夫が必要となる．また，本書では取り扱わなかった内容には，音声から音声への声質変換などもある．本書で言語・画像・音を扱うニューラルネットワークの基礎を学んだ後は，音声，音楽，音響など音に含まれるさまざまな情報を認識・生成するエンコーダとデコーダの構成にチャレンジしてみてほしい．

5.5　音響特徴量

　最後に，補足として，ニューラルネットワークの入力として利用される音響特徴量を紹介する．これらは第 2〜3 世代の音声認識から広く用いられているものである．詳しい原理は，文献[112] などに譲るとして，ここでは簡単な説明と，典型的なハイパーパラメータの設定などについてまとめておく♠5．

5.5.1　音声波形

　一般に，マイクで収録された音声は，符号化されて計算機に取り込まれる．音声認識や話者認識では，単チャネルの音声波形を扱うことがほとんどである．すなわち，音声波形をそのまま入力として用いる場合，入力 $\boldsymbol{x} = (x_1, x_2, \cdots, x_T)$ は 1 次元の時系列データとなる．無音区間除去のための音声区間検出や，データ拡張のためのノイズ重畳など，前処理が必要な場合は Kaldi などの音声処理ライブラリを用いるとよい．また，本書の範囲外ではあるが，複数のマイク，マイクロフォンアレイを用いた音源分離などを行う場合は，複数チャネルの音声を入力とすることもある．

5.5.2　メルスペクトログラム

　音声波に含まれる位相情報は，収録や伝送における影響を受けやすく，また，人間の音声の知覚には寄与しないことがほとんどである．そのため，短時間スペクトルを抽出し，特徴量を設計することが，多くの音声情報処理のタスクに役立つ．そこで，図 5.12 のように音声に窓関数を適用し，短時間に区切られた音声セグメントごとにスペクトル分析を行い，得られたスペクトログラム $\boldsymbol{x} = (x_1, x_2, \ldots, x_T)$ をニューラルネットワークの入力として用いる．この際，人間の知覚的特性に基づいて低周波数部分は高い解像度を保つ方が望ましいことが知られている．具体的には，メル尺度を用いてスペクトル分析を行えばよい．これにより得られたスペクトログラムは，**メルスペクトログラム**と呼ばれており，とくに音声合成のニューラルネットワークの入出力（デコーダ出力とボコーダ入力）として広く採用されている．ベクトル $\boldsymbol{x}$ の次元は 80 程度が一般的である．

　♠5ほとんどの場合は Kaldi や torchaudio の実装をそのまま使えばよい．

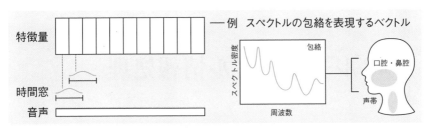

図 5.12 音響特徴量の抽出

5.5.3 MFCC

メル周波数ケプストラム係数（MFCC）は第 1〜2 世代の音声認識から広く長く利用されている特徴量である．音声認識では，音素の認識が最も大きな課題となる．人間の発声の構造を考えると，音素の特徴はスペクトルの概形に現れるため，それを低次元の特徴量で表したものが MFCC だと考えればよい．具体的には，スペクトルの抽出後，メル尺度に基づいたフィルタバンク処理，離散コサイン変換を用いたケプストラム分析を経て得られる，離散コサイン変換の係数が特徴量となる．これに時間差分である ΔMFCC，時間差分の差分ΔΔMFCC を連結してもよい．MFCC の次元は 12 次元もしくはその倍程度を用いるのが一般的である．

マルチモーダル情報処理 6

　深層学習がもたらした効果は，自然言語，画像，音声といったそれぞれのメディアでの認識や生成の精度の向上だけではない．第1章でも述べられている通り，各モダリティにおける認識を司る**エンコーダ**と生成を司る**デコーダ**が確立し，その主要技術が**畳み込みニューラルネットワーク**や**再帰型ニューラルネットワーク**，そして最近は**トランスフォーマ**といった共通のもので統一された．深層学習が登場するまでは，本書にまとめられているようなモダリティでもそれぞれ独立な技術体系を築いており，お互いの参入障壁の大きさがマルチモーダルな理解や生成といった研究を進めることの困難さの主因となっていた．本章では，マルチモーダル情報処理と題して，こうした複数モダリティを用いたメディア理解について紹介する．まず6.1節でマルチモーダル情報処理の体系化を試みる．次に6.2節，6.3節，6.4節でそれぞれ音と画像，画像と自然言語，音と自然言語という2つのモーダルデータを組み合わせた事例について紹介する．そしてこれらの3つのモダリティを組み合わせた例を6.5節で触れた後に，マルチモーダル情報処理特有の難しさについて6.6節で述べる．

6.1　マルチモーダル情報処理とは

　マルチモーダル情報処理とは何か．本節では，その入出力の形態による分類を試みる．

　まず，入力が複数のモダリティのデータであって，その出力が判別・回帰・ランキングなどの推論結果となっているものを**マルチモーダル理解**と呼ぶことにする．たとえば6.3節で紹介する**ビジュアル質問応答（VQA）**はこの典型例である．動画像[♠1]とその音声から動画の分類を行うのもマルチモーダル理

[♠1]ここでは画像の時系列を動画像，音声を加えたものを動画ということにする．

解である.

後述するマルチモーダル変換の中での「検索」アプローチに近いマルチモーダル理解タスクとして,異なるモーダルデータ同士でその全体/一部のマッチングスコアを算出するタスクが非常に広く存在する.これは表層的には多種多様なタスク名が付与されているものであるが,本質的には「異なるモーダルデータ同士でその全体/一部のマッチングスコアを算出するタスク」で共通している.たとえば画像と言語であれば,画像とそのキャプションが与えられたときに,画像全体とキャプション全体での意味的なマッチングスコアを計算するもの(**クロスメディア検索**)から画像の一部の領域とキャプションの一部のフレーズのマッチングスコアを計算するもの(**グラウンディング**または**参照表現理解**)まで存在する.画像の代わりに動画がキャプションと与えられたときには,動画内でそのキャプション全体/その一部と動画の各再生時間区間や空間領域との組合せ(チューブ)を計算するようなバリエーションが生じる.音と動画像を与えられたときに,動画像のどの空間からそれぞれの音が生じているのかという**ビジュアル音源定位**や,複数の音が同一のチャネルで観測され音響データと動画像からそれぞれの音源に分離する**ビジュアル音源分離**なども,音と視覚データの一部同士のマッチングスコアを計算するものと見なせる.

次に,入力されたモダリティのデータから,別のモダリティのデータを出力するものを**マルチモーダル変換**と呼ぶ.とくに入力と出力のモダリティが異なる場合には**クロスモーダル変換**と呼べるが,マルチモーダル変換の場合は入力と出力の一部で同じモダリティのデータが含まれるものも対象となる.

ここまで述べると,入力として判別・回帰・ランキング等のタスクで教師として与えられるようなラベル情報が与えられ,その出力がマルチモーダルデータである問題もあるのではないかと考える読者諸賢もいるかもしれない.**マルチモーダル生成**というような名前が付きそうなこの分野は,しかしながらほとんど取り組みが存在しない.この理由を端的に述べるのであれば,生成しうるマルチモーダルデータの多様性によるものであると考えられる.すなわち,音声が伴う動画列のような複雑かつ長時間にわたるデータを,いくつかのラベルや連続値からコントロールすることが難しいのではないだろうか.たとえば静止画像の生成でこうしたラベルを入力するものは多く存在するので,マルチ

モーダル生成との間の難易度の狭間がここに存在すると思われる♠2.

　ここまでをまとめると，本書で扱うべきマルチモーダル情報処理は以下の 2 分類となる.

- **マルチモーダル理解**：マルチモーダルデータから判別・回帰・ランキング等の推論を行うもの.
- **マルチモーダル変換**：入力されたモダリティから別のモダリティの情報を出力するもの. クロスモーダル変換とも呼ばれる.

そしてさらに，マルチモーダル変換はいくつかのサブタスクに分割できる.

6.1.1　マルチモーダル変換

　入力したデータからまた何らかのデータを出力する際に，大別して既存のデータを「検索」するアプローチと，新規にデータを「生成」するアプローチが存在する.

　マルチモーダル変換を検索によって達成する場合には，入力されるモーダルデータと出力しうるモーダルデータそれぞれを紐付ける仕組みが必要になる. 典型的な方法論としては，入力と出力それぞれのモーダルデータを共通の高次元空間などに変換するエンコーダを 2 つ用意するものが存在する. 出力する可能性のあるモーダルデータ群をあらかじめすべてこの空間のベクトルとして変換しておき，入力データを同様にこの空間のベクトルに変換し，最近傍のデータを検索することになる. こうした研究は**マルチモーダル埋め込み**や**距離学習**などと関連する.

　マルチモーダル変換を生成によって達成する場合には，2.5 節で述べたような生成モデルをデコーダに用いる. 入力されたモーダルデータをエンコードしてベクトルに変換し，そのベクトルをデコーダに入力してまた何らかのモダリティのデータを出力する**エンコーダ・デコーダモデル**を活用することになる.

　要するに，マルチモーダル変換は入力データにも出力データにもエンコーダを適用し，マルチモーダル生成は入力データにエンコーダを，出力データにデコーダを適用するというのが大きな違いである.

♠2マルチモーダルデータに判別や回帰などの推論結果をインデックス付けし，そうしたラベルや数値からマルチモーダルデータを逆引きする検索は可能である. しかし，その本質はマルチモーダル理解になるので，やはりここでは該当しない.

6.1.2 **非言語情報と言語情報**

ここまでマルチモーダル情報処理の分類について論じてきた．他の分類軸として，言語情報か非言語情報かという観点が存在する．自然言語かどうかということではない．自然言語以外のモダリティの中に，言語情報が含まれているかどうかという議論である．

具体例を挙げた方がイメージしやすいので，実際のモダリティに即して考えてみよう．画像や動画として入力されたデータの中には，書籍や書類，街中の看板や表示を捉えたものも多く含まれる．このように画像などに含まれる文字列がまさに言語情報である．こうした文字を認識するのが**光学的文字認識**（Optical Character Recognition; OCR）であり，そうした文字が含まれる看板などの領域を画像中から探すのが**シーンテキスト検出**である．

視覚データの中にシンボル化された言語情報が直接埋め込まれている他の例として，**読唇**（lipreading）タスクと**手話翻訳**（Sign Language Translation; SLT）タスクが存在する．読唇タスクでは，音声の代わりにそれを読み上げる人物の唇の動きから，音声認識と同様にある言語のテキストに変換することが目的となる．手話翻訳では，手話を扱う人物の動画像からその発言内容を推定する．読唇と手話翻訳での違いの1つとして，読唇はある自然言語と同じ文法による発話を視覚的に音声認識するのに対して，手話は同じ言語圏でも口頭言語と異なる文法に基づいてジェスチャーとして表出された発話を視覚的に音声認識する．手話を各単語に相当するビデオクリップに分割して認識するタスクを **Isolated Sign Language Recognition**（ISLR）と呼び，深層学習が流行するよりも10年以上前から研究が存在している[113]．そしてそのような単語の系列を動画全体から認識するタスクが **Continuous Sign Language Recognition**（CSLR）と呼ばれて取り組まれている[114]．しかしながら，手話の文法は口頭言語のそれと異なるため，認識結果を口頭言語話者に提示しても意味がわかりにくい．SLT はそのような手話を口頭言語に翻訳するタスクであり，初期こそ ISLR の結果から口頭言語に変換する text-to-text のアプローチがとられていたものの，現在では動画から直接口頭言語に翻訳するアプローチ[115]に注目が集まっている．また意外と知られていない事実として，手話もまた口頭言語と同様に各地域で異なる言語体系に基づいており，その

数は世界で 300 を超えるといわれている♠3. 米国の手話なら American Sign
Language で ASL，ドイツの手話なら Deutsche Gebärdensprache で DGS
と呼ばれるのが慣例であるが，BFI（英），ASE（米），GSG（独），CSL（中）
などの ISO 639 コードで呼ばれることもある.

　シンボル化された言語情報が直接埋め込まれているモダリティの他の例が音
声である. 音声においては，人の発話のようなデータがまさに言語情報であ
る. **音声認識**（Acoustic Speech Recognition; ASR）はこうした言語情報を
音声から抽出する課題である. 音声でも非言語情報が存在し，環境音などがこ
れに該当する. 動画中の動作認識に音声を用いる場合は，環境音も有効な手が
かりとなりうる. ここでも，言語情報であるか非言語情報であるかというのは
排他的ではないということに注意が必要である. 言語情報も非言語情報も統合
して情報処理するような課題も存在する. たとえば**テキスト VQA** は，入力
される画像の中にテキストが存在し，そのテキストも理解しないとうまく質問
に答えられない，という課題である.

　表 6.1 にここまでの分類の概要を示す. ただしここで注意したいのは，この
分類は排他的な分類ではないという点である. たとえば**画像キャプション生
成**は，画像から自然言語を新規生成するということで，画像から自然言語へ
の生成的なマルチモーダル変換（クロスモーダル変換）である. 一方で，自己
回帰的に単語を 1 つずつ足していく形式の言語生成では，RNN でもトランス
フォーマでも入力データと出力中の言語から次に出すべき単語を分類する作業
を連続して行っており，マルチモーダル理解の側面も存在している.

　図 6.1 に，本章で紹介する各タスクがマルチモーダル情報処理の理解/変換
のどの分類に最も近いかを示す. 後述するように，マルチモーダル理解の回帰

表 6.1　マルチモーダル情報処理の分類

大区分	小区分	入力	出力
理解	—	複数モダリティからなるデータ	分類/回帰/ランキング
変換	検索	あるモダリティのデータ	別のモダリティの既存のデータ
	生成	あるモダリティのデータ	別のモダリティの新規のデータ

♠3United Nations. International day of sign languages 23 september. https://www.
un.org/en/observances/sign-languages-day.

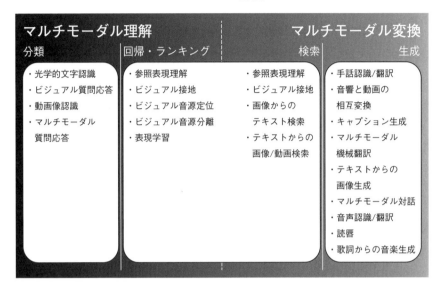

図 6.1 マルチモーダル情報処理の各タスクとマルチモーダル理解/
変換との関係性

やランキングと，マルチモーダルの検索は連続性の強いタスクである．

　ここまでマルチモーダル情報処理の分類について論じてきた．以降は，本書で扱う3つのモダリティである音声，画像，自然言語の2つ以上を扱う研究事例について概観する．これらのモダリティは，単にこれらを扱う研究が多いというだけではなく，センサデータ（音声と画像）とシンボルデータ（言語）の組合せである．かつセンサデータについても，時系列情報が重要であるもの（音声）と空間情報が重要であるもの（画像）ということで，他の多様なモダリティを取り入れたマルチモーダル情報処理にも通ずる広い応用可能性をもっている．限られた紙幅でそのすべてを網羅するのは困難だが，現在の主たるマルチモーダル情報処理について網羅されていると自負している．

6.2 音 と 画 像

本節では，音声と画像を扱ったマルチモーダル情報処理について扱う．本節で扱う課題の概要を図 6.2 に示す．

とくに人間のコミュニケーションとして音声によるやり取りは重要なウェイトを占めており，その解析を行う中で視覚との関連も種々の検証がなされている．有名なのは**マガーク効果**[116] で，ga-ga と発音させている人物の動画像を流しながら，音としては ba-ba という発音を流すと，その動画像と音を知覚した被験者は da-da と聞こえたという報告がなされている．音のみで聞けば正しく知覚できる状態でも，それと矛盾するような視覚情報が加わると，矛盾を解消するように知覚が変わってしまう．このように，聴覚に対して視覚の影響を受ける現象を発見者の名前をとってマガーク効果と呼ぶ．

同様に人間のイベントの知覚には視覚と聴覚を複合的に用いているという心理学的な知見も得られており[117]，もともと画像もしくは音のみで行っていた

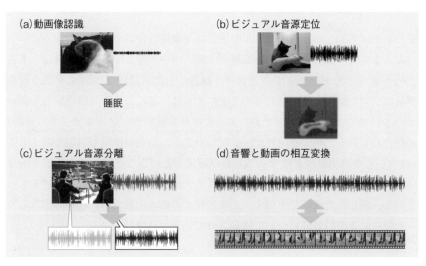

図 6.2 音と画像に関するマルチモーダル情報処理．それぞれ，(a)
動画像認識，(b) ビジュアル音源定位，(c) ビジュアル音源
分離，(d) 音響と動画の相互変換の概要を示している．

環境認識タスクをもう片方のモダリティも含めて精緻化したり頑健化したりしようという研究も多く存在する.

6.2.1　動 画 像 認 識

動画像認識は,動画に含まれる動作や物体,シーンなどの内容に基づいて特定の時間的な区間もしくは空間に対しての分類を行うタスクである.動画像といった場合には時々刻々のフレームからなる画像時系列データとしての動画像のみを扱う場合もあるが,ここでは撮影時や編集時に付与された音声音響データを扱う研究について述べる.分類としては,動画像と音からなるマルチモーダルデータを理解する研究となる.

6.2.2　ビジュアル音源定位

ビジュアル音源定位(visually guided sound source localization)は,主に動画を対象として,音の発生源を特定するタスクである.音響音声信号処理分野でも動画像を伴わない音源定位の研究が存在し,複数地点から観測された音の時系列データを用いて,音が発生している位置を推定するタスクとなっている.ビジュアル音源定位はそのリファレンスとして視覚情報が付随しているもの,という見方もできる.時系列的には動画像と音が同期して収録されている中で,それぞれの音が動画内の各フレームのどの領域から発生しているかをマップ状に推定するという意味では,画像上でのアテンションマップやソフトな領域分割と同様の出力を得るものである.つまり,動画像と音から領域ごとに分類を行うマルチモーダル理解の研究といえる.

6.2.3　ビジュアル音源分離

ビジュアル音源分離(visually guided sound source separation)は,主に動画を対象として,複合する音をそれぞれの要素に分解するタスクである.たとえば複数の楽器の演奏を同時に収録した音のデータを対象として,楽器ごとの音のデータを復元するタスクである.これを音のデータのみで行うものは音源分離と呼ばれ,ビジュアル音源分離は視覚情報としての動画がリファレンスとして付随しているもの,という見方もできる.一定時間の動画像と音データを入力として,複数の音声信号に回帰するマルチモーダル理解の研究といえる.

6.2.4 聴覚と視覚の相互変換

聴覚と視覚の相互変換は，音声を与えられた場合にその動画を，動画を与えられた場合にその音を推定するようなマルチモーダル変換の研究といえる．主に人間の音声を対象とするものと楽器などが発生させる音を対象とするものが存在する．

6.2.5 聴覚と視覚の表現学習

聴覚と視覚の表現学習は，音と画像のデータからマルチモーダルな特徴量空間を学習し，これまで述べてきたような各種タスクに対して精度の向上や学習データ量の削減などの効果を狙うものである．

6.3　画像と自然言語

本節では，画像（または動画像）と自然言語を扱ったマルチモーダル情報処理について扱う．本節で扱う課題の概要を図 6.3 に示す．

画像や動画像と自然言語は大量に集めやすいマルチモーダルデータでもある．YouTube や Facebook といったウェブサービス上には，画像や動画像と関連するテキストが大量に投稿されている．こうした大量のデータと深層学習の発展によって，ビジョン&ランゲージと呼ばれる融合分野がコンピュータビジョンの国際会議でも自然言語処理の国際会議でも，一定の存在感を示すようになっている．

6.1.2 項でも述べた通り，言語情報を含む画像から言語情報を抽出するタスクとして OCR は古くから知られている．深層学習以前から種々の方法で文字認識が試みられているとともに，深層学習につながる文脈でも，たとえば学習可能な畳み込みニューラルネットワークの草分けとして有名な LeNet は文字認識でその効果が確かめられている．OCR は画像から自然言語へのマルチモーダル変換といえなくもないが，ビジョン&ランゲージというときは OCR そのものを含めることは少ない♠4．

6.3.1 画像/動画キャプション生成

画像/動画キャプション生成（image/video captioning）は，画像の内容を

♠4 こうした文字認識も含めたビジョン&ランゲージの課題はいくつか存在する．

(a) 画像/動画キャプション生成

↓

猫が白いぬいぐるみで遊んでいる

(c) マルチモーダル機械翻訳

 A kitty is playing with a white stuffed animal

↓

一只小猫在玩一个白色的毛绒玩具

(e) ビジュアル接地

 茶色い猫が木板の上に座っている

(b) ビジュアル質問応答

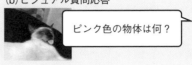 ピンク色の物体は何？

↓

舌

(d) テキストからの画像生成

猫が仰向けに寝て上を見ている

↓

(f) マルチモーダル対話

 猫が遊んでいるところ

何で遊んでいるの？

白いぬいぐるみ

図 **6.3** 画像と自然言語に関するマルチモーダル情報処理．それぞれ，(a) 画像/動画キャプション生成，(b) ビジュアル質問応答，(c) マルチモーダル機械翻訳，(d) テキストからの画像生成，(e) ビジュアル接地，(f) 対話的処理の概要を示している．

示すテキストを生成するタスクである．動画像への発展例も存在する．ビジョン&ランゲージが注目され始める 2010 年代の中では相対的に歴史の長い課題であり，そのバリエーションについても枚挙に暇がない．画像（や動画像）を自然言語に変換するマルチモーダル変換の研究であり，検索型も生成型も存在する．また，生成型の場合は生成途中の文と入力画像から次の単語を分類的に決定しているので，マルチモーダル理解の性質も併せもっている．

　画像キャプション生成の草分けといえば Farhadi らの 2010 年の論文[118] で

あろう．ここでは条件付き確率場（Conditional Random Field; CRF）を活用して画像に対して「物体」「動作」「情景」の 3 つの種類のラベル（トリプレット）を推定した後，同様のトリプレットが付与されている文をトリプレット付与済みのキャプション群から検索して提示する手法である．つまり新たな文を生成するのではなく既存の文で内容が一致しているものを探してくるということと，画像やキャプションにトリプレットを付与する必要がある．その後，画像認識モジュールと文生成モジュールをそれぞれコンピュータビジョン分野，自然言語処理分野からインポートして，画像・キャプションペアのみのデータから新規文生成による画像キャプション生成を目指す研究が提案されるようになる[119]．ここまではすべて深層学習以前のアプローチで行われていた研究である．

　そして深層学習によるキャプション生成で一躍注目を集めたのが，2015 年のコンピュータビジョン分野のトップ国際会議 CVPR（Conference on Computer Vision and Pattern Recognition）で同時多発的に同じパイプラインでキャプション生成を提案した複数の論文である．中でも Google の Vinyals らによる手法[120] は，Google 発の CNN 画像認識モデルである Inception と LSTM 機械翻訳モデルを組み合わせたものである．CNN による画像のエンコーダと LSTM による自然言語のデコーダを組み合わせた非常にシンプルな構造であるが，生成されたキャプションは正確さも流暢さも大きく向上している．アテンション機構が取り入れられ出したのも機械翻訳やキャプション生成[84] である．生成中のキャプションにおいて，次の単語を推定する際に画像内でどの領域を注意すべきかを画像・キャプションペアだけからデータドリブンに学習できる．

6.3.2　ビジュアル質問応答

　ビジュアル質問応答（Visual Question Answering; **VQA**）は，与えられた画像に関する質問に答えるタスクである．もともと質問応答というタスクが存在し，自然言語のみからなる膨大なデータベースを備えた上で，与えられた質問に対して適切なデータにアクセスし，その答えを出力するというものであった．VQA では，基本的に質問への回答となる情報は入力された画像 1 点の中に存在する．画像と質問文のテキストというマルチモーダルな入力から，

回答候補のいずれかの単語への分類を行うというマルチモーダル理解の研究である.

　最初はユーザインターフェース分野で提案された[121] アプリケーションで,その用途としては視覚に障害のある人が外出先で判断に困ったものを写真で撮影し,質問を入力して答えてもらうアプリケーションだった.実際に回答するのはアプリケーション上で接続されたクラウドソーシング上の人々であり,人力で質問に回答する仕組みになっていた.ビジュアル質問応答としてここで紹介するものは,これを自動化しようという試みともいえる.

　ビジュアル質問応答はビジョン&ランゲージ分野の中でも広く取り組まれている課題の1つである.その理由はさまざまなものがあるが,1つは早々にデータセットとその評価方法が確立されたこと[122] にあるだろう.この論文内ではクラウドソーシングによって画像を見ないと回答できない質問を収集し,さらにクラウドソーシングによって別の人々から質問あたり10件の回答を収集している.そのうち3人以上が一致して回答したものを正答として評価するようなプロトコルを提案し,画像と質問文をそれぞれエンコーダで特徴量に変換し,直列させて多クラス分類するというシンプルなベースラインによる動作検証を行った.

　またビジュアル質問応答は**アテンション機構**との親和性が高い課題でもある.Shih らの論文[123] はアテンション機構をビジュアル質問応答に適用した草分けである.Lu ら[124] は階層的な質問・画像間の Co-Attention という概念を提案している.これは単語,フレーズ(単語列),質問文という3段階で画像と質問文からそれぞれのモダリティへのアテンションを算出するものである.Anderson らが提案したアテンション機構は画像に対してグリッド上に機械的にあてるアテンションと物体のプロポーザル領域にあてるアテンションを組み合わせるモデルで,画像キャプション生成とビジュアル質問応答両方で精度を更新した画期的な手法である.

6.3.3　マルチモーダル機械翻訳

マルチモーダル機械翻訳は,与えられた画像とそのキャプションを用いてキャプションを別の言語に翻訳するというタスクである.これは概念的には単語の曖昧性を画像によって解消することで翻訳の精度向上を期待するものであ

る[125]．たとえば seal という単語は日本語で「シール」とよく呼ぶような貼る seal も存在すれば，アザラシなどを指す seal も存在する．もしも画像が存在して何れかの seal が写っていれば，キャプションに seal という単語があってもどちらの意味の seal か一目瞭然というわけである．画像と自然言語を入力されると自然言語を出力するという意味で，マルチモーダル変換の研究といえる．

Hitschler ら[126] の手法はマルチモーダルピボットというアイディアを利用したリランキング手法である．まず入力された画像・キャプションペアからキャプションだけで通常の機械翻訳を実行し，複数の翻訳候補文を生成する．その後入力された画像と翻訳候補のキャプションそれぞれで構成する複数のペアでターゲット言語の画像・キャプションペアのデータセットに対して検索をかけ，検索結果によって翻訳候補文のスコアを更新（リランキング）している．

マルチモーダル機械翻訳は，モダリティが一部だけでも実行可能な問題を，モダリティを増やすことで高精度化しようとした典型的な例の 1 つである．この点は，マルチモーダル情報処理の難しさを物語るのにうってつけな観点でもある．そこで 6.6 節でも，再びこの課題について触れる．

6.3.4　テキストからの画像生成

テキストからの画像生成は，画像キャプション生成の逆問題であり，画像の内容を示すテキストからその内容の画像を生成するタスクである．第 2 章で解説している GAN や VAE などの深層学習による生成モデルが広く知られた結果として，この複雑なタスクへの挑戦が増えてきている．テキストから画像へのマルチモーダル変換の研究である．

Mansimov ら[127] は入力されたキャプションを双方向 LSTM によってエンコードした後，RNN を利用した画像デコーダで画像をよりシャープになるように複数回更新するようなパイプラインを提案している．生成画像はかなり抽象的だが，「黄色いスクールバスが駐車場に停まっている」と「赤いスクールバスが駐車場に停まっている」というキャプションで画像中央の物体の色がそれぞれ黄色と赤に変わることなどが示されている．Reed ら[128] はこの問題に GAN を持ち込んだ最初の手法を提案しており，通常の GAN が画像の真贋のみを敵対的に学習するのに対して，画像の真贋だけでなく入力キャプションと対応する画像かどうかも偽物のペアを用意しながら敵対的に学習させる手法を

提案している．さらにこのような GAN をスタックしたのが StackGAN[129] であり，Reed らの手法とほぼ同じアプローチで生成した 64 ピクセル四方の画像を再度入力キャプションと一緒に別の GAN に入力し，256 ピクセル四方へと高詳細化させることに成功している．

　この問題に対して精度的なブレイクスルーをもたらしたのが**トランスフォーマ**と**自己教師あり学習**である．OpenAI が DALL-E と呼ばれる手法をブログ記事で 2021 年 1 月 5 日に公開したが，これまでよりも極めて多様な内容の自然画像やイラストをキャプションから生成できる事例が紹介されており，この分野に衝撃を与えた．ここでは CLIP という画像・キャプションペアによる自己教師あり学習手法[130] を活用している．これを用いると，生成した画像が入力したキャプションに内容的に近いかどうかが高精度に判定できるようになるため，この CLIP を活用して画像生成を行うアプローチが脚光を浴びている．その 1 つが OpenAI のチームで，VQVAE[131] という**ベクトル量子化**（Vector Quantization; VQ）を組み合わせた VAE を彼らの CLIP と組み合わせることで DALL-E を構成している．一方で同様にベクトル量子化を組み合わせた VQGAN[132] という高解像度 GAN がドイツのハイデルベルグ大学のチームから提案されており，これと CLIP を組み合わせて DALL-E 同様にキャプションからの画像生成を行った取り組みも観測されている．2022 年には拡散モデルを用いた DALL-E 2 などの画像生成サービスが複数登場し，一般的なユーザーやプロのイラストレーターなどから広く注目を集めている．同様のアプローチでテキストからの動画像生成も試みられ，Imagen Video などは数秒の動画像をテキストから生成できたと報告している．

6.3.5　マルチモーダル対話

　マルチモーダル対話は，従来言語のみで閉じていた対話に対して画像や動画像をさらに加えたタスクである．視覚に関連した対話（Visual Dialog[133]）では，自然言語による対話の内外に画像や動画像のような視覚情報が登場する．画像や動画像，そしてテキストとしての過去の対話情報から，次の対話行為としてテキストなどを生成するという意味で，連続的なマルチモーダル変換を行う研究である．

　対話生成は人工知能分野で長年取り組まれてきた研究課題でもある．視覚に

関連した対話の中には，このように人工知能の課題としての対話に取り組むタスク設定の研究も多く存在する．このような研究では，2 人組に画像に基づいた会話を行ってもらい，その自然言語データを収集している．Visual Dialog では 2 人組の片方（Answerer）に画像を見せ，画像の内容を自然言語で 2 人組のもう片方（Questioner）へ画像の内容を説明させる．画像キャプションと同じ程度の 10 単語前後の粒度の説明なので，そのディテールは伝わらない．そこでその後は画像を見ていない Questioner から画像を見ている Answerer に質問をさせ，Answerer は回答のみを応答として返すように会話をさせる．このような画像説明 + QA 型の会話で集めたデータ以外では Saha ら[134] の Multimodal Dialog（MMD）なども注目を集めている．これは靴を買いたい Shopper と靴屋の店員である Agent が会話をするデータを自然言語として集めたものだが，その際に自然言語のやり取り以外に靴の画像自体の提示も対話行為として収録している．つまり，靴の好みを Shopper が Agent に伝えると，Agent は靴の画像を提示することでお勧めの靴を Shopper に紹介している．また Shopper もこれらの靴の画像に言及しながら要望を述べるなどして対話を進めている．

　また対話行為を広義で捉えると，エージェントやロボットとの対話的なマルチモーダル情報処理の研究も存在する．よく知られているタスクが**視覚・言語ナビゲーション**（Vision and Language Navigation; VLN）[135] である．ある仮想/実環境下にいるエージェントやロボットが，与えられた言語指示と現時点での視覚情報を頼りに目的地に到達するタスクである．時々刻々の視覚データと最初に与えられた言語指示から，次の行動としての回転や移動を分類的に決定するという意味では，マルチモーダル理解の研究といえる．一方で，一連の行動の系列を生成するという意味ではキャプション生成同様にマルチモーダル理解と変換両方の性質をもったタスクともいえる．

6.3.6　ビジュアル接地

　ビジュアル接地は，与えられた画像/動画とキャプションから，画像内の領域や動画内の再生区間やチューブといった視覚的な部分情報と，キャプション内のフレーズといった言語的な部分情報のマッチングを図るタスクである．**phrase localization** と呼ばれる，極めて似たタスクも存在する．技術的に

は，画像全体と文全体のマッチングに近い課題であり，解法としても共通する部分が多い．

関連するタスクとしては，**参照表現理解**というタスクも挙げられる．これは，画像中に複数存在しうるような物体に対して，一意に定まるような記述をもとにどの物体についての言及かを推定するタスクである．言語表現に最もマッチする画像領域を探すという意味では，ビジュアル接地にとても近い問題であるが，ビジュアル接地という場合は視覚的な部分情報と言語的な部分情報のマッチングをとることが多いのに対して，参照表現理解という場合は視覚的な部分情報と言語的な情報全体のマッチングをとることが多い．言い換えれば，ビジュアル接地では高々数単語のフレーズから該当する画像領域などを検出するのに対して，参照表現理解では入力文全体に該当する画像領域などを検出する．

6.3.7 視覚と自然言語の表現学習

視覚と自然言語の表現学習は，画像（または動画）とそのペアとなっている自然言語から，上記のタスクのためのマルチモーダルな特徴量空間を学習し，各種タスクに対して精度の向上や学習データ量の削減などの効果を狙うものである．

ViLBERT[136]（Vision-and-Language BERT）は BERT のマルチモーダル版であり，動画像の時々刻々の画像フレームの特徴量表現とキャプションの各単語の分散表現のベクトルの集合をトランスフォーマに入力してエンコーダを学習している．入力された動画とキャプションが関連するものかどうかの推定（alignment prediction）と，一部のベクトルをわざと欠落させて入力したときに残りのベクトルから欠落部分を推定する問題（masked multimodal learning）を自己教師あり学習のタスクとして学習させ，ビジュアル質問応答やキャプションからの画像検索における効果を確認している．LXMERT[137]は画像の各領域とキャプションで同様に表現学習を行い，欠落させた部分の推定やアライメントの推定だけでなく，これらの領域に対する物体認識も同時学習している．OSCAR[138] の自己教師あり学習タスクは前 2 者と同様だが，画像・キャプションペアに画像領域としても名詞としても共通して含まれる物体のタグまで抽出し，単語の分散表現，物体のタグのベクトル表現，画像の各物体領域の特徴量という 3 種類のモダリティを使ったトランスフォーマ型表現学習を行っている．

　そして実は，テキストからの画像生成で DALL-E とともに述べた CLIP という手法[130] が 1 つのランドマークとなっている．これは DALL-E 同様 OpenAI から発表された論文によるもので，ウェブから画像・キャプションペアを 4 億対収集して，3 万ペアの画像・キャプションでお互いペアになっているものが一番類似したエンコードになるように画像・キャプションそれぞれのトランスフォーマエンコーダを学習する．これはいわば，画像とキャプションのペアリング自体を教師データとしていることに相当する．

6.4　音と自然言語

　本節では，音と自然言語を扱ったマルチモーダル情報処理について扱う．本節で扱う課題の概要を図 6.4 に示す．音声認識や音声合成もモダリティとしてはまさに音と自然言語を扱うタスクであり，第 5 章で解説してきた．ここでは，さらにその音声を別言語に翻訳する音声翻訳と，音声にとどまらない音データを自然言語で記述する音響キャプション生成，歌詞から適切な音楽を生

図 6.4　音と自然言語に関するマルチモーダル情報処理．それぞれ，
　　　　(a) 音声翻訳，(b) 音響キャプション生成，(c) 歌詞からの
　　　　音楽生成の概要を示している．

成する研究について紹介する.

6.4.1 音 声 翻 訳

音声翻訳は，与えられた音声を自然言語として理解するのみならず，別の言語に翻訳するタスクである．音声を自然言語に変換するという意味で，マルチモーダル変換の研究に分類できる.

直観的なアプローチとしては，入力された音声を音声認識によってある言語のテキストに変換した後，機械翻訳を用いて目的の言語に翻訳するという2ステップのパイプラインを考え付く．一方で，もし入力音声と参照訳のテキストのペアデータが入手可能な場合は，入力音声から別言語のテキストを直接出力するようなニューラルネットワークを End-to-End な形で学習させることもできる.

6.4.2 音響キャプション生成

音響キャプション生成は，音声にとどまらない音のデータからその内容を自然言語で記述するタスクである．比較的新しいタスクであり，音響データを自然言語に変換するマルチモーダル変換の研究に属する．音声認識は言語情報を含む音声データから自然言語を抽出するのが目的であるのに対して，音響キャプション生成では効果音のような非言語情報のみからなる音響データを自然言語で記述するのが目的となる.

このタスクは比較的新しいもので，音響シーンとイベントの検出・識別のワークショップ/コンペティションである DCASE（Detection and Classification of Acoustic Scenes and Events）Workshop/Challenge で 2020 年に公開された Clotho データセットを用いたコンペティションが皮切りになっている．基本的には画像キャプション生成と似たアプローチがとられており，対数メルスペクトログラムを抽出して CNN などによるエンコーダを適用し，トランスフォーマによるデコーダを経てキャプションを生成するような方法などが提案されている[139].

6.4.3 歌詞からの音楽生成

歌詞からの音楽生成は，歌詞の内容に応じて適切な音楽を生成するタスクである．自然言語から音響データに変換するマルチモーダル変換の研究に属す

る．自動音楽生成の歴史は相対的には古いもので，歌詞からの音楽生成は条件
付き生成手法の 1 つと見なせる．

　2010 年に日本語を対象とした生成手法の研究[140] が行われ，Orpheus とい
う名前のシステムが実装されている♠5．ここでは入力された歌詞から，リズム
やコード進行のパターンとの動的計画法によるマッチングを経てメロディが生
成され，HMM によってボーカルが出力される．伴奏も MIDI 形式を経て出力
され，ボーカルと組み合わせて最終的な曲の完成となるが，ここまで述べてき
たように深層学習手法のいずれかが用いられているようなパイプラインではな
い．現在では LSTM や GAN など，深層学習による生成手法を組み合わせた
アプローチの研究[141] が多く見られるようになっている．

 ## 6.5　音と画像と自然言語

　本節では，音と画像（動画像），そして自然言語を扱ったマルチモーダル情
報処理について扱う．本節で扱う課題の概要を図 6.5 に示す．組み合わせるモ
ダリティの数を増やすと，たとえば画像/動画像と音響を両方言語的に理解で
きるシステム，というような知的なマルチモーダル情報処理が実現するものと
期待される．一方で後述するように，モダリティを組み合わせることによって
技術的課題も多くなる．

6.5.1　マルチモーダル質問応答

マルチモーダル質問応答は，ビジュアル質問応答で非言語情報として画像が
用いられていたものを，さらに多様なモーダルのデータを用いながら質問に応
答するように拡張した問題である．

6.5.2　テキストによる動画検索

テキストによる動画検索は，ここでは動画像という画像の時系列情報以外
に，動画の音声などの別モダリティも活用してより精緻に動画を検索しようと
する研究を指している．

♠5https://orpheus-music.org で公開されている．

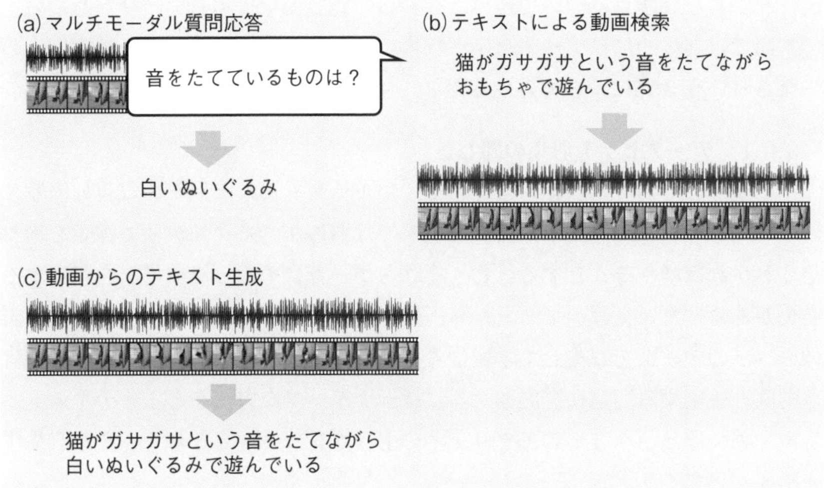

(a)マルチモーダル質問応答

音をたてているものは？

白いぬいぐるみ

(b)テキストによる動画検索

猫がガサガサという音をたてながら
おもちゃで遊んでいる

(c)動画からのテキスト生成

猫がガサガサという音をたてながら
白いぬいぐるみで遊んでいる

図 6.5 音と画像と自然言語に関するマルチモーダル情報処理．そ
れぞれ，(a) マルチモーダル質問応答，(b) テキストによ
る動画検索，(c) 動画からのテキスト生成の概要を示して
いる．

6.5.3 動画からのテキスト生成

ここで触れる**動画からのテキスト生成**は，動画像情報以外にも音声などを活
用しながらその内容を記述する課題である．

6.6 マルチモーダル情報処理の難しさ

ここまでマルチモーダル情報処理の分類と，個別のモダリティの組合せによ
る事例について述べてきた．モダリティの組合せに応じて，エンコーダやデ
コーダを自在に組み合わせながら高精度なマルチモーダル理解やマルチモーダ
ル変換をやってみたい，と思えた読者が 1 人でも増えればこれ以上喜ばしいこ
とはない．

一方で，マルチモーダル情報処理であるからこその難しさというものも存在
する．夢だけ見せて，実際に挑戦したらうまくいかなかった，という結末をた
どるのは本意ではない．そこで，本章では最後に，マルチモーダル情報処理に

起こりがちな課題点について述べ，それらの処方箋を提示して結びとしたい．

　本節では具体的に，データセット収集の難しさと評価の難しさ，精度向上の少なさという 3 点について述べる．

6.6.1　データセット収集の難しさ

　まず議論しておくべき難しさとして，マルチモーダルデータの収集の困難さについても触れておきたい．自然な現象ではあるが，モダリティの種類を増やそうとすれば増やそうとするほど，それらが一斉にそろったデータを収集する必要がある．たとえばテキストから画像を検索するのであれば，テキストと画像のペアのデータを収集して学習する必要がある．これをテキストから音声付き動画を検索する問題に発展させるには，ナイーブな方法をとるとテキストと音声，動画像という 3 つのモダリティのトリプレットからなるデータを収集する必要が出てくる．

　データ収集の困難性に対処する研究ももちろん存在する．1 つの方針は，多種多様なデータセットを組み合わせて使うことである．たとえばテキストから音声付き動画を検索する研究では，実に多様なデータセットを組み合わせている．まず，単独のモダリティからなるデータをモダリティの種類だけ用意して，ベクトル表現を事前学習させる．次にそれらのモダリティを含み，サンプルサイズも大きいデータとして YouTube から収集した 100 万の動画からなる HowTo100M でネットワーク全体を学習させる．ただしこのデータはウェブから自動収集したもので，各モダリティの関連性が薄い割合も多い．そこで最終的にはクラウドソーシングによって動画にキャプションがアノテーションされたようなデータセット各種（MSRVTT, ActivityNet Captions, LSMDC）を用いて追加学習し，最終的な検索精度を評価している．このように，各モダリティのエンコーダやデコーダを事前学習し，それらをつないだ全体を学習するという流れは良くあるアプローチであるし，その中でノイジーなデータを先に学習してからより精緻にアノテーションされたデータで追加学習するという選択肢もとりうる．

　関連する話題として，あるデータセットをそのまま学習に組み込むのではなく，そこから人工的にデータを増幅させるような方法がとられることもある．たとえば視覚・言語ナビゲーションは，データセットを大規模にしにくい課題

の1つである．3次元環境をデータとして取得し，その中で妥当なパスをサンプリングし，さらにその道順を自然言語として記述する必要がある，と述べるだけでもそのデータセットの構築が大変な作業であることが想像できる．そこで，与えられたパス（とその視覚的なデータ）と道順のテキストの関係性を学習し，新規かつ自動的に環境内で生成した別のパスに対しても道順のテキストを自動生成するスピーカーを用いる手法が提案されている．この手法では視覚・言語ナビゲーションによって実際に移動するエージェントはフォロワーと呼ばれ，こうしてスピーカーによって増幅されたデータセットを用いて学習する．

またもう1つの方針として，こうしたペアやトリプレット，それ以上の紐付けがない状態でもマルチモーダル情報処理を行うような研究も存在する．たとえば教師なし画像キャプション生成という問題があるが，この問題では画像だけのデータセット，キャプションだけのデータセットというものの存在や，基本的な物体検出用の画像認識モデルの存在が許容されている．そこから，直接的な画像・キャプションペアがない状態でいかに画像に対するキャプションを生成できるようなモデルを構築できるかというのが問題になっている．そのために，敵対的学習によってモダリティごとのベクトル表現の分布を一致させるアプローチや，疑似的に少数の画像・キャプションペアを仮定しながら教師あり学習を行うアプローチなどが提案されている．

6.6.2 評価の難しさ

こうして何とかデータも用意してマルチモーダル情報処理のいずれかの課題に取り組んだとしよう．次には，当然ながらその精度の評価を行う必要が出てくる．

精度の評価方法は，主観的な評価をアンケートで収集する方法と，客観的な評価を自動で算出する方法に大別される．主観的な評価は，複数の人に提案手法を含む複数の手法で出力させた結果を提示して相対的に優劣を評価してもらったり，5段階などの絶対的な評価値を直接付けてもらったりと，とにかく人に直接評価を付けてもらう方法である．自然な評価方法に思えるが，十分な量の評価を集めるためには多くの人手を要する．絶対評価であっても，その評価を与えた人々に偏りがある場合は比較が困難になるので，比較対象の手法と提案手法すべてについて，各サンプルに対する出力を一通り得て提示する必要

がある．結果として比較も時間がかかり，大量に評価を行うのが難しくなる．

そこで自動的に算出できる評価指標が設計できれば，これらの比較がより素早く，かつ簡便になる．マルチモーダル理解であれば回帰や判別，ランキングの評価指標を用いるし，マルチモーダル変換であれば検索や生成モデルの評価指標を用いるのが自然である．

ただし気を付けなければいけないのが，単一モダリティの機械学習課題で採用されている評価指標をそのまま用いていいのか，という点である．たとえばキャプション生成では，機械翻訳や文章要約と似た性質の問題であることから BLEU や ROUGE，METEOR といった翻訳や要約の評価指標が用いられてきた．BLEU は 2002 年にできた評価指標で，基本的には正解の翻訳結果を複数用意した状態でシステム出力結果に含まれる N-gram の精度（precision）を用いる．その後ずっと機械翻訳の評価指標のデファクトスタンダードであり続けているが，機械翻訳のコミュニティでも BLEU を見直す声が定期的に上がっている．それでも BLEU が用いられているのは慣れという点もあろうが，もう 1 つ，代表的な翻訳言語対である英語・フランス語などの言語間では語順があまり変わらないという定性的な理由がある．つまり，入力された英文に対してお手本となるフランス語の文も語順は似ており，その翻訳のバリエーションも少ないと期待できる．一方でキャプション生成では，入力された画像や動画に対して何に注目してどのような順序で表現するかのバリエーションがかなり大きい．結果として，BLEU の値と人間の主観評価があまり相関しないという実験結果が報告されている．そこでキャプション生成では定期的により人間の主観評価と相関するような自動評価指標が開発されており，CIDEr や SPIDER など，キャプションに予想されるバリエーションをなるべく広くカバーするような指標が提案されている．

また生成モデルの評価指標自身が議論の途中である問題も存在する．その最たる例が画像や動画の生成である．単一モーダルデータの生成モデルとして GAN や VAE，自己回帰モデルによる画像生成の研究は非常に盛んに進められている．一方で，これらを生成した後の良し悪しをどう評価すればいいかは本質的な課題である．たとえば「猫」の画像を生成させて，それを ImageNet で学習した高性能画像認識モデルが正しく認識できるかということで計算する Inception Score や，その改良である Fréchet Inception Distance が存在す

る．だが ImageNet で学習した画像認識モデルを用いるため，画像生成モデル
が対象とする画像のドメインもこれに類するものでないと意味がない．たとえ
ば衛星画像や病理画像，広告画像のような別ドメインの画像モデルの評価を正
しく行える保証はない．

　こうした観点を考慮すると，評価のしやすさを踏まえた課題設定を最初に
設計する大切さがわかってくると思う．たとえば画像の参照表現生成（refer-
encing expression generation）では，生成した参照表現を用いて入力された
画像領域を正しく当てられるかという読解（comprehension）を評価指標にで
きる．ロボットに対して道順を言語で指示して，ロボットが視覚と言語指示を
頼りに目的地を目指す Vision-and-Language Navigation では，実際のゴール
までどれくらいの移動量で到達できたかを評価指標としている．このように，
何らかの目的をタスクとしてうまく設定して，その達成度を評価指標にする方
が，抽象的に何かを変換するという課題の評価指標よりも設定しやすい．

6.6.3　精度向上の少なさ

　データも集まり，問題設定とその評価指標もうまく設計できた．この問題設
定が，いまのモダリティがすべてそろっているときに初めて取り組めるもので
あったならば，この項で述べる点を心配する必要はない．たとえば画像キャプ
ション生成，動画に対する音源定位などは，いずれのモダリティが欠落しても
そもそも計算できない．

　だがその課題設定が，一部のモダリティの入力だけでも解ける問題であった
ときは要注意である．

　このように一部のモダリティだけでも推定できるのに，より多くのモダリ
ティを用いようとする狙いとして大きいのは精度の向上であろう．たとえばマ
ルチモーダル機械翻訳では，言語だけでも実行可能な機械翻訳を，画像も与え
ることで精度向上させるという試みだった．

　機械翻訳の国際会議である WMT では，実際に 2016 年から，多言語の翻訳
対と画像を組み合わせた Multi30K というデータセットを用いた機械翻訳コン
ペティションが開催された．しかしすぐに判明したのが，画像を用いたモデル
を設計しても，言語だけで翻訳するモデルより有意に優れた結果が得られにく
いという点である．このコンペティションの運営者自身がこの傾向を指摘し，

データセットを収集した Elliot ら自身も，「入力文に対して本来の画像ではない無関係の画像を与えたところで，翻訳精度にそれほど影響が出ない」という実験結果を報告している．つまりは，マルチモーダル機械翻訳のためのモデルを構築して学習させても，画像の入力を何ら見ていないということになる．

　その後マルチモーダル機械翻訳については，入力文の一部が欠落しているような状態であれば，文法モデルのみで補完するよりも画像を用いた方が正しく翻訳できる，という結果が報告されている．これはまさに，「単一のモダリティの入力だけでは解けない問題設定」に近付けたということである．

　これは自然言語処理の研究者たちが経験した例だが，コンピュータビジョンの課題でも似たような事象はもちろんある．その典型的な例が動画の認識であろう．動画からは，たとえば各フレームの RGB 情報や動き情報（オプティカルフロー），音声情報という 3 つのモダリティを抽出できる．これらをすべて組み合わせたら，単一のモダリティよりもうまく各動画を識別できるに違いない．—ところが，実際に目撃するのは，組み合わせれば組み合わせるほど識別率が低下するという悲しい現実である．

　Wang らは，深層学習において，こうしたマルチモーダル情報処理が単一モーダルのモデルを超えられない問題に取り組んでいる．1 つの仮説として，「マルチモーダル情報処理が深層学習で失敗するのは，モダリティが増える分ネットワークが巨大になり，サンプルサイズに対して学習したいパラメータ数が増えるからである」ということは真っ先に考えられるであろう．そこでまず Wang らは，ドロップアウトや事前学習，学習の早期終了といった過剰適合の防止策を試してみた．同時に特徴量の統合を早めに行う（ことで各モダリティのエンコーダを小さめにする）ことや，統合時にゲート関数を利用することなども試している．しかしながら，結果としてはドロップアウトや早めの特徴量統合でわずかに精度が改善した[6]だけであった．

　そこで提案されたのが，勾配ブレンディングという手法である．勾配ブレンディングでは，まず過剰適合の度合いと汎化性の度合いの比をモダリティごと

---

[6]Kinetics データセットで，RGB 情報だけで 72.6% の精度で識別できたモデルが，単純に音声情報と組み合わせると 71.4% という精度になってしまった．この精度を，ドロップアウトは 72.9% に，早めの特徴量統合は 72.8% に改善できた．ただし RGB 情報のみを用いた場合の精度からは 0.3 ポイントや 0.2 ポイントの改善に過ぎない．

のエンコーダで計算する．過剰適合が始まったエンコーダの損失関数の重み付けを小さくしながら，エンコーダごとの教師あり学習の損失を合計し，ネットワークのパラメータを更新する．

この論文では，マルチモーダル動画認識でモダリティを増やせば増やすほど識別精度が上がる結果を得られている[♠7]．また，この論文が発表された CVPR 2020 では，別の論文で 3 次元点群情報と（2 次元の）RGB 画像情報を組み合わせて物体検出する手法が提案されているが，この論文でも Wang らの勾配ブレンディングが採用され，その効果が報告されている．このように，モダリティを選ばずに使える手法となっている．

その後 Yu らは，RGB 画像と赤外線画像を組み合わせた画像のセグメンテーションを，敵対的サンプルにも頑健に推論できるような学習手法を提案している．この手法では，各モダリティで個別に教師あり学習するフェーズと，統合されたネットワークで教師あり学習するフェーズを交互に繰り返す．その際に，各モダリティからの推論結果の事後確率のカルバック–ライブラー情報量を両方の向きで計算し，各モダリティの推論結果が一致するような損失を加えている．より積極的に各モダリティでの推論結果を合わせることで，敵対的サンプルが入った際にも頑健なセグメンテーションが行えることを示している．

このように，マルチモーダル情報処理では，どんな問題を設計するかでデータ収集と評価の難易度が大きく変わり，そして場合によってはマルチモダリティであることの恩恵としての精度向上についても注意が必要となる．こうした，深層学習ならではのマルチモーダル統合を考える研究はまだまだ進める余地のある領域であり，興味深い問題である．

[♠7]先ほどの Kinetics データセットで，RGB 情報と音声情報を用いて 74.7% の精度を得ている．

参 考 文 献

第 2 章　深層学習の基礎

[1] T. Zhang. Statistical behavior and consistency of classification methods based on convex risk minimization. *The Annals of Statistics*, Vol. 32, No. 1, pp. 56–85, 2004.

[2] T. Zhang. Statistical analysis of some multi-category large margin classification methods. Journal of Machine Learning Research, Vol. 5, pp. 1225–1251, 2004.

[3] H. Robbins and S. Monro. A stochastic approximation method. *The Annals of Mathematical Statistics*, Vol. 22, No. 3, pp. 400–407, 1951.

[4] J. Duchi, E. Hazan, and Y. Singer. Adaptive subgradient methods for online learning and stochastic optimization. *Journal of Machine Learning Research*, Vol. 12, No. 61, pp. 2121–2159, 2011.

[5] D. P. Kingma and J. Ba. Adam: A method for stochastic optimization. In *the 3rd International Conference on Learning Representations*, 2015.

[6] Y. Nesterov. *Introductory Lectures on Convex Optimization: A Basic Course*. Kluwer Academic Publishers, 2004.

[7] T. Tieleman and G. Hinton. Lecture 6.5-rmsprop: Divide the gradient by a running average of its recent magnitude. *COURSERA: Neural Networks for Machine Learning*, 2012.

[8] G. Cybenko. Approximation by superpositions of a sigmoidal function. *Mathematics of Control, Signals and Systems*, Vol. 2, No. 4, pp. 303–314, 1989.

[9] A. Jacot, F. Gabriel, and C. Hongler. Neural tangent kernel: Convergence and generalization in neural networks. In *Advances in Neural Information Processing Systems 31*, pp. 8580–8589, 2018.

[10] S. S. Du, X. Zhai, B. Póczos, and A. Singh. Gradient descent provably optimizes over-parameterized neural networks. In *the 7th International Conference on Learning Representations*, 2019.

[11] S. Arora, S. Du, W. Hu, Z. Li, and R. Wang. Fine-grained analysis of optimization and generalization for overparameterized two-layer neural networks. In *the 36th International Conference on Machine Learning*, pp. 322–332, 2019.

[12] A. Nitanda and T. Suzuki. Optimal rates for averaged stochastic gradient descent under neural tangent kernel regime. In *the 9th International Conference on Learning Representations*, 2021.

[13] A. Nitanda and T. Suzuki. Stochastic particle gradient descent for infinite ensembles. *arXiv preprint arXiv:1712.05438*, 2017.

[14] S. Mei, A. Montanari, and P. Nguyen. A mean field view of the landscape of two-layer neural networks. *Proceedings of the National Academy of Sciences*,

Vol. 115, No. 33, pp. E7665–E7671, 2018.

[15] L. Chizat and F. Bach. On the global convergence of gradient descent for over-parameterized models using optimal transport. In *Advances in Neural Information Processing Systems 31*, pp. 3040–3050, 2018.

[16] A. Nitanda, D. Wu, and T. Suzuki. Particle dual averaging: Optimization of mean field neural networks with global convergence rate analysis. In *Advances in Neural Information Processing Systems 34*, pp. 19608–19621, 2021.

[17] A. Nitanda, D. Wu, and T. Suzuki. Convex analysis of the mean field Langevin dynamics. In *International Conference on Artificial Intelligence and Statistics 25*, pp. 9741–9757, 2022.

[18] K. Oko, T. Suzuki, A. Nitanda, and D. Wu. Particle stochastic dual coordinate ascent: Exponential convergent algorithm for mean field neural network optimization. In *the 10th International Conference on Learning Representations*, 2022.

[19] N. Srivastava, G. Hinton, A. Krizhevsky, I. Sutskever, and R. Salakhutdinov. Dropout: A simple way to prevent neural networks from overfitting. *The Journal of Machine Learning Research*, Vol. 15, No. 56, pp. 1929–1958, 2014.

[20] S. Ioffe and C. Szegedy. Batch normalization: Accelerating deep network training by reducing internal covariate shift. In *the 32nd International Conference on Machine Learning*, pp. 448–456, 2015.

[21] D. P. Kingma and M. Welling. Auto-encoding variational Bayes. In *the 2nd International Conference on Learning Representations*, 2014.

[22] I. Goodfellow, J. Pouget-Abadie, M. Mirza, B. Xu, D. Warde-Farley, S. Ozair, A. Courville, and Y. Bengio. Generative adversarial nets. In *Advances in Neural Information Processing Systems 27*, pp. 2672–2680, 2014.

[23] I. Higgins, L. Matthey, A. Pal, C. Burgess, X. Glorot, M. Botvinick, S. Mohamed, and A. Lerchner. beta-VAE: Learning basic visual concepts with a constrained variational framework. In *the 5th International Conference on Learning Representations*, 2017.

[24] T. Karras, T. Aila, S. Laine, and J. Lehtinen. Progressive growing of GANs for improved quality, stability, and variation. In *the 6th International Conference on Learning Representations*, 2018.

[25] P. Isola, J. Zhu, T. Zhou, and A. A. Efros. Image-to-image translation with conditional adversarial networks. In *IEEE Conference on Computer Vision and Pattern Recognition*, pp. 5967–5976, 2017.

[26] J. Zhu, T. Park, P. Isola, and A. A. Efros. Unpaired image-to-image translation using cycle-consistent adversarial networks. In *IEEE International Conference on Computer Vision*, pp. 2242–2251, 2017.

[27] T. Karras, S. Laine, and T. Aila. A style-based generator architecture for gen-

erative adversarial networks. In *IEEE/CVF Conference on Computer Vision and Pattern Recognition*, pp. 4396–4405, 2019.

[28] T. R. Shaham, T. Dekel, and T. Michaeli. SinGAN: Learning a generative model from a single natural image. In *IEEE/CVF International Conference on Computer Vision*, pp. 4569–4579, 2019.

[29] S. Nowozin, B. Cseke, and R. Tomioka. f-GAN: Training generative neural samplers using variational divergence minimization. In *Advances in Neural Information Processing Systems 29*, pp. 271–279, 2016.

[30] M. Arjovsky, S. Chintala, and L. Bottou. Wasserstein generative adversarial networks. In *the 34th International Conference on Machine Learning*, pp. 214–223, 2017.

[31] T. Miyato, T. Kataoka, M. Koyama, and Y. Yoshida. Spectral normalization for generative adversarial networks. In *the 6th International Conference on Learning Representations*, 2018.

[32] I. Gulrajani, F. Ahmed, M. Arjovsky, V. Dumoulin, and A. Courville. Improved training of Wasserstein GANs. In *Advances in Neural Information Processing Systems 30*, pp. 5769–5779, 2017.

第 3 章 画像の認識と生成

[33] D. H. Hubel and T. N. Wiesel. Receptive fields, binocular interaction and functional architecture in the cat's visual cortex. *The Journal of Physiology*, Vol. 160, No. 1, pp. 106–154, 1962.

[34] K. Fukushima. Neocognitron: A self-organizing neural network model for a mechanism of pattern recognition unaffected by shift in position. *Biological Cybernetics*, Vol. 36, No. 4, pp. 93–202, 1980.

[35] J. Deng, W. Dong, R. Socher, L. Li, K. Li, and L. Fei-Fei. ImageNet: A large-scale hierarchical image database. In *IEEE Conference on Computer Vision and Pattern Recognition*, pp. 248–255, 2009.

[36] O. Russakovsky, J. Deng, H. Su, J. Krause, S. Satheesh, S. Ma, Z. Huang, A. Karpathy, A. Khosla, M. Bernstein, A. C. Berg, and L. Fei-Fei. ImageNet large scale visual recognition challenge. *International Journal of Computer Vision*, Vol. 115, No. 3, pp. 211–252, 2015.

[37] A. Krizhevsky, I. Sutskever, and G. E. Hinton. ImageNet classification with deep convolutional neural networks. In *Advances in Neural Information Processing Systems 25*, pp. 1097–1105, 2012.

[38] Y. LeCun, L. Bottou, Y. Bengio, and P. Haffner. Gradient-based learning applied to document recognition. *Proceedings of the IEEE*, Vol. 86, No. 11, pp. 2278–2324, 1998.

[39] K. He, X. Zhang, S. Ren, and J. Sun. Deep residual learning for image recognition. In *IEEE Conference on Computer Vision and Pattern Recognition*, pp.

770–778, 2016.

[40] M. Lin, Q. Chen, and S. Yan. Network in network. In *the 2nd International Conference on Learning Representations*, 2014.

[41] R. K. Srivastava, K. Greff, and J. Schmidhuber. Training very deep networks. In *Advances in Neural Information Processing Systems 28*, pp. 2377–2385, 2015.

[42] G. Huang, Z. Liu, L. van der Maaten, and K. Q. Weinberger. Densely connected convolutional networks. In *IEEE Conference on Computer Vision and Pattern Recognition*, pp. 2261–2269, 2017.

[43] S. Xie, R. Girshick, P. Dollár, Z. Tu, and K. He. Aggregated residual transformations for deep neural networks. In *IEEE Conference on Computer Vision and Pattern Recognition*, pp. 5987–5995, 2017.

[44] S. Zagoruyko and N. Komodakis. Wide residual networks. In *British Machine Vision Conference*, pp. 87.1–87.12, 2016.

[45] D. Han, J. Kim, and J. Kim. Deep pyramidal residual networks. In *IEEE Conference on Computer Vision and Pattern Recognition*, pp. 6307–6315, 2017.

[46] B. Zoph and Q. V. Le. Neural architecture search with reinforcement learning. In *the 5th International Conference on Learning Representations*, 2017.

[47] E. Real, A. Aggarwal, Y. Huang, and Q. V. Le. Regularized evolution for image classifier architecture search. In *the 33rd AAAI Conference on Artificial Intelligence*, pp. 4780–4789, 2019.

[48] H. Liu, K. Simonyan, and Y. Yang. DARTS: Differentiable architecture search. In *the 7th International Conference on Learning Representations*, 2019.

[49] M. Tan and Q. V. Le. EfficientNet: Rethinking model scaling for convolutional neural networks. In *the 36th International Conference on Machine Learning*, pp. 6105–6114, 2019.

[50] J. Hu, L. Shen, S. Albanie, G. Sun, and E. Wu. Squeeze-and-excitation networks. *IEEE Transactions on Pattern Analysis and Machine Intelligence*, Vol. 42, No. 8, pp. 2011–2023, 2020.

[51] F. Wang, M. Jiang, C. Qian, S. Yang, C. Li, H. Zhang, X. Wang, and X. Tang. Residual attention network for image classification. In *IEEE Conference on Computer Vision and Pattern Recognition*, pp. 6450–6458, 2017.

[52] S. Woo, J. Park, J. Lee, and I. S. Kweon. CBAM: Convolutional block attention module. *European Conference on Computer Vision, Lecture Notes in Computer Science*, Vol. 11211, pp. 3–19, 2018.

[53] A. Dosovitskiy, L. Beyer, A. Kolesnikov, D. Weissenborn, X. Zhai, T. Unterthiner, M. Dehghani, M. Minderer, G. Heigold, S. Gelly, J. Uszkoreit, and N. Houlsby. An image is worth 16x16 words: Transformers for image recognition at scale. In *the 9th International Conference on Learning Representations*,

2021.

[54] K. Simonyan and A. Zisserman. Very deep convolutional networks for large-scale image recoginition. In *the 3rd International Conference on Learning Representations*, 2015.

[55] C. Szegedy, V. Vanhoucke, S. Ioffe, J. Shlens, and Z. Wojna. Rethinking the inception architecture for computer vision. In *IEEE Conference on Computer Vision and Pattern Recognition*, pp. 2818–2826, 2016.

[56] H. Zhang, C. Wu, Z. Zhang, Y. Zhu, H. Lin, Z. Zhang, Y. Sun, T. He, J. Mueller, R. Manmatha, M. Li, and A. Smola. ResNeSt: Split-attention networks. *arXiv preprint arXiv:2004.08955*, 2020.

[57] A. Brock, S. De, S. L. Smith, and K. Simonyan. High-performance large-scale image recognition without normalization. In *the 38th International Conference on Machine Learning*, pp. 1059–1071, 2021.

[58] M. Tan and Q. V. Le. EfficientNetV2: Smaller models and faster training. In *the 38th International Conference on Machine Learning*, pp. 10096–10106, 2021.

[59] E. D. Cubuk, B. Zoph, D. Mané, V. Vasudevan, and Q. V. Le. AutoAugment: Learning augmentation strategies from data. In *IEEE/CVF Conference on Computer Vision and Pattern Recognition*, pp. 113–123, 2019.

[60] T. DeVries and G. W. Taylor. Improved regularization of convolutional neural networks with cutout. *arXiv preprint arXiv:1708.04552*, 2017.

[61] H. Zhang, M. Cisse, Y. N. Dauphin, and D. Lopez-Paz. mixup: Beyond empirical risk minimization. In *the 6th International Conference on Learning Representations*, 2018.

[62] V. Verma, A. Lamb, C. Beckham, A. Najafi, I. Mitliagkas, D. Lopez-Paz, and Y. Bengio. Manifold mixup: Better representations by interpolating hidden states. In *the 36th International Conference on Machine Learning*, pp. 6438–6447, 2019.

[63] S. Yun, D. Han, S. J. Oh, S. Chun, J. Choe, and Y. Yoo. CutMix: Regularization strategy to train strong classifiers with localizable features. In *IEEE/CVF International Conference on Computer Vision*, pp. 6022–6031, 2019.

[64] M. D. Zeiler and R. Fergus. Visualizing and understanding convolutional networks. *European Conference on Computer Vision, Lecture Notes in Computer Science*, Vol. 8689, pp. 818–833, 2014

[65] V. Badrinarayanan, A. Kendall, and R. Cipolla. SegNet: A deep convolutional encoder-decoder architecture for image segmentation. *IEEE Transactions on Pattern Analysis and Machine Intelligence*, Vol. 39, No. 12, pp. 2481–2495, 2017.

[66] O. Ronneberger, P. Fischer, and T. Brox. U-Net: Convolutional networks for

biomedical image segmentation. *Medical Image Computing and Computer-Assisted Intervention, Lecture Notes in Computer Science*, Vol. 9351, pp. 234–241, 2015.

[67] A. Razavi, A. van den Oord, and O. Vinyals. Generating diverse high-fidelity images with VQ-VAE-2. In *Advances in Neural Information Processing Systems 32*, pp. 14866–14876, 2019.

[68] R. Girshick, J. Donahue, T. Darrell, and J. Malik. Rich feature hierarchies for accurate object detection and semantic segmentation. In *IEEE Conference on Computer Vision and Pattern Recognition*, pp. 580–587, 2014.

[69] R. Girshick. Fast R-CNN. In *IEEE International Conference on Computer Vision*, pp. 1440–1448, 2015.

[70] J. R. R. Uijlings, K. E. A. van de Sande, T. Gevers, and A. W. M. Smeulders. Selective search for object recognition. *International Journal of Computer Vision*, Vol. 104, No. 2, pp. 154–171, 2013.

[71] S. Ren, K. He, R. Girshick, and J. Sun. Faster R-CNN: Towards real-time object detection with region proposal networks. In *Advances in Neural Information Processing Systems 28*, pp. 91–99, 2015.

[72] W. Liu, D. Anguelov, D. Erhan, C. Szegedy, S. Reed, C. Fu, and A. C. Berg. SSD: Single shot multibox detector. *European Conference on Computer Vision, Lecture Notes in Computer Science*, Vol. 9905, pp. 21–37, 2016.

[73] J. Redmon, S. Divvala, R. Girshick, and Ali Farhadi. You only look once: Unified, real-time object detection. In *IEEE Conference on Computer Vision and Pattern Recognition*, pp. 779–788, 2016.

[74] T. Lin, P. Dollár, R. Girshick, K. He, B. Hariharan, and S. Belongie. Feature pyramid networks for object detection. In *IEEE Conference on Computer Vision and Pattern Recognition*, pp. 936–944, 2017.

[75] J. Ma, J. Chen, M. Ng, R. Huang, Y. Li, C. Li, X. Yang, and A. L. Martel. Loss odyssey in medical image segmentation. *Medical Image Analysis*, Vol. 71, 2021.

[76] K. He, G. Gkioxari, P. Dollár, and R. Girshick. Mask R-CNN. In *IEEE International Conference on Computer Vision*, pp. 2980–2988, 2017.

[77] A. Kirillov, K. He, R. Girshick, C. Rother, and P. Dollár. Panoptic segmentation. In *IEEE/CVF Conference on Computer Vision and Pattern Recognition*, pp. 9396–9405, 2019.

[78] T. Karras, S. Laine, M. Aittala, J. Hellsten, J. Lehtinen, and T. Aila. Analyzing and improving the image quality of StyleGAN. In *IEEE/CVF Conference on Computer Vision and Pattern Recognition*, pp. 8107–8116, 2020.

第 4 章　自然言語の認識と生成

[79] S. Hochreiter and J. Schmidhuber. Long short-term memory. *Neural Compu-*

tation, Vol. 9, No. 8, pp. 1735–1780, 1997.

[80] K. Cho, B. van Merriënboer, C. Gulcehre, D. Bahdanau, F. Bougares, H. Schwenk, and Y. Bengio. Learning phrase representations using RNN encoder–decoder for statistical machine translation. In *the 2014 Conference on Empirical Methods in Natural Language Processing*, pp. 1724–1734, 2014.

[81] B. Wang, L. Shang, C. Lioma, X. Jiang, H. Yang, Q. Liu, and J. G. Simonsen. On position embeddings in BERT. In *the 9th International Conference on Learning Representations*, 2021.

[82] A. Vaswani, N. Shazeer, N. Parmar, J. Uszkoreit, L. Jones, A. N. Gomez, Ł. Kaiser, and I. Polosukhin. Attention is all you need. In *Advances in Neural Information Processing Systems 30*, pp. 6000–6010, 2017.

[83] J. B. Pollack. Recursive distributed representations. *Artificial Intelligence*, Vol. 46, No. 1-2, pp. 77–105, 1990.

[84] K. Xu, J. Ba, R. Kiros, K. Cho, A. Courville, R. Salakhudinov, R. Zemel, and Y. Bengio. Show, attend and tell: Neural image caption generation with visual attention. In *the 32nd International Conference on Machine Learning*, pp. 2048–2057, 2015.

[85] D. Bahdanau, K. Cho, and Y. Bengio. Neural machine translation by jointly learning to align and translate. In *the 3rd International Conference on Learning Representations*, 2015.

[86] T. Luong, H. Pham, and C. D. Manning. Effective approaches to attention-based neural machine translation. In *the 2015 Conference on Empirical Methods in Natural Language Processing*, pp. 1412–1421, 2015.

[87] J. Gu, J. Bradbury, C. Xiong, V. O. K. Li, and R. Socher. Non-autoregressive neural machine translation. In *the 6th International Conference on Learning Representations*, 2018.

[88] Y. Ren, J. Liu, X. Tan, Z. Zhao, S. Zhao, and T. Liu. A study of non-autoregressive model for sequence generation. In *the 58th Annual Meeting of the Association for Computational Linguistics*, pp. 149–159, 2020.

[89] G. Lample, M. Ott, A. Conneau, L. Denoyer, and M. Ranzato. Phrase-based & neural unsupervised machine translation. In *the 2018 Conference on Empirical Methods in Natural Language Processing*, pp. 5039–5049, 2018.

[90] P. J. Werbos. Backpropagation through time: What it does and how to do it. *Proceedings of the IEEE*, Vol. 78, No. 10, pp. 1550–1560, 1990.

[91] S. Edunov, M. Ott, M. Auli, and D. Grangier. Understanding back-translation at scale. In *the 2018 Conference on Empirical Methods in Natural Language Processing*, pp. 489–500, 2018.

[92] T. Mikolov, K. Chen, G. Corrado, and J. Dean. Efficient estimation of word representations in vector space. In *the 1st International Conference on Learn-*

ing Representations, 2013.

[93] J. Pennington, R. Socher, and C. Manning. GloVe: Global vectors for word representation. In *the 2014 Conference on Empirical Methods in Natural Language Processing*, pp. 1532–1543, 2014.

[94] P. Bojanowski, E. Grave, A. Joulin, and T. Mikolov. Enriching word vectors with subword information. *Transactions of the Association for Computational Linguistics*, Vol. 5, pp. 135–146, 2017.

[95] M. E. Peters, M. Neumann, M. Iyyer, M. Gardner, C. Clark, K. Lee, and L. Zettlemoyer. Deep contextualized word representations. In *the 2018 Conference of the North American Chapter of the Association for Computational Linguistics: Human Language Technologics, Volume 1 (Long Papers)*, pp. 2227–2237, 2018.

[96] J. Devlin, M. Chang, K. Lee, and K. Toutanova. BERT: Pre-training of deep bidirectional transformers for language understanding. In *the 2019 Conference of the North American Chapter of the Association for Computational Linguistics: Human Language Technologies, Volume 1 (Long and Short Papers)*, pp. 4171–4186, 2019.

[97] D. Hendrycks and K. Gimpel. Gaussian error linear units (GELUs). *arXiv preprint arXiv:1606.08415*, 2016.

[98] Z. Yang, Z. Dai, Y. Yang, J. Carbonell, R. R. Salakhutdinov, and Q. V. Le. XLNet: Generalized autoregressive pretraining for language understanding. In *Advances in Neural Information Processing Systems 32*, pp. 5753–5763, 2019.

[99] Z. Lan, M. Chen, S. Goodman, K. Gimpel, P. Sharma, and R. Soricut. ALBERT: A lite BERT for self-supervised learning of language representations. In *the 8th International Conference on Learning Representations*, 2020.

[100] Y. Liu, M. Ott, N. Goyal, J. Du, M. Joshi, D. Chen, O. Levy, M. Lewis, L. Zettlemoyer, and V. Stoyanov. RoBERTa: A robustly optimized BERT pretraining approach. *arXiv preprint arXiv:1907.11692*, 2019.

[101] X. Jiao, Y. Yin, L. Shang, X. Jiang, X. Chen, L. Li, F. Wang, and Q. Liu. TinyBERT: Distilling BERT for natural language understanding. In *Findings of the Association for Computational Linguistics: EMNLP 2020*, pp. 4163–4174, 2020.

[102] V. Sanh, L. Debut, J. Chaumond, and T. Wolf. DistilBERT, a distilled version of BERT: Smaller, faster, cheaper and lighter. In *the 5th Workshop on Energy Efficient Machine Learning and Cognitive Computing*, 2019.

[103] C. Raffel, N. Shazeer, A. Roberts, K. Lee, S. Narang, M. Matena, Y. Zhou, W. Li, and P. J. Liu. Exploring the limits of transfer learning with a unified text-to-text transformer. *Journal of Machine Learning Research*, Vol. 21, No. 140, pp. 1–67, 2020.

[104] M. Lewis, Y. Liu, N. Goyal, M. Ghazvininejad, A. Mohamed, O. Levy, V. Stoyanov, and L. Zettlemoyer. BART: Denoising sequence-to-sequence pre-training for natural language generation, translation, and comprehension. In *the 58th Annual Meeting of the Association for Computational Linguistics*, pp. 7871–7880, 2020.

[105] W. Qi, Y. Yan, Y. Gong, D. Liu, N. Duan, J. Chen, R. Zhang, and M. Zhou. ProphetNet: Predicting future n-gram for sequence-to-sequence pre-training. In *Findings of the Association for Computational Linguistics: EMNLP 2020*, pp. 2401–2410, 2020.

[106] T. Brown, B. Mann, N. Ryder, M. Subbiah, J. D. Kaplan, P. Dhariwal, A. Neelakantan, P. Shyam, G. Sastry, A. Askell, S. Agarwal, A. Herbert-Voss, G. Krueger, T. Henighan, R. Child, A. Ramesh, D. Ziegler, J. Wu, C. Winter, C. Hesse, M. Chen, E. Sigler, M. Litwin, S. Gray, B. Chess, J. Clark, C. Berner, S. McCandlish, A. Radford, I. Sutskever, and D. Amodei. Language models are few-shot learners. In *Advances in Neural Information Processing Systems 33*, pp. 1877–1901, 2020.

[107] R. Sennrich, B. Haddow, and A. Birch. Neural machine translation of rare words with subword units. In *the 54th Annual Meeting of the Association for Computational Linguistics (Volume 1: Long Papers)*, pp. 1715–1725, 2016.

[108] T. Kudo. Subword regularization: Improving neural network translation models with multiple subword candidates. In *the 56th Annual Meeting of the Association for Computational Linguistics (Volume 1: Long Papers)*, pp. 66–75, 2018.

[109] J. Li, T. Luong, and D. Jurafsky. A hierarchical neural autoencoder for paragraphs and documents. In *the 53rd Annual Meeting of the Association for Computational Linguistics and 7th International Joint Conference on Natural Language Processing (Volume 1: Long Papers)*, pp. 1106–1115, 2015.

第 5 章 音声の認識と生成

[110] S. Furui. Selected topics from 40 years of research on speech and speaker recognition. In *the 10th Annual Conference of the International Speech Communication Association*, pp. 1–8, 2009.

[111] 河原達也. 音声認識技術の変遷と最先端—深層学習による End-to-End モデル—. 日本音響学会誌, Vol. 74, No. 7, pp. 381–386, 2018.

[112] 篠田浩一. 音声認識. 機械学習プロフェッショナルシリーズ. 講談社, 2017.

第 6 章 マルチモーダル情報処理

[113] S. C. W. Ong and S. Ranganath. Automatic sign language analysis: A survey and the future beyond lexical meaning. *IEEE Transactions on Pattern Analysis and Machine Intelligence*, Vol. 27, No. 6, pp. 873–891, 2005.

[114] J. Huang, W. Zhou, Q. Zhang, H. Li, and W. Li. Video-based sign language recognition without temporal segmentation. In *the 32nd AAAI Conference on Artificial Intelligence*, pp. 2257–2264, 2018.

[115] N. C. Camgoz, S. Hadfield, O. Koller, H. Ney, and R. Bowden. Neural sign language translation. In *IEEE/CVF Conference on Computer Vision and Pattern Recognition*, pp. 7784–7793, 2018.

[116] H. McGurk and J. Macdonald. Hearing lips and seeing voices. *Nature*, Vol. 264, p. 746–748, 1976.

[117] J. Driver. Enhancement of selective listening by illusory mislocation of speech sounds due to lip-reading. *Nature*, Vol. 381, No. 6577, pp. 66–68, 1996.

[118] A. Farhadi, M. Hejrati, M. A. Sadeghi, P. Young, C. Rashtchian, J. Hockenmaier, and D. Forsyth. Every picture tells a story: Generating sentences from images. *European Conference on Computer Vision, Lecture Notes in Computer, Science*, Vol. 6314, pp. 15–29, 2010.

[119] Y. Ushiku, T. Harada, and Y. Kuniyoshi. Automatic sentence generation from images. In *the 19th ACM International Conference on Multimedia*, pp. 1533–1536, 2011.

[120] O. Vinyals, A. Toshev, S. Bengio, and D. Erhan. Show and tell: A neural image caption generator. In *IEEE Conference on Computer Vision and Pattern Recognition*, pp. 3156–3164, 2015.

[121] J. P. Bigham, C. Jayant, H. Ji, G. Little, A. Miller, R. C. Miller, R. Miller, A. Tatarowicz, B. White, S. White, and T. Yeh, VizWiz: Nearly real-time answers to visual questions. In *the 23nd Annual ACM Symposium on User Interface Software and Technology*, pp. 333–342, 2010.

[122] S. Antol, A. Agrawal, J. Lu, M. Mitchell, D. Batra, C. L. Zitnick, and D. Parikh. VQA: Visual question answering. In *IEEE International Conference on Computer Vision*, pp. 2425–2433, 2015.

[123] K. J. Shih, S. Singh, and D. Hoiem. Where to look: Focus regions for visual question answering. In *IEEE Conference on Computer Vision and Pattern Recognition*, pp. 4613–4621, 2016.

[124] J. Lu, J. Yang, D. Batra, and D. Parikh. Hierarchical question-image co-attention for visual question answering. In *Advances in Neural Information Processing Systems 29*, pp. 289–297, 2016.

[125] I. Calixto, T. de Campos, and L. Specia. Images as context in statistical machine translation. In *the 2nd Annual Meeting of the EPSRC Network on Vision & Language*, 2012.

[126] J. Hitschler, S. Schamoni, and S. Riezler. Multimodal pivots for image caption translation. In *the 54th Annual Meeting of the Association for Computational Linguistics (Volume 1: Long Papers)*, pp. 2399–2409, 2016.

[127] E. Mansimov, E. Parisotto, L. J. Ba, and R. Salakhutdinov. Generating images from captions with attention. In *the 4th International Conference on Learning Representations*, 2016.

[128] S. Reed, Z. Akata, X. Yan, L. Logeswaran, B. Schiele, and H. Lee. Generative adversarial text to image synthesis. In *the 33rd International Conference on Machine Learning*, pp. 1060–1069, 2016.

[129] H. Zhang, T. Xu, H. Li, S. Zhang, X. Wang, X. Huang, and D. N. Metaxas. StackGAN: Text to photo-realistic image synthesis with stacked generative adversarial networks. In *IEEE International Conference on Computer Vision*, pp. 5907–5915, 2017.

[130] A. Radford, J. W. Kim, C. Hallacy, A. Ramesh, G. Goh, S. Agarwal, G. Sastry, A. Askell, P. Mishkin, J. Clark, G. Krueger, and I. Sutskever. Learning transferable visual models from natural language supervision. In *the 38th International Conference on Machine Learning*, pp. 5908–5916, 2021.

[131] A. Ramesh, M. Pavlov, G. Goh, S. Gray, C. Voss, A. Radford, M. Chen, and I. Sutskever. Zero-shot text-to-image generation. In *the 38th International Conference on Machine Learning*, pp. 8821–8831, 2021.

[132] P. Esser, R. Rombach, and B. Ommer. Taming transformers for high-resolution image synthesis. In *IEEE/CVF Conference on Computer Vision and Pattern Recognition*, pp. 12873–12883, 2021.

[133] A. Das, S. Kottur, K. Gupta, A. Singh, D. Yadav, J. M. F. Moura, D. Parikh, and D. Batra. Visual dialog. In *IEEE Conference on Computer Vision and Pattern Recognition*, pp. 1080–1089, 2017.

[134] A. Saha, V. Pahuja, M. M. Khapra, K. Sankaranarayanan, and S. Chandar. Complex sequential question answering: Towards learning to converse over linked question answer pairs with a knowledge graph. In *the 32nd AAAI Conference on Artificial Intelligence*, pp. 705–713, 2018.

[135] P. Anderson, Q. Wu, D. Teney, J. Bruce, M. Johnson, N. Sünderhauf, I. Reid, S. Gould, and A. van den Hengel. Vision-and-language navigation: Interpreting visually-grounded navigation instructions in real environments. In *IEEE/CVF Conference on Computer Vision and Pattern Recognition*, pp. 3674–3683, 2018.

[136] J. Lu, D. Batra, D. Parikh, and S. Lee. ViLBERT: Pretraining task-agnostic visiolinguistic representations for vision-and-language tasks. *Advances in Neural Information Processing Systems 32*, pp. 13–23, 2019.

[137] H. Tan and M. Bansal. LXMERT: Learning cross-modality encoder representations from transformers. In *the 2019 Conference on Empirical Methods in Natural Language Processing and the 9th International Joint Conference on Natural Language Processing*, pp. 5100–5111, 2019.

[138] X. Li, X. Yin, C. Li, P. Zhang, X. Hu, L. Zhang, L. Wang, H. Hu, L. Dong, F. Wei, Y. Choi, and J. Gao Oscar: Object-semantics aligned pre-training for vision-language tasks. In *European Conference on Computer Vision, Lecture Notes in Computer Science*, Vol. 12375, pp. 121–137, 2020.

[139] X. Mei, Q. Huang, X. Liu, G. Chen, J. Wu, Y. Wu, J. Zhao, S. Li, T. Ko, H. L. Tang, X. Shao, M. D. Plumbley, and W. Wang, An encoder-decoder based audio captioning system with transfer and reinforcement learning for DCASE challenge 2021 task 6. Technical report, DCASE2021 Challenge, 2021.

[140] S. Fukayama, K. Nakatsuma, S. Sako, T. Nishimoto, and S. Sagayama. Automatic song composition from the lyrics exploiting prosody of Japanese language. In *the 7th Sound and Music Computing Conference*, pp. 299–302, 2010.

[141] Y. Yu, A. Srivastava, and S. Canales. Conditional LSTM-GAN for melody generation from lyrics. *ACM Transactions on Multimedia Computing, Communications, and Applications*, Vol. 17, No. 1, 2021.

索　　引

著者略歴

中 山 英 樹　（第1章，第3章）
なか　やま　ひで　き

2011 年　東京大学大学院情報理工学系研究科知能機械情報学専攻博士課程修了
現　　在　東京大学大学院情報理工学系研究科准教授，博士（情報理工学）

二 反 田 篤 史　（第2章）
に　たん　だ　あつ　し

2018 年　東京大学大学院情報理工学系研究科数理情報学専攻博士課程修了
現　　在　九州工業大学大学院情報工学研究院知能情報工学研究系准教授，博士（情報理工学）

田 村 晃 裕　（第4章）
た　むら　あき　ひろ

2013 年　東京工業大学大学院総合理工学研究科物理情報システム専攻博士課程修了
現　　在　同志社大学理工学部情報システムデザイン学科准教授，博士（工学）

井 上 中 順　（第5章）
いの　うえ　なか　まさ

2014 年　東京工業大学大学院情報理工学研究科計算工学専攻博士課程修了
現　　在　東京工業大学情報理工学院准教授，博士（工学）

牛 久 祥 孝　（第6章）
うし　く　よし　たか

2014 年　東京大学大学院情報理工学系研究科知能機械情報学専攻博士課程修了
現　　在　オムロンサイニックエックス Principal Investigator, Ridge-i Chief Research
　　　　　Officer, 合同会社ナインブルズ代表，博士（情報理工学）

AI/データサイエンス ライブラリ "基礎から応用へ"=3

深層学習からマルチモーダル情報処理へ

2022 年 11 月 10 日 ⓒ　　　　　　　　　初 版 発 行

著　者	中 山 英 樹	発行者	森 平 敏 孝
	二反田篤史	印刷者	山 岡 影 光
	田 村 晃 裕	製本者	小 西 惠 介
	井 上 中 順		
	牛 久 祥 孝		

発行所　　**株式会社 サ イ エ ン ス 社**

〒 151-0051 東京都渋谷区千駄ヶ谷 1 丁目 3 番 25 号
営業 ☎ (03) 5474-8500 (代)　振替 00170-7-2387
編集 ☎ (03) 5474-8600 (代)
FAX ☎ (03) 5474-8900

印刷　三美印刷(株)　　　製本　(株)ブックアート

《検印省略》

サイエンス社のホームページのご案内
https://www.saiensu.co.jp
ご意見・ご要望は
rikei@saiensu.co.jp　まで．

ISBN978-4-7819-1554-8

PRINTED IN JAPAN